古文重要語の総まとめ

緒方惟章

22世紀アート

＊はしがき＊

「古文はきらいだ!!」――さまざまな場所で、多くの受験生諸君に接するうちに、幾度この投げやりな言葉を聞いたことか。私は憤る。そう叫んだほとんどすべての受験生が、恐らくは、未だ古典の世界の扉を開くか開かぬうちに、したがって、古典の真の難しさにも、ましてや、古典の真のおもしろさにも触れ得ぬうちに、半ばヒステリカルにそう言い捨てているのを感じるからである。「甘ったれるな!!」と叫びかけて、ふと、私は口を閉ざしてしまう。これらの受験生は、本当に古典の世界の扉を開く鍵を与えられているのだろうか、開いた扉から奥へ進み入るのは彼ら自身であるべきだとしても――。そうした思いが深く心の底に澱むのを覚える。

古文は外国語ではない。だが、彼らにとっては、まさに外国語と同様に、いや、外国語以上にえたいの知れぬ、そして無味乾燥な代物として意識されているのではないか。そうだとすれば、その責めは、我々教育の場にある者が負わねばならぬところであろう。最初に外国語のテキストを開いたときの、あのとまどいと、そして一種の心踊りを、最初に古典の本を開いたときに伝えることができなかったとすれば……。

古典の世界に踏み入るための必須の要件である「古典語彙」の理解の態度にしてからが、全く彼らには語られていないようだ。彼らには、単に片々たる知識の一かけらが、記憶すべきものとして、互いに何の脈絡も無く与えられているに過ぎぬようだ。それでは興味の持てるはずがない。いま、彼らに伝えねばならぬこと、それは、「古典語彙」のいかなる一語にも、彼らが現在生きているのと全く同様に喜び、悲しみ、悩み、そして生きた、いにしえの日本人の生活の匂いが染み付いている、という一事であるに相違ない。

一例を挙げてみよう。ここに「乳母」という語がある。その一つの訓は「めのと」そして今一つの訓は「うば」。これを単に暗記させて何になろう。暗記したとしてもただそれだけのことで、こうした記憶は、まずいことに、試験場では突然に飛び去ってしまう。が、ここに、姉夫婦の間に生まれた子を、乳を含ませつつ母代わりになって育て上げるという立場の古代の女性がおり、夫から見れば「妻（め）の妹（をと）」として「めのと」と呼ばれ、一方養育される子供から見れば「叔母（をば）」として「うば」と呼ばれる、こうした古代の生活が眼前に浮かび上がるとき、それでも古典は無味乾燥か。「古典語彙」は、古典の世界を照らし出す大なるかがり火であるはずだ。

その心積もりで、本書は、類似の書とはいささか趣を異にし、ひたすら語源からの展開を追い続けている。そうした著者の意図を、ぜひ理解願いたい。

本書を纏めるに際して、大野晋・金田弘両氏を始めとする多くの先学の学恩を忝うした。本書の性格上一々そのお名前を挙げることができなかったが、深く感謝する次第である。

昭和五十三年八月

緒方惟章

＊本書の体裁＊

本書は、「本集」及び雑纂篇としての「別集」に分かれるが、中心は「本集」にある。

「本集」では、厳選した基本語彙三一三語を見出し語として掲げ、解説を加えている。語彙集としての本書の性格上、当然のことながら、助詞・助動詞はこの中に含まれていない。が、見出し語の動詞からの展開で、十品詞には含まれぬ補助動詞を見出し語に立てた場合もある。

「本集」は上下二段に分かれるが、上段には「語義」「解説」の項を設け、必要に応じて、「類義語」(〔類〕)、「対義語」(〔対〕)、「関連語」(〔関〕)を挙げた。なお、厳密を期すため、その語義の第何項が〔類〕、〔対〕、〔関〕の第何項に対応するかを、限定的にしるした。

下段には文例とその解釈を付したが、文例はすべて原典と対照して正確を期し、出来るだけ内容の理解が及ぶよう長文で収めた。本文は原則的に岩波版「日本古典文学大系本」の表記に従った。解釈の態度は、表層的な逐語訳に終わることなく、つとめて、主語や解釈上必要と思われる内容を括弧付きで補い、もって、内容が的確に把捉されるよう心がけた。また、原典検索の便に供するため、解釈の末尾に出典名及び巻名・段名・歌番等をしるし、入試問題に採用されたものには出題校名を略記しておいた。

出典・ジャンル略称一覧（五十音順）

伊勢＝伊勢物語
十六夜＝十六夜日記
一代女＝好色一代女
雨月＝雨月物語
宇治＝宇治拾遺物語
宇津保＝宇津保物語
栄花＝栄花物語
永代蔵＝日本永代蔵
落窪＝落窪物語
蜻蛉＝蜻蛉日記
金葉＝金葉和歌集

建礼門院＝建礼門院右京大夫集
源氏＝源氏物語
古今＝古今和歌集
今昔＝今昔物語集
後拾遺＝後拾遺和歌集
後撰＝後撰和歌集
更級＝更級日記
山家＝山家和歌集
書紀＝日本書紀
書紀歌謡＝日本書紀歌謡
続紀宣命＝続日本紀宣命
新古今＝新古今和歌集
新千載＝新千載和歌集
十訓＝十訓抄
千載＝千載和歌集

出典・ジャンル略称一覧（五十音順）

竹取＝竹取物語
著聞＝古今著聞集
堤中納言＝堤中納言物語
徒然＝徒然草
土佐＝土佐日記
野ざらし＝野ざらし紀行
春雨＝春雨物語
平家＝平家物語
平治＝平治物語
保元＝保元物語
方丈＝方丈記
細道＝奥の細道
枕＝枕草子
万葉＝万葉集
胸算用＝世間胸算用

紫式部＝紫式部日記
大和＝大和物語
霊異記＝日本霊異記

浮＝浮世草子
仮＝仮名草子
狂言＝狂言
伽＝御伽草子
俳＝俳諧
謡＝謡曲
読＝読本

目次

あいぎやう〔名〕（愛敬）

①（仏語の「愛敬相」から）顔かたちがにこやかでかわいらしいこと。容姿・態度などが愛らしく優しい感じがすること。

②優しい思いやり。情味。

【解説】 仏語「愛敬相」は、仏菩薩《ぶつぼさつ》の柔和な心と温和な恵みを施す容貌《ようぼう》・態度の意。古文では「あいぎょう」と濁音で読み、顔だちや性格、行動につき、明るく魅力的なかわいらしさ、また思いやりなどの意に用いられるが、室町《むろまち》以降、「あいきょう」の読みを生じ、人あたりのよいこと、時には、座興の意などにも用いられるようになった。

〔類〕①うつくしげなり〔形動ナリ〕いかにもかわいらしいさま。

〔関〕あいぎやうづく〔自動四〕かわいらしさがある。魅力がある。

【文例】

①梨の花、よにすさまじきものにして、ちかうもてなさず、はかなき文つけなどだにせず。**愛敬**おくれたる人の顔などを見ては、たとへにいふも、げに、葉の色よりはじめて、あいなくみゆるを、〔訳〕梨の花は、非常に興ざめなものとして、身近に置くことが無く、ついちょっとした手紙を結び文としてこの

花の枝に結びつけることなどさえしない。**魅力的なかわいらしさ**の足りぬ人の顔など見ては、「まるで梨の花のようだ」とたとえに言うにつけても、なるほど、この花は葉の色をはじめとして気にくわない、と思われるのだが）〈枕37〉

②さしもあるまじきことに、かど〳〵しく癖をつけ、**愛敬**なく人をもて離るゝ心あるは、いと、うち解けがたく、（〔訳〕それほどでもないことに、かどを立て難癖《なんくせ》をつけ、**思いやり**が無く人をうとんずる心のあるのは、あまりなじめなくて）〈源氏・若菜上〉

あいなし（あひなし）〔形ク〕

①不本意である。気にくわない。

②味気ない。情けない。

③不調和である。不似合いである。

④そうしてもしかたないのにしている。無益である。

⑤（連用形「あいなく」の形で、副詞的に）むやみと。やたらに。

【解説】　「あい（愛）無し」（おもしろくない）、「あひ（合・間）無し」（調和していない）、「あはひ（間）無し」などの語源説があり、表記にも「あいなし」「あひなし」の両様がある。対象物に対して好意を持つことができず、したがって、自らの心の状態においても不本意で味気ない感情を表す語である。「あへなし」（↓P54）と混同せぬこと。

〔類〕②あぢきなし①〔形ク〕気にくわない。おもしろくない。↓P36

④あながちなり②〔形動ナリ〕いちずである。むやみである。↓P47

〔対〕①つきづきし〔形シク〕ふさわしい。似つかわしい。↓P242

【文例】

①上達部《かんだちめ》・上人《うへびと》なども、**あいなく**、目をそばめつつ、〔訳〕公卿《くぎよう》がたや殿上人《てんじようびと》たちなども、**不本意で**、目をそむけて）〈源氏・桐壺〉

②かの、帥《そち》の女《むすめ》の五節《ごせち》、**あいなく**人知れぬ物おもひ、さめぬる心地して、〔訳〕あの、太宰大弐《だざいのだいに》の娘の五節君は、（源氏の退去中に寄せていた）人知れぬ同情も、源氏帰京の今は**味気なく**、さめてしまった気がするので）〈源氏・明石〉

③老人の事をば、人もえ笑はず。衆に交《まじは》りたるも、**あいなく**、見ぐるし。〔訳〕老人のことは、（たとえ芸が下手でも）人も気の毒で笑えるものではない。老人が大ぜいの中に交わっているのも、いかにも**不似合いで**、見苦しいものである）〈徒然151〉

④かゝる所を、わざとつくろふも、**あいなき**わざなり、（[訳] このような所を、わざわざ風情《ふぜい》あるさまに手入れして直すのも、**つまらない**ことである）〈源氏・松風〉

⑤人〳〵おどろきて、めでたうおぼゆるに、しのばれで、**あいなう**起きゐつゝ、鼻を忍びやかに、かみわたす。（[訳] 供の人々は目を覚まして、源氏のお声がすばらしいと思われるので、こらえきれず、**ただもう**起き上がっては、すすり泣いて、次々にそっと鼻をかんでいる）〈源氏・須磨・中京大〉

あがむ〔他動下二〕（崇む）

①尊び、敬う。

②たいせつに扱う。寵愛《ちょうあい》する。

【解説】 まず、神仏のごとき神聖な存在を尊び、敬う意であったものが、しだいに、弱少者に対して、神聖な存在を敬うと同じような気持ちで、これをたいせつに扱う、の意に転じてゆくのである。

［類］①ゐやまふ〔他動上二〕尊敬する。

②いつく〔他動四〕たいせつに扱う。↓P80

【文例】

①この宮には仏法をさへ**あがめ**給で、あさごとの御念誦《ごねんず》か丶せたまはず。（〔訳〕この斎院選子《さいいんせんし》内親王は仏法をさえ**敬い**なさって、毎朝仏の名号《みようごう》や経文《きようもん》を唱えることをお欠かしにはならない）〈大鏡・師輔伝〉

②親などたちそひ、もて**あがめ**て、おひさき籠れる窓のうちなる程は、（〔訳〕親などがそばにいて、娘を**たいせつにし**て、娘の将来が有望であるりっぱな家庭にある間は）〈源氏・帚木〉

あからさまなり〔形動ナリ〕

①急であること。にわかであること。

②一時的であること。かりそめであること。

③（「あからさまにも」の形で、下に否定の語を伴い、副詞的に）かりそめにも。

【解説】　「あからさまなり」は、「ふと目を外へ移すこと。ちらとわき見をすること」の意の名詞「あからめ（傍見）」（↓P22）と関係ある語と言われ、①の「急であること。にわかであること」をその第一義とする。江戸以降、「明白であること。ありのままであること」の意において使用される「あからさまなり」は、これとは別系統の語であると思われる。

〔類〕①にはかなり〔形動ナリ〕急であること。

②かりそめなり②〔形動ナリ〕ほんの一時的な状態であること。

【文例】

①「昔恋しければ、見奉らむ。渡し給へ」と**あからさまに**ありければ、〔訳〕「亡き人が恋しいので、（その形見として若君に）お目にかかりましょう。こちらへおよこしください」と**にわかに**言ってよこしたので）〈栄花・ころものたま〉

②おほかた、この所に住みはじめし時は、**あからさま**と思ひしかども、今すでに、五年を経たり。〔訳〕だいたい、わたくしが最初にこの日野山の奥に住み始めたときには、この地に庵《いおり》を構えるのも**ほんのしばらくの間のこと**と思ったのだが、もはや既に、この地に庵を結んで五年の歳月が経過してしまった）〈方丈・明治学院大〉

③**あからさまにも**、あどなきことをばすまじきことなり。〔訳〕**かりそめにも**、たわいもないことをしてはならないのである）〈著聞696〉

あかる〔自動四〕（①明る②赤る）

①明るくなる。光沢を帯びる。

②赤くなる。赤みを帯びる。赤く熟する。

【解説】 語根の「あか」は、本来、光（明）と色（赤）とが未分化の状態で意識されていたものである。文例の②はその好例である。

［対］①くらむ〔自動四〕暗くなる。

［関］②あかむ〔自動四〕赤くなる。赤みを帯びる。

【文例】

①やうやうしろくなり行く、山ぎはすこし**あかり**て、（［訳］しだいに白んでゆく、その山に接した空のあたりがやがて**明るくなっ**て）〈枕1〉

②三つ栗の　中つ枝《え》の　ふほごもり　**赤れる**嬢子《をとめ》　いざさかば良《え》な（［訳］中の枝だけに残っている花のような、**紅の**ほほの**つややかな**少女に、さあ挑《いど》むがよいぞ）〈書紀歌謡35〉

あかる〔自動下二〕（散る・分る）

①その場を離れる。散り散りになる。

【解説】「あ離《か》る」の意、また、「あくがる」（↓P23）の約とも言う。「その場を離れる」が本源の意義である。

〔関〕あからめ〔名〕①ふと目を外へ移すこと。わき見。②心を他へ移すこと。浮気。

【文例】

①はての日は、いと情なう、たがひに言ふ事もなく、我賢げに物ひきしたゝめ、ちり〴〵に行き**あかれ**ぬ。〔訳〕（中陰の追福仏事の）果てる日は、皆帰りを急いで何の情味も無く、互いに口をきくこともなく、我がちに帰りじたくをして、散り散りにその仏事を営んだ山寺を**離れていって**しまう）〈徒然30〉

あく〔自動四〕（飽く・厭く）

①十分と思う。満足する。

②（満足の度がすぎて）いやになる。飽きる。

【解説】 現代では、もっぱら、②の「いやになる。飽きる」の意に用いられるが、古文では、むしろ、①の「十分と思う。満足する」の意に用いられることが多い。なお、平安以降は、「あく」が単独で用いられることはほとんど無く、多くの場合「あかず」あるいは「あかで」の形で用いられるのである。

〔類〕①こころゆく②〔自動四〕満足する。↓P167

〔対〕①くちをし①〔形シク〕期待外れである。↓P146

【文例】

①芋粥《いもがゆ》すすりて、舌打ちをして、「あはれ、いかで芋粥に**あかむ**」と云《いひ》ければ、（〔訳〕利仁《としひと》は芋粥をすすって、大いに喜び舌つづみを打って、「ああ、何とかして芋粥を**これで十分と思う**ほど食べたいことだ」と言ったので）〈宇治18〉

②「などて、『をかし』と思ひ聞えけむ」と、こよなく、**飽き**にたる心地す。（〔訳〕かつて、わたくしは匂宮《におうのみや》を『おなつかしい』と、どうして思い申し上げたのであったろうか」と、浮舟《うきふね》は、今ではこの上もなく、匂宮を**いやになって**しまった気持ちがする）〈源氏・手習〉

あくがる〔自動下二〕（憧る）

①そのものが本来あるべき場所を離れてさまよい出る。

②魂が肉体を離れてさまよい出る。

③ある対象に何となく心がひかれる。うわの空になる。

④いとわしく思って離れる。男女の仲が疎遠になる。

【解説】「あく」（事・所などの意の古語）「かる（離）」の意とも、「あ（在）」「く（処）」「かる（離）」

の意とも言う。いずれにしても、第一義的には、心身が何かにひかれて、その本来あるべきところを離れてさまよう、の意であったものが、しだいに、対象に心ひかれる状態を強調するようになり、現代の、対象に心を奪われて夢中になるの意に固定してゆくのである。鎌倉時代ごろから「あこがる」と併用されることになる。

〔類〕①かる①〔自動下二〕離れる。

【文例】

①「おぼろげのよすがならで、人の言《こと》にうち靡き、この山里を**あくがれ**給ふな」(〔訳〕「よくよくのりっぱな縁でなければ、男の言葉に従って、この山里を**さまよい出る**などということはなさるな」)〈源氏・椎本〉

②物おもふ人のたましひはげに**あくがるる**物になむありける。(〔訳〕物思いをする人の魂というものは、なるほど**その身を離れてさまよい出る**ものであったよ)〈源氏・葵〉

③夜ふかくうちいでたる声の、らうらうじう愛敬《あいぎやう》づきたる、いみじう心**あくがれ**、せんかたなし。(〔訳〕夜もふけわたったころに鳴いた鳥の声が、心深く艶《えん》に思われて魅力的であるのは、たいそう**心がひかれて**、それをどう抑えようもないことである)〈枕41・筑波大〉

④此の年頃、人にも似給はず、（中略）御中も**あくがれ**て、程経にけれど、（〔訳〕この数年来、（北の方は物の怪《け》にとりつかれなさり、その言動は）常人のようでもいらっしゃらず、（中略）そのため**夫婦の御仲も疎いものになっ**て、月日が過ぎてしまったのであったけれども）〈源氏・真木柱〉

あさまし〔形シク〕（浅まし）

①（よい悪いにかかわらず、予期に反した事がらに対して）意外である。びっくりすることである。
②（びっくりするほど）はなはだしい。
③（特に悪いほうに予想外であった事がらに対して）あまりのことであきれる。言語同断である。
④（あきれはて、不快に思う気持ちを、反省的に）興ざめである。情けない。
⑤（外見が）見苦しい。
⑥身分が卑しい。下賤である。取るに足らぬ身である。

【解説】 自動詞「あさむ」の形容詞化した語であるが、その「あさむ」は、本来、驚きを表す感動詞「あ」に、「目が覚める。本心に返る」の意の自動詞「さむ（覚・醒）」の合して成立した語であると言われる。「あさましい」という現代の形容詞は、「嘆かわしい。卑しい。浅はかである」などの意味に固定的に使用されるのであるが、古文では、「あさまし」は、①の「（よい悪いにかかわらず、予期に反した事がらに対して）意外である。びっくりすることである」の意を第一義とする。ただし、古文においても、時代が下るにつれ、しだいに③以下の好ましくない場合の用法が中心となってゆき、江戸時代に入ると、ほぼ現代のそれに近い用法に移ってゆくのである。

〔類〕②③いみじ〔形シク〕①ひどい。②はなはだしい。↓P87
④すさまじ〔二〕③〔形シク〕興ざめだ。↓P210

〔関〕④⑤あさましげなり〔形動ナリ〕情けなく見える。

【文例】

①このゐたる犬のふるひなきて涙をただ落しに落すにいと**あさまし**。（〔訳〕このうずくまっていた犬が、（わたくしの言葉を聞いて感きわまって）ぶるぶるふるえわななき、涙をしきりに流すので、**びっくりして**しまった）〈枕9〉

②むく犬の**浅ましく**老いさらぼひて、毛はげたるをひかせて、（〔訳〕**ひどく**年がよってやせ衰え、毛のはげたむく犬を、使いの者に引かせて）〈徒然152〉

③用心あるかと見れば、**浅ましき**事まで、問はず語りに言ひ出す。（〔訳〕心づかいをして口を慎んでいるのかと思うと、女はまた、**あまりのことであきれかえるような**事がらまで、こちらが尋ねもしないのに、

自分のほうから語り出したりする）〈徒然107〉
④そのほどすぎぬれば、（中略）ひたすら世をむさぼる心のみ深く、物のあはれも知らずなりゆくなむ、**あさましき**。〔訳〕その四十歳を過ぎ老年に達してしまうと、（中略）ひたすら名誉や利益を求める心ばかりが強くなり、しみじみとしたものの趣も感じられなくなってゆく、それは**情けないことである**）〈徒然7〉
⑤或時、鏡を取りて顔をつく〴〵と見て、我がかたちの見にくゝ、**浅ましき**事を余りに心うく覚えて、鏡さへうとましき心地しければ、その後永く鏡を恐れて手にだに取らず、〔訳〕あるとき、律師は、鏡を手に取りそこに映った顔をつくづくと見て、自分の容貌が醜く、**見苦しい**ことがつらく思われたあまりに、鏡さえもいとわしい気持ちがしたので、その後長く恐れて鏡を手に取ることさえせずに）〈徒然134・早大〉
⑥**あさましき**身は、いたづらなる年のみ積れるばかりにて、〔訳〕**身分卑しい**このわたくしは、ただもうよわいを重ねたばかりで）〈増鏡・序〉

あさまつりごと〔名〕（朝政）
①朝廷の政務。

【**解説**】　漢語「朝政」の訓読であり、「朝」は君主が政務をとり行うところの意である。したがって、これを、天皇が朝早くから正殿に出て政務をとり行うことの意とするのは誤りである。

【**文例**】

①猶、**朝まつりごと**は、怠らせ給ひぬべかめり。〔訳〕（更衣在世中は朝寝のためであったが、更衣亡き今は悲しみのために）やはり、帝は**朝政をとること**をきっと怠けておしまいになりそうに見える）〈源氏・桐壺〉

あし〔形シク〕（悪し）

①不快である。けしからぬ。
②気分がすぐれない。
③自然の状況が思わしくない。
④つたない。下手である。
⑤粗末である。
⑥身分が卑しい。地位が低い。

【解説】　本来、「あし」は、物事の本性・本質が好ましくない状態にある、意を有する語であるが、これがさまざまに使い分けられるのである。すなわち、①は、人の性質・態度や物の状況などが悪くて気に入らぬ場合、②は、精神的・肉体的状態が思わしくない場合、③は、風・雲・海など自然の状況が思わしくない、険悪であるといった場合の用法である。また、④は、技能・配慮などが不足している場合であり、⑤は、品質が劣る場合の用例である。さて、この「あし（悪）」とその類義語「わろし（悪）」との差を明確に理解しておく必要がある。すなわち、前者は、絶対的に良くない状態であり、これに対し後者は、まあ良くはない、普通である、といった状態に対して用いられる言葉である。この点注意が必要である。

［対］よし〔形ク〕①性質などが善良である。②容姿が美しい。③身分・家柄が高い。④巧みである。⑤品質が優れている。⑥時宜を得ている。⑦自然の状況が良好である。↓P380

【文例】

①さりけれど、このもとの女、**悪し**と思へるけしきもなくて、出しやりければ、〔訳〕そのような状態であったが、このもとの妻は、それを**不快なこと**と思っているそぶりも見せずに、いつも快く夫を送り出してやっていたので）〈伊勢23・名大〉

②心地《ここち》もいさゝか**あしけれ**ば、これをや、この国に見すてて、迷《まど》はむとすらむと思ふ。（［訳］わたしの**気分が**いささかでも**すぐれぬ**ときは、おまえをまあ、この東国に見捨ててわたしは亡くなり、おまえはこの国で途方にくれることであろうと思ったものだ）〈更級〉

③十九日《とをまりここのか》。ひ**あしけれ**ば、ふねいださず。（［訳］十九日。天候が**悪い**ので、出港しない）〈土佐〉

④此燕《このつばくらめ》の子安貝は、**悪しく**たばかりて取らせ給ふなり。さてはえ取らせ給はじ。（［訳］この燕《つばめ》の子安貝《こやすがい》は、**まずく**計画してお取りになっていらっしゃるのですよ。それではとてもお取りなされますまい）〈竹取〉

⑤いと寒きをり、暑きほどなどに、下衆《げす》女のなり**あしき**が子負ひたる。（［訳］たいそう寒いときや、暑い時分などに、身分の卑しい女で服装の**粗末な**ものが子どもを背に負うているもの）〈枕118〉

⑥冬はついたち、つごもりとて、**あしき**もよきも、さわぐめるものなれば、（［訳］冬、年末の晦日《みそか》から新春の元日にかけては、**身分の低い**者もまた身分の高い方々も、皆何かと騒がしくするものであるようなので）〈蜻蛉・上〉

あそぶ〔自動四〕（遊ぶ）

①くつろぎ楽しむ。思うことをして心を慰める。

②狩猟をする。
③歌舞・管弦の演奏をすること。
④特に目的を定めず野山を無心に歩き回る。
⑤魚鳥などが無心に動き回る。

【解説】「あそぶ」は、本来、神事として、神霊を慰めるための行為をなすことであったものが、のちしだいに、人を楽しませ自らも楽しむ行為をなすことの意に移ってゆくのである。②の狩猟も、③の歌舞・管弦の演奏も、本来はひとしく神事として行われたものであった。④・⑤の意は、恐らくは、祭祀の場における神がかりした人の動作の印象を反映しているのであろう。また、室町以降、「生業を持たずにぶらぶらして暮らす」の意も生じて現代に及んでいるが、これは、神事に従事するときには、日常的な業務をいっさい放棄しなければならぬことの印象より転じたものであろう。平安時代は、とりわけ③の意に用例が集中している。

〔関〕あそび〔名〕①慰み。遊戯。②狩猟の慰み。③歌舞。管弦。④遊女。うかれめ。

【文例】

①年ごろ**あそび**なれつるところを、あらはにこぼち散らして、たちさわぎて、〔訳〕この数年の間いつ

もそこで**遊ん**できたところを、中がまる見えになるようにめちゃくちゃに壊して、出発の用意のために騒ぎたてて）〈更級・名大〉

②やすみしし　我が大君の　**遊ば**しし　猪《しし》の病猪《やみしし》の　唸《うた》き畏《かしこ》み（〔訳〕わたくしのお仕え申し上げる大君が、**狩りをし**て射たもうた猪で、しかも手負いの猪が、怒ってうなるのが恐ろしさに）〈古事記歌謡98〉

③承香殿《しやうきやうでん》の前のほどに、笛吹き立て拍子《はうし》うちて**遊ぶ**を、とく出で来《こ》なんと待つに、（〔訳〕承香殿の前の露台のあたりで笛を吹き鳴らし笏拍子《しやくびやうし》を打って**合奏する**のを聞きながら、早く舞人《まいびと》が出てくるとよいと待つうちに）〈枕142〉

④山沢に**あそび**て、魚鳥を見れば心たのしぶ。（〔訳〕山や沢を**無心に歩き回り**、魚や鳥の姿を見ると心が和むのである）〈徒然21〉

⑤白き鳥のはしとあしと赤き、しぎの大きさなる水の上に**あそび**つつ魚《いを》をくふ。（〔訳〕くちばしと脚とが赤く、しぎくらいの大きさの白い鳥が、水の上を**無心に泳ぎ回り**ながら魚をついばんでいる）〈伊勢9・名大〉

あた〔名〕（仇・敵）

①危害。損害。妨害。

②外敵。敵。

③恨みの種。怨恨《えんこん》。遺恨。

【解説】 ①は、「あた（仇）をなす」という形で用いられることが多い。②は、そうした危害を自分に及ぼそうとする相手を指すのである。なお、この語は、江戸中期以後、「あだ」と濁音で読まれるようになる。

〔類〕②かたき③〔名〕敵。

【文例】

①唐土《もろこし》にいたらむとするほどに、**あた**のかぜ吹きて、三つある舟、二つはそこなはれぬ。（〔訳〕中国に到着しようとする時分に、舟の進行の**妨げ**となる風が吹いて、そのために三艘《さんそう》ある舟の中二艘まで破損させられてしまった）〈宇津保・俊蔭〉

②しらぬひ　筑紫《つくし》の国は　**あた**守る　押への城《き》そと（〔訳〕この筑紫の国は、**外敵**の侵入を阻止する防禦《ぼうぎょ》の要衝の地であるとして）〈万葉4331〉

③かたみこそ今は**あた**なれ（〔訳〕あの人の形見の品こそ、今はかえって**恨みの種**である）〈古今746〉

あだなり〔形動ナリ〕（徒なり）

①空虚な状態であること。無益であること。無用であること。

②一時的でかりそめであること。もろい状態であること。頼りない状態であること。

③いいかげんでおろそかであること。疎略であること。

④不誠実で浮気っぽいこと。

【解説】　表面だけで実のないさまをさす語である。

［類］①いたづらなり①〔形動ナリ〕無益である。むなしいさまである。↓P75

②あからさまなり②〔形動ナリ〕一時的であること。かりそめであること。↓P19

③④なほざりなり①〔形動ナリ〕本気でない。いいかげんである。↓P277

［対］④まめなり①〔形動ナリ〕誠実であること。↓P327

［関］①④あだあだし〔形シク〕②内容が空虚である。③不誠実で浮気っぽい。

【文例】

①蝶になりぬれば、いともそでにて、**あだに**なりぬるをや。（［訳］その蚕が蝶に姿を変えてしまえば、それは全くよけいなものであって、**無益な**ものになってしまうのですよ）〈堤中納言・虫めづる姫君〉

②逢はで止みにし憂さを思ひ、**あだなる**契《ちぎり》をかこち、長き夜をひとり明かし、〔訳〕結ばれることなく終わってしまったつらさを思い、**かりそめであった**約束を恨み嘆き、長い夜をただ一人起き明かして）〈徒然137〉

③たしかに、御まくら上《がみ》に参らすべき、祝ひの物にて侍る。あなかしこ、**あだに**な。〔訳〕これはきっと紫上《むらさきのうえ》様のお床の枕もとにさし上げなければならない、新婚のお祝いの品でございます。けっして**疎略に**なさいますな）〈源氏・葵〉

④むかし、をとこ、ねんごろにいかでと思ふ女有りけり。されどこのをとこを**あだなり**ときゝて、〔訳〕昔、男がぜひ親しくなりたいと心から思う女がいた。しかし女はこの男が**浮気である**と伝え聞いて）〈伊勢47〉

あたらし〔形シク〕（惜らし）

①すばらしい。たいせつである。

②惜しい。もったいない。

【解説】 ①の「すばらしい。たいせつである」の意より、そのすばらしくたいせつなものが本来の値うちや才能を十分に発揮しないうちに失われてゆくのを惜しむ気持ちに変じ、②の「惜しい。もったいない」の意を生ずる。古文では、②の意の用例が中心となる。
〔類〕①めでたし①〔形ク〕すばらしい。↓P355
②をし①〔形シク〕もったいない。↓P406
〔関〕②あたら〔副・連体〕惜しいことに。

【文例】
①渟名川《ぬなかは》の　底なる玉　求めて　得し玉かも　拾《ひり》ひて得し玉かも　**惜《あたら》しき**　君が　老ゆらく惜《を》しも
〔訳〕渟名川の川底の玉。やっと探し求め手に入れた玉。やっと見つけ拾った玉。そんな**すばらしい**あなたが老いてゆくのが惜しいことだ）〈万葉3247〉
②この人年つもるまであらましかば、げにいかばかり目に見えぬ鬼神をも動かしなましに、若くて失せにしいといとほしく**あたらしく**なむ。〔訳〕この小式部内侍《こしきぶのないし》がもし老年に達するまで生きていたならば、歌の道においてどんなにか目に見えぬ鬼神をも感動させたことであったろうに、若くして世を去ったのはまことに気の毒でもあり**惜しい**ことでもあった）〈増鏡・おどろの下〉

あぢきなし〔形ク〕（味気無し）

①ものの道理をわきまえない。
②情けない。おもしろくない。
③役に立たない。つまらない。

【解説】 本来は①の「ものの道理をわきまえない」の意であったものが、②「情けない。おもしろくない」、③「役に立たない。つまらない」の意に転じたものであるが、古文では③の用例が多い。なお、万葉集には「あぢきなし」は見えず、もっぱら「あづきなし」の用例のみ見えて、「あぢきなし」の転かとも言われるが、両語の先後関係は不明である。

〔類〕①あやなし①〔形ク〕筋が通らない。わけがわからない。↓P57
③はかなし②〔形ク〕手ごたえない。むなしい。↓P297

【文例】
①汝《いまし》、甚だ**無道《あぢきな》し**。以て宇宙《あめのした》に君臨《きみ》たるべからず。固《まこと》に当に遠く根国《ねのくに》に適《い》ね。〔訳〕おまえは、たいそう**かって気ままで何とも手のつけようがない**。それゆえ天下を統治するにふさわしくない。遠く根の国に行ってしまうがよい）〈書紀・神代上〉
②例いとよく書く人も、**あぢきなう**みなつつまれて、書きけがしなどしたるあり。〔訳〕いつもはりっぱ

に書く人も、**情けないことに**みな気後れして、書き損じたものもある）〈枕23・東大〉
③筆にまかせつゝ、**あぢきなき**すさびにて、かつ破《や》りすつべきものなれば、人の見るべきにもあらず。
〔訳〕筆のおもむくままに書きつづった、**つまらない**手慰みであって、書く一方から破り捨てねばならぬようなものであるから、人の見るようなものでもない）〈徒然19〉

あつかふ〔他動四〕（扱ふ）
①気を使う。心配する。思い煩う。
②処置に苦しむ。もてあます。
③世話をする。めんどうを見る。
④うわさをする。とりざたする。
⑤使用する。操作する。使いこなす。
【解説】 自動詞「あつかふ（悶熱）」の「火熱に悩む。苦しみ悩む。焦慮する」の意から「気づかう」の意に転じ、これが他動詞化したものである、との説もあるが、なお詳細は不明である。
〔類〕①②わづらふ〔自動四〕①思い苦しむ。悩む。困る。②しかねる。もてあます。
③うしろみる〔自動上一〕後見する。補佐する。世話をする。

③⑤もてなす〔他動四〕②取り扱う。あしらう。⑥世話をする。

【文例】

①病者《ばうざ》のことを思う給へ**あつかひ**侍る程に、（〔訳〕病人のことを**心配に**存じておりましたので）〈源氏・夕顔〉

②誠に騒ぎまどひて、し**あつかふ**を見て、（〔訳〕全く騒ぎうろたえて、**もてあまし**ているのを見て）〈宇治96〉

③ことなることなき人の、子などあまた持《も》て**あつかひ**たる。（〔訳〕これということもない人が、子供など大ぜいもってその**世話をし**ている）〈枕155〉

④人〳〵も、「思ひの外《ほか》なることかな」と、**あつかふ**めるを、（〔訳〕女房たちも、「思いもしなかったことですね」と、**とりざたする**ようであるので）〈源氏・紅葉賀〉

⑤笙《しやう》の笛は（中略）所せく持て**あつかひ**にくくぞ見ゆる。（〔訳〕笙の笛は（中略）ぎょうぎょうしくて**用い**にくく思われることである）〈枕218・東洋大〉

あづかる〔自動四〕（与る・関る）

①関係する。関与する。かかわる。

②仲間になる。分配に加わる。

【解説】 次項の他動詞「あづかる（預）」、「あづく（預）」に対する自動詞。①「関係する。関与する。かかわる」を本義とし、そうした関係を保つ間柄になるの意で、②の「仲間になる」の意を生ずる。

［類］①かかはる①〔自動四〕関係する。

①たづさはる②〔自動四〕関係する。

②くみす①〔自動サ変〕仲間になる。味方する。

【文例】

①からうじてまちつけて、よろこびながら加持せさするに、この頃もののけに**あづかり**て、困《こう》じにけるにや、ゐるままにすなはちねぶりごゑなる、いとにくし。〔訳〕ようやくのことで修験者《しゆげんじや》を迎えて喜びながら加持をさせると、近ごろ方々の物の怪調伏《けちようぶく》のことに**関係し**て疲れきっているのか、座に着くやいなや眠り声を出す。それはたいそう憎らしいことである）〈枕26〉

②賤《いや》しく貧しきものも、高き世に改まり、宝に**あづかり**、〔訳〕身分が賤しく貧しい者も、（この七絃琴の奏法を伝授されることで）高い身分に改まり、財宝の**分配にあずかり**）〈源氏・若菜下〉

あづかる〔他動四〕（預る）

①引き受けて守る。責任を持って管理する。

【解説】 前項「あづかる（与）」の他動詞化したものである。

〔関〕あづかり〔名〕①世話。受け持ち。②留守番。

あづく②〔他動下二〕保管・世話をまかせる。

【文例】

①なかがきこそあれ、ひとつい へのやうなれば、のぞみて**あづかれ**るなり。（〔訳〕隣家との間には隔ての中垣こそあるものの、一軒の家も同然であるから、先方から望んでわが家の**管理を引き受け**ていたのである）〈土佐〉

あてなり〔形動ナリ〕（貴なり）

①身分が高い。高貴の身であること。

②上品であること。優美であること。

【解説】 ①の「身分が高い。高貴の身であること」を原義とし、そうした立場にある人の動作・状態に目を向けることから、②の「上品であること。優美であること」の意を生じたものである。

〔類〕①よし③〔形ク〕身分・家柄が高い。↓P380

②いうなり①〔形動ナリ〕上品である。

②えんなり①〔形動ナリ〕優美である。↓P99

【文例】

①世界の男《をのこ》、**貴《あて》なる**もいやしきも、いかでこのかぐや姫を得てしがな、見てしがなと、おとに聞きめでゝ惑ふ。(〔訳〕世の中の男は、**身分の高い**男もまた身分の卑しい男も、なんとかしてこのかぐや姫を妻としたいものだ、かぐや姫と結婚したいものだ、とうわさに聞いてはかぐや姫をすばらしいと思って思い乱れる)〈竹取〉

②四十余《よそぢあまり》ばかりにて、いとしろう**あて**に、痩《や》せたれど、つらつきふくらかに、(〔訳〕その尼君は四十過ぎくらいの年配で、たいそう色白で**上品であって**、全体にほっそりとしてはいるが、顔だちはふっくらとしていて)〈源氏・若紫〉

あと〔名〕（〔一〕跡・〔二〕後）

〔一〕①足のあたり。足もと。

②足跡。

③行き来。往来の姿。

④去っていった方。行方《ゆくえ》。

⑤過ぎ去った現象・事件など、また事物の存在をうかがえるようなしるし。痕跡。遺跡。

⑥先例。故実。

〔二〕①背後。後方。

②以後。

③死後。

④以前。

【解説】　〔一〕と〔二〕との関係について言えば、〔一〕を源として〔二〕を生じたものであると思われ、〔一〕の内部に目を向ければ、①の「足のあたり。足もと」を本義とするものと考えられる。すなわち、「あと」とは「足処」の意であったのだ。その足もとの地面には②の「足跡」（足がた）が残される。遠方へ向かう足跡、遠方より近づく足跡、そうした印象は③の「行き来。往来する姿」の意を、遠方へ向かう足跡、すなわち、人及び動物が去った後に続く足跡は、④の「去っていった方。行方」の意を生むことになる。⑤・⑥の用法は、こうした用法の抽象化・観念化されたところから生ずるものである。[二]の諸用法にしても、②・③の文例の用字とその内容に照らして、[一]の諸用法の延長線上にあることは疑い無い。ただ、この[二]の諸用法の中では、①の「背後。後方」の意が中心で、②・③・④の用法はあまり頻繁《ひんぱん》には現れない。多く、「あと」は空間的なものに対して用いられ、時間的なものに対しては「のち」の語が用いられるのである。

【文例】

[一]①父母は　枕の方《かた》に　妻子《めこ》どもは　**足**《あと》の方に（[訳]父母は枕もとに、そして妻や子は**足もと**に）〈万葉892〉

②雪にはおりたちて**跡**つけなど、（[訳]雪の降り積もった庭には下り立って**足跡**をつけたりなど）〈徒然137〉

③黒谷とかいふ方より、ありく法師の**跡**のみ、稀稀《まれ》は見ゆるを、（[訳]黒谷とかいう方から、歩いて来る法師の**往来の姿**だけが、ごくまれには見えるのであるが）〈源氏・手習〉

④今、日野山の奥に**跡**を隠してのち、（[訳]今、日野山の奥に**行方**をくらまして隠れ住んでからは）〈方

丈〉
⑤世間《よのなか》を何に譬《たと》へむ朝びらき漕《こ》ぎ去《い》にし船の**跡**なきがごと〔訳〕世の中を何にたとえよう。それは、朝、停泊地から漕ぎ出して行ってしまった船の、何の**痕跡**も残さぬようなものだ）〈万葉351〉
⑥このことは、ま事に、**跡**のまゝに尋ねとりたる昔の人は、〔訳〕この七絃琴を、ほんとうに、伝授のままに学び取った昔の人は）〈源氏・若菜下〉
［二］①**あと**につきて、うかゞひけり。〔訳〕頭中将《とうのちゅうじょう》は、源氏の**背後**をつけて、その行く先をうかがっていた）〈源氏・末摘花〉
②月の入る**跡**は小倉《をぐら》の山陰にひとりさやけき小男鹿《さをしか》のこゑ〔訳〕月が山の端《は》に沈んだ**その後**は、すべてがほの暗い小倉山の山陰に、ただそれのみはっきりと聞こえる牡鹿《おじか》の妻呼ぶ声よ）〈新千載1787〉
③「我こそ得め」などいふものどもありて、**跡**に争ひたる、様《さま》あし。〔訳〕「その遺品はぜひ自分がもらおう」など言う人々がいて、その人の**死後**争っているのは、みっともないことである）〈徒然140〉
④これと存じたならば、**後**の宿《しゅく》で宿をとらうものを。〔訳〕こんなことになると存じていたならば、**さきほど**の宿場で宿をとればよかったものを）〈狂言・地蔵舞〉

あないす〔他動サ変〕（案内す）

①問いただすこと。尋ねること。
②取り次ぎをこうこと。訪問すること。
③人を招待すること。

【解説】　「あないす」は、①の「内情を問う。問いただす。尋ねる」の意を原義とする。その「尋ねる」の意より転じて、②の「人を訪問して取り次ぎをこう」の意を生じ、そこからついに、③の「人を招待する」の意を生むことにもなる。なお、この「案内す」の実際の発音は、「あんないす」であったものと思われるが、平安末期ごろまでは、撥音を「ん」字をもって表す表記法が一般的にまだ完全に定着してはおらず、したがって、これがかなでしるされる場合に「あないす」となっていることから、そのかな表記をそのままに読むことをしているのである。

〔類〕②おとなふ②〔自動四〕訪問する。

【文例】

①「この事を、もし、物のついでに、露ばかりにても、漏らし奏し給ふ事やありし」と、**案内し**たまへど、〔〔訳〕「この秘密の一事を、万が一にも、藤壺中宮《ふじつぼのちゅうぐう》が何かの機会に、帝にもらし奏上なさったことがあったか」と、源氏は王命婦《みょうぶ》に**問いただし**なさるが〕〈源氏・薄雲〉

②九月廿日《ながつきはつか》の此《ころ》、ある人にさそはれたてまつりて、明くるまで月見ありく事侍りしに、おぼしいづる所ありて、**案内せ**させて入り給ひぬ。（［訳］九月二十日のころ、ある方にお誘いいただいて、夜の明けるまで月を見て回ったことがございましたが、そのおりにその方が思い出された恋人の家があって、その方は**取り次ぎをこわせ**てその家にお入りになった）〈徒然32・同志社大〉

③ものせらるゝこともなきに、**案内する**も、はゞかりおほかれど、（［訳］ふだんおいでくださることもないあなたを、**お招きする**のも、はばかり多いことですが）〈大鏡・師輔伝〉

あながちなり〔形動ナリ〕（強ちなり）

①無理であること。不適当であること。

②いちずであること。むやみであること。

③（連用形「あながちに」の形で、下に否定の語を伴い、副詞的に）進んで。たって。

【解説】　現代では、この「あながちなり」の③の用法が副詞として転じた「あながち」の形で下に否定の語を伴い、「必ずしも。まんざら」の意で用いられる場合にほぼ限定されるのであるが、古文では、「あな（己）」「がち（勝）」「なり」の語源説のあるように、自分がやりたいと思うことを、その感情のおもむくままに行動するさまを表す語として、①・②の用法を中心として使用されるのである。

【文例】

①聞く人も「ことわり」と、あはれがり聞ゆるに、春宮《とうぐう》の女御は「**あながちなり**」とにくみ聞え給ふ。（［訳］その御誦経《みずきょう》を聞く人も、「帝のお心はごもっともなことだ」と同情し申し上げるのであるが、弘徽殿《こきでん》の女御は、「御誦経などはしなくてもよいことであるのに**無理にするものだ**」と帝を憎み申し上げる）〈源氏・紅葉賀〉

②**あながちに**財を惜しむが故に、母を土の倉にこめて食をあたへざりき。（［訳］**むやみと**財産を惜しむために、母をも土の倉にとじこめて食事も与えなかった）〈今昔・二一〉

③**あながちに**攻むべきにあらず。（［訳］どうしても攻めなければならないというならともかく**進んで**攻める必要は無い）〈宇治128〉

あはれなり〔形動ナリ〕

①尊いさまである。ありがたいさまである。

②優れたさまである。りっぱなさまである。

③かわいいさまである。恋しいさまである。懐かしいさまである。

④優美なさまである。情趣深いさまである。
⑤しめやかに寂しいさまである。悲しいさまである。
⑥気の毒なさまである。かわいそうなさまである。

【解説】　「あはれなり」は、「ああ」（感動の叫び）「はれ」（感動の叫びで、「あれ」がこれに近い）「なり」のつづまって生じた語であるとされるが、その感動の内容がきわめて多岐にわたるところより、各用例における具体的な内容もきわめて多岐にわたるのである。なお、この「あはれなり」は、一般的に、「をかし」（↓P403）が「興趣深い」という感じで、知的・反省的な性格を含むに対し、「情緒深い」という感じで、直接感動の性格が強いものである。

【文例】
①霊山《りやうぜん》は、釈迦仏《さかぼとけ》の御住みかなるが**あはれなる**なり。〔訳〕霊鷲山《りようじゆせん》は、釈迦牟尼仏《しやかむに》の御すみかであるのが**尊いこと**であることだ）〈枕208〉
②かたちいとよく、心もをかしき人の、手もよう書き、歌も**あはれに**詠《よ》みて、〔訳〕顔だちがたいそう美しく、気だてもよい女が、字もきれいに書き、和歌も**並々ならぬさまに**詠んで）〈枕268〉
③この人の、何心なく、若やかなるけはひも、**あはれなれば**、〔訳〕この軒端荻《おぎ》の、無心に、若々しい様

子も、**かわいい**から）〈源氏・空蟬〉

④からすのねどころへ行くとて、みつよつ、ふたつみつなどとびいそぐさへ**あはれなり。**（〔訳〕からすがそのねぐらへ帰ろうとして、三羽また四羽、二羽そして三羽と群れをなして急いで飛んでゆくのさえ**情趣深い様子である**）〈枕1〉

⑤時はいと**あはれなる**ほどなり。（〔訳〕時節はたいそう**しめやかに寂しい**ころである）〈蜻蛉・上〉

⑥命婦は、まだ大殿籠らせ給はざりけるを、**あはれに**見たてまつる。（〔訳〕靫負命婦《ゆげいのみょうぶ》は、帝がまだおやすみになっていらっしゃらないのを、**おいたわしいと**見申し上げる）〈源氏・桐壺〉

あふ〔自動下二〕（敢ふ・堪ふ）

①抵抗する。がまんする。こらえる。

【解説】　打消や疑問・反語と結び、不可能や困難の意を表す用例が大多数である。

〔類〕たふ〔自動下二〕こらえる。

【文例】

①秋されば置く露霜に**堪《あ》へ**ずして都の山は色づきぬらむ（〔訳〕秋になったので、置く露霜に**堪えきれ**な

いで、奈良の都の山々はきっと色づいていることであろう）〈万葉3699〉

あふ〔補助動下二〕（敢ふ）

①最後までしおおせる。完全にしおおせる。

【解説】　前項の自動詞「あふ（敢）」が補助動詞化したもので、その「がまんする」の意に導かれ、「最後までしおおせる」の意を有するのである。

【文例】

①風も吹き**あへ**ずうつろふ人の心の花に、なれにし年月を思へば、（〔訳〕風が吹き**おおせ**ぬうちに散り過ぎてしまう桜の花のように移り変わりやすい人の心の花ともいうべき愛情、その愛情に慣れ親しんできた年月のことを思い出すと）〈徒然26〉

あふ〔自動四〕（〔一〕合ふ・適ふ・〔二〕合ふ・会ふ・遇ふ・逢ふ・〔三〕合ふ・婚ふ・〔四〕闘ふ・対ふ）

〔一〕①二つ以上のものが寄りつく。合致する。

②（他の動詞の連用形について）ある行為を共にする。

③適合する。似合う。つり合う。
④互いに調和する。
[二] ①対面する。会見する。
②人と遇然に出会う。
③事物に遭遇する。ある時にめぐりあう。
[三] ①男女が交合する。夫婦の契りを結ぶ。
[四] ①闘う。立ち向かう。
②向かう。対する。

【解説】 基本的には、[一] から [四] に至るすべての「あふ」は、「物と物とが一つに重なり、また、物と物とがつり合う」の意である、と言える。その意味において、[一] の諸用法は、最も一般的用法でもあり同時にその基本線に沿うたものでもある、と言えよう。対して、[二] は、それが人と人との相互関係にかかわる①・②の用法、人が他の事物及び時などと一つに重なり合う意を表す③の用法、という形で限定的に使用されているのである。そして、[三] は、そうした人と人との結びつきの形における特殊な立場としての「男女の交合」の意に用いられている場合である。[四] とりわけその①の用法を [三] に関連付けて言えば、古代において、経済的にも女性の農業労働力はその所属する集団にとって必須のものであり、信仰的にも女性にのみ属する祭祀権はその集団の生活の基盤をなすものであったため、女性の他集団の男性との結婚は、しばしば、集団同士の争闘を導くものであったことを考慮に入れる必要があるのである。

【文例】

[一] ①玉こそば　緒の絶えぬれば、括《くく》りつつ　またも**合ふ**と言へ〔[訳] 玉こそは、それを貫くひもが切れれば、くくり合わせて再び**合う**と言うけれど〕〈万葉3330〉

②事ゆかぬ物ゆゑ、大納言をそしり**あひ**たり。〔[訳] わけのわからぬことであるから、世間の人々は**一様に**大納言をそしったことであった〕〈竹取〉

③ひとのほどに**あは**ねば、とがむるなり。〔[訳] 船頭という分際に**似つかわしく**ない言葉なので、妙に思って心にとめるのである〕〈土佐〉

④広陵といふ事を、あるかぎり弾《ひ》きすまし給へるに、かの岡べの家も、松のひゞき、浪の音に**あひ**て、〔[訳] 源氏君が、広陵という曲を、曲のありったけ精を出してお弾きになったから、娘のいる岡辺の家でも、その曲調が、松風の響きや浪の音に**和し**て聞こえるから〕〈源氏・明石〉

[二] ①媛女《をとめ》に　直《ただ》に**遇は**むと〔[訳] あなたに直接**お目にかかろ**うと思って〕〈古事記歌謡19〉

②物心ぼそく、すゞろなるめを見ることと思ふに、修行者**あひ**たり。〔訳〕男が、何となく心細く、思いがけずつらいめにあうことよと思っていると、修行者がやって来て男に**出会った**）〈伊勢9〉

③御民《みたみ》われ生ける験《しるし》あり天地《あめつち》の栄ゆる時に**遇へ**らく思へば〔訳〕天皇の民である自分は、真に生きているかいがある。天地の栄えているこの**大御代《おおみよ》に生まれあわせる**ことができたと思うと）〈万葉996〉

〔三〕①などいひ〳〵て、つひに本意《ほい》のごとく**あひ**にけり。〔訳〕など互いに歌を詠み交わして、とうとう本来の望み通り**結婚し**たことであった）〈伊勢23〉

〔四〕①香具山と耳梨山と**あひ**し時立ちて見に来《こ》し印南国原《いなみくにはら》〔訳〕香具山と耳梨山とが**闘っ**たときに、阿菩《あぼ》の大神が立って見に来た印南国原よ）〈万葉14〉

②ある荒夷《あらえびす》の恐しげなるが、かたへに**あひ**て、〔訳〕ある荒武者で、恐ろしそうな様子の男が、かたわらの人に**向かって**）〈徒然142〉

あへなし〔形ク〕（敢へ無し）

①しかたがない。どうしようもない。

②あっけない。はかない。痛ましい。

【解説】　「あへ（敢）」は、「こらえる。がまんする」の意の自動詞「あふ（敢）」の連用形の体言化したもの。したがって、「あへなし」は、「こらえられない」の意で、①の「しかたがない。どうしようもない」の意を第一義とする。また、②の用法は、意気込んだり予期したりしていたことがそのようにならず、張り合いが無く、がっかりするさまより生じたものである。

【文例】

①とて、なき騒げば、御使も、いと**あへなくて**、かへりまゐりぬ。（［訳］と言って、更衣の里の人々が泣き騒ぐので、お使いも全く**どうしようもなく**、帰って来て帝の御前に参上したことであった）〈源氏・桐壺〉

②御かたちも心ばへもめでたくおはしつるに、いと**あへなく**失せたまひぬれば、（［訳］摂政殿《せつしよう》はご容貌もまたご気性も優れていらっしゃったのに、たいそう**あっけなく**お亡くなりになってしまったので）〈増鏡・藤衣〉

あやし〔形シク〕（［一］怪し・［二］賤し）

［一］①神秘的である。霊妙である。

②不思議である。不可解である。

③不都合である。

［二］①みすぼらしい。粗末である。

②身分が卑しい。

【解説】　［一］と［二］とは、一見かかわりの無いものに見えるのであるが、本来同根のもの、［一］より［二］を生じたものと思われる。すなわち、「あやし」は、人知・人力を超えた存在に対して神秘を感ずる、［一］の①の用法をその本義とするのであるが、そうした神秘的な存在・現象は人知をもって測り知れぬものであるところから、続いて、②の「不思議である。不可解である」の意を生ずることになる。その「不可解である」との意識が強まれば、人間は常識的・日常的な事がらに安心感を持つ存在であることよりして、③の「不都合である」の意の生ずる経緯も理解されよう。［二］の①・②の用法もまた、そうした神秘的存在に対する神聖感が、逆に違和感・軽べつ感に転じたものである。

【文例】

［一］①わが国は　常世《とこよ》にならむ　図負《ふみお》へる　**神《あや》しき**亀も（［訳］わが国が永久不変の楽土になるという模様を甲羅《こうら》につけた**霊妙な**亀も）〈万葉50〉

②いかに見えつる御夢ならんと、**あやしう**思《おぼ》さるれど人にものたまはず。（［訳］宮はどうしてこのよう

な夢のお告げを受けたのであろうと、**不思議に**お思いになったが、夢のことは他人におっしゃらない）〈増鏡・三神山〉
③打橋・渡殿《わたどの》のこゝかしこの道に、**あやしき**業《わざ》をしつゝ、御送り迎への人の衣の裾《きぬ》堪へがたう、まさなきことゞもあり。〔訳〕打橋や渡殿のあちらこちらの通路に、他の女御《にょうご》・更衣たちが**不都合な**ことをして、桐壺更衣《きりつぼのこうい》の送り迎えをする女房の着物の裾がぐあい悪いようなことが幾たびもあった）〈源氏・桐壺〉
〔二〕①みのむし、いとあはれなり。（中略）親の**あやしき**きぬひき着せて、〔訳〕みの虫はたいそう哀れである。（中略）母親が**粗末な**衣服をひきかぶせて）〈枕43〉
②**あやしき**しづ・山がつも力尽きて、薪《たきぎ》さへともしくなりゆけば、〔訳〕**身分卑しい**きこり、などのたぐいも力が尽きて、薪まで足りなくなってゆくので）〈方丈〉

あやなし〔形ク〕（文無し）
①わけがわからない。筋が通らない。
②おもしろくない。望ましくない。
③あっけない。

【解説】「あやなし」は、「あや（文・理）」（物事の筋目。条理）「なし（無）」の意であると思われる。

そうであるならば、①の、「わけがわからない。筋が通らない」が原義ということになる。そして、わけのわからぬこと、筋の通らぬことは望ましくないものと思われるところから、②の意を生ずることになる。また、予想外でわけのわからぬままに終わってしまった事がらに対して、③の、「あっけない」の意も生ずるのである。

【文例】

①春の夜のやみは**あやなし**梅花《うめのはな》色こそみえねかやはかくるゝ〔訳〕春の夜のやみは**わけがわからぬものである**。梅の花の美しい色は隠して人の目に見えないが、そのかぐわしい香りは隠れるであろうか隠れることはないではないか）〈古今41〉

②人聞くばかりののしらんは**あやなき**を、〔訳〕人が聞きつけるほど大声をあげるのは**おもしろくないので**）〈源氏・総角〉

③さしもやはと覚えしに、いと**あやなく**失せ給ぬ。〔訳〕たいしたことはあるまいと思われたのであったが、実に**あっけなく**お亡くなりになってしまった）〈増鏡・北野の雪〉

あやにくなり〔形動ナリ〕

①ぐあいが悪い。おりが悪い。都合が悪い。

②意地が悪い。厳しい。ひどい。

【解説】 そうなっては困るような場合に、そのように思う気持ちや予想に反して、好ましくないことが生ずるさま、また、思うようにならずに好ましくなく感ずるさま、を表す語である。

〔類〕②からし①〔形ク〕厳しい。むごい。容赦ない。↓P141

【文例】

①うち置かむも人わろし、なほ使ふも**あやにくなり**。〔訳〕筆を置くのも体裁が悪いし、といってそのまま使うのも**ぐあいが悪いものである**）〈枕（春曙抄本）199〉

②みかどの御おきてきはめて**あやにくに**おはしませば、この御子どもを同じかたにつかはさゞりけり。〔訳〕帝のご処置はきわめて**厳しいもので**おありになったので、この道長公の御子たちを同じ方向にお流しにはならなかったのである）〈大鏡・時平伝〉

あやふし〔形ク〕（危し）

①危険である。

②気がかりである。心細い。

【解説】 ①の「危険である」が原義である。②の「気がかりである。心配である」の意は、将来に危険もしくは望ましくないことが起こることを予想して抱く感情から生ずるものである。

〔類〕②おぼつかなし④〔形ク〕不安だ。↓P113

【文例】

①ふみみれどくものかけはし**あやふし**とおもひしらずもたのむなるかな（〔訳〕あなたのお返事を拝見しましたが、あなたはそれが雲のかけはしのように**危険なもの**とも知らずに私との恋の道に頼みをかけておられることですよ）〈蜻蛉・下〉

②中〳〵**危く**おぼし憚《はばか》りて、色にも出ださせ給はずなりぬるを、（〔訳〕帝は光君《ひかるぎみ》の立坊をかえって**気がかりなこと**と思いはばかりなさって、顔色にもお出しなさらずにしまったので）〈源氏・桐壺〉

あらまし〔名〕

①予想。予期。計画。

②おおよその内容。概略。

③（単独で、または「あらましに」の形で、副詞的に）おおかた。ひととおり。

【解説】 将来のことを前もって思いめぐらす意の他動詞「あらます」の連用形が体言化したものであり、したがって、①の「予想。予期。計画」が本義であるが、江戸以降②・③の意を生じ、現代では、むしろ、②の意が中心となっている。

【文例】

①おほやう、人を見るに、少し心あるきはは、皆この**あらまし**にてぞ一期《ご》は過ぐめる。（［訳］だいたい、世間の人を見ると、多少物のわかった程度の人は、皆こうした**計画**だけで一生は過ぎてしまうようである）〈徒然59〉

②此**あらまし**を語られしに、（［訳］この**概略**をお話しになったところ）〈浮・一代女・二〉

③大かた**あらましに**吟味して、（［訳］だいたい**ひととおり**調べて）〈浮・武道伝来記〉

あらまほし〔形シク〕

①そうあってほしい。理想的である。

【解説】 自動詞「あり（有・在）」（↓P62）に希望の助動詞「まほし」が結びついてできた形容詞で

ある。前項の「あらまし」と混同せぬこと。

【文例】

①家居のつきづきしく、**あらまほしき**こそ、仮の宿りとは思へど、興あるものなれ。〔訳〕住まいがよくそのあるじと調和がとれていて、**理想的である**のは、しょせんこの仮の世におけるほんの一時の住居に過ぎぬとは思っても、やはり興趣のあるものである）〈徒然10〉

あり〔自動ラ変〕（有り・在り）

①存在する。いる。

②生存する。

③生活する。暮らす。

【解説】　広く人や事物がその場に存在することを意味する、①の意を原義とする。現代では、人間を含めて生物の存在することに対しては「いる」、無生物の存在することに対しては「ある」、と区別して用いるのであるが、古文では、人間を含む生物の存在に対しても「あり」が用いられるのである。②・③の意は、人間に限定しての用法であるが、共に、現代語の「ある」の含み持たぬ意であるので、注意を要する。

〔類〕①をり〔自動ラ変〕存在する。いる。

①ゐる②〔自動上一〕そこにいる。↓P400

②いく〔自動上二〕生存する。

【文例】

①さる人**ある**まじければ、露違《つゆたが》はざらんと向ひゐたらんは、ひとり**ある**こゝちやせん。(〔訳〕そう心の通ずる人は**いる**まいから、実際は心の通わぬ人と、相手の心に少しもそむくまいと気を使って対座しているのは、まるで一人で**いる**のと同じような寂しい気持ちがすることであろう)〈徒然12〉

②名にし負はばいざ事とはむ宮こ鳥わが思ふ人は**あり**やなしやと(〔訳〕都鳥という名を負うているのなら、さあ都のことを尋ねよう都鳥よ。自分の愛するあの人は**無事で生きている**か否かと)〈伊勢9〉

③そのをとこ、身をえうなき物に思ひなして、京には**あら**じ、あづまの方に住むべき国求めにとて行きけり。(〔訳〕その男は、自らを無用の者としいて思い込んで、もう京では**暮らす**まい、東国のあたりにこんな自分でも住むことのできる国があればそれを求めよう、と旅に出たのであった)〈伊勢9・名大〉

ありがたし〔形ク〕（有り難し・在り難し）

①めったにない。珍しい。

②生きることが難しい。

③難しい。しにくい。

④尊い。もったいない。かたじけない。

【解説】「あり（有）」「かたし（難）」及び「あり（在）」「かたし（難）」の意で、①及び②の意を本義とするものである。このうち①の意からは、存在しまた実現することの困難性を強く意識した③の「難しい。しにくい」の意が、さらには、そのような困難事をあえて実現した相手に対する尊崇・賛美の念「尊い。もったいない」及び感謝の念「かたじけない」という④の意が、それぞれ生ずるのである。

【文例】

①この御子《みこ》のおよずけもておはする御かたち・心ばへ、**ありがたく**珍しきまで見えたまふを、〔訳〕この若宮の成長なさるご容貌やご気性が、**世にもまれに**珍しいほどに見えなさるので）〈源氏・桐壺〉

②世の中は**ありがたく**むつかしげなるものかな。〔訳〕この世の中は**生きにくく**煩わしいものであるよ）〈源氏・東屋〉

③人なみ〳〵ならむこともありがたきことと思ひ沈みつるを、〔訳〕人並みの身になることも**難しい**ことであると、人々は沈み込んでいたが）〈源氏・玉鬘〉

④**ありがたき**法《のり》をひろめし聖《ひじり》にぞ打ちみし人も導かれける（〔訳〕**尊い**仏法を広めた菩薩によって打擲《ちようちやく》した人も仏の道に導かれたことである）〈金葉681〉

ありく〔自動四〕（歩く）

①動き回る。往来する。

②出歩く。外出する。

③歩行する。

【解説】 現代では、もっぱら③の「歩行する」の意に用いられるのであるが、古文では、おおむねそれは「あゆむ（歩）」で表し、①の用法、すなわち、生物・無生物を問わず「動き回る・往来する」の意に用いられる場合が大半である。

【文例】

①菰《こも》積みたる舟の**ありく**こそ、いみじうをかしかりしか。〔訳〕菰を積んだ小舟が**行き来する**のは、たい

そうおもしろい風景であった）〈枕114〉
②夜中に、こは、なぞ**歩か**せ給ふ。（［訳］この夜中に、これはまあ、どうして**出歩き**なさるのです）〈源氏・空蟬〉
③いかにいはむや、つねに**歩き**、つねに働くは、養性《やうじやう》なるべし。（［訳］まして、常に**歩行し**、また常に働くのは、健康を保ち進める方法である）〈方丈〉

ありく〔補助動四〕（歩く）
①……し続ける。
②……して回る。あれこれと立ち回って……する。
【解説】 前項の自動詞「ありく」の①義「動き回る」の補助動詞化したもので、動作の継続しまた反復・重畳する意を添えるものである。
【文例】
①かぎりなくかなしとのみおもひ**ありく**ほどに、（［訳］夫はただこのうえもなく悲しいとばかり思い**続けているとき**に）〈大和13〉

②おのれも隈《くま》なきすき心にて、いみじくたばかり、惑《まど》ひ**歩き**つゝ、（［訳］惟光は、自分も抜け目のない好色心で、ひどく手段を尽くして、**あれやこれやと立ち回った**あげく）〈源氏・夕顔〉

あるじ〔名〕（①主・②饗）

①主人。主君。

②もてなし。ごちそう。

【解説】「あるじ」は、その家の主人、客を招待する人、の意で、①を原義とするが、その主人が客を迎えてもてなす、そのもてなしの準備を意味する名詞「あるじまうけ（饗応）」が省略されて、②の義を生むことになる。

〔類〕②まうけ②〔名〕ごちそう。→P318

〔対〕①まらうど〔名〕客。→P330

〔関〕②あるじす〔動サ変〕ごちそうする。

【文例】

①からうた、こゑあげていひけり。やまとうた、**あるじ**も、まらうども、ことひともいひあへりけり。

（〔訳〕漢詩を朗々と吟詠した。また、和歌を、**主人**である国守も、客である前国守も、その他の人々も皆詠んだのであった）〈土佐〉

②このあるじの、また**あるじ**のよきをみるに、うたておもほゆ。（〔訳〕この家の主人の、またその**もてなし**の良いのを見るにつけ。あまりの厚遇にかえって気の毒に思われる）〈土佐〉

いかで〔副〕

①どうして。

②何とかして。

【解説】①は、手段・原因を疑い問う用法であるが、相手に対してとがめて言う場合が多い。また、②は、手段を求め願う用法であるが、この場合は、通常、下に「ばや」「もがな」「む」のような希望を表す語を伴うのである。

【文例】

①彼《か》の花は失《う》せにけるは、**いかで**、かうは盗ませしぞ。いとわろかりける女房たちかな。いぎたなくて、え知らざりけるよ。（〔訳〕おや、あの花が無くなったぞ。**どうして**こう盗ませたのです。実にけしからん

女房たちだなあ。ぐっすり寝込んで気付かなかったのだな）〈枕278・早大〉
②をとこもをんなも、**いかで**、とく京へもがなとおもふこゝろあれば、〔訳〕男も女も、**何とかして**早く京に帰りたいと思う気持ちがあるので）〈土佐〉

いかめし〔形シク〕（厳し）
①激しい。恐ろしい。
②壮厳である。
③すばらしい。盛大である。

【解説】　「いか」は、勢いが盛んである、激しい、恐ろしいの意を表す語根。奈良朝においては、ク活用の形容詞「いかし（厳）」が用いられていたが、平安朝に入り、代わって「いかめし」が主流になった。と同時に、原義と考えられる①の用法よりも、②・③の意における用法が中心となってゆくのである。

【文例】
①**いかめしき**雨・風・いかづちの、驚かし侍りつれば、〔訳〕**激しい**雨・風そして雷がわたくしを目覚めさせましたので）〈源氏・明石〉

②愛宕《をたぎ》といふ所に、いといかめしうその作法したるに、〔[訳]愛宕というところで、たいそう**壮厳に**亡き桐壺更衣《きりつぼのこうい》の火葬の式をとり行ったのであったが〕〈源氏・桐壺〉

③御誦経《みずきやう》、われも〳〵、御かた〴〵と、**いかめしく**せさせ給ふ。〔[訳]読経をした僧たちへのお布施を、我も我もと、六条院のご婦人方として、競って**盛大に**おやりになる〕〈源氏・若菜上〉

いぎたなし〔形ク〕（寝穢し）

①寝坊である。

【解説】「い」は、「瓜食《は》めば　子ども思ほゆ　栗食めば　まして偲《しぬ》はゆ　何処《いづく》より　来《きた》りしものぞ　眼交《まなかひ》に　もとな懸《かか》りて　安眠《やすい》しなさぬ」（万葉802）の例にも明らかなごとく、「寝ること。眠ること」の意。したがって、「いぎたなし」とは、「い（寝）」「きたなし（穢・汚）」（見苦しい）の意であり、見苦しく眠り込んでいる、すなわち、寝坊であるの意となるのである。

［対］いざとし〔形ク〕目がさめやすい。

【文例】

①家にても宮づかへ所にても、あはでありなんとおもふ人の来たるに、そら寝《ね》をしたるを、わがもとにあるもの、おこしにより来て、**いぎたなし**とおもひ顔にひきゆるがしたる、いとにくし。〔訳〕それが自分の家であってもご奉公先であっても、会わないですませたいと思う人が来ているときに、たぬき寝入りをしていると、自分が使っている侍女が起こしに近寄って来て、**寝坊だ**と思っている顔つきで揺すぶっている。それはたいそう憎らしい）〈枕28〉

いさ〔感〕

①さあ。ええと。

【解説】 相手から返答を求められて、答えにくい場合や、自信のない返事をする場合に用いられる。

【文例】

①「何の名ぞ、落窪《おちくぼ》は」と言へば、女、いと恥づかしくて「**いさ**」といらふ。（〔訳〕「何の名かね、落窪というのは」と男が言うと、女は、たいそう恥ずかしくて「**さあ**」と答える）〈落窪・都立大〉

いさ〔副〕

①さあどうであるか、（よくはわからない）。

【解説】 前項の感動詞「いさ」の副詞に転じたものであり、下に「知らず」の語の伴って、逡巡《しゅんじゅん》し答えを濁す場合に用いられる。

〔関〕いさよふ〔自動四〕ためらう。

【文例】

①人は**いさ**心も知らず古里は花ぞ昔の香に匂ひける〔訳〕あなたのお心は、**さあどうであるか、よくはわからないけれども、**かつて通い慣れたこの里の花は昔と変わることなく薫《かお》って、わたくしを迎えてくれることとよ）〈古今42〉

いざ〔感〕

①（人を勧誘して）さあ。

②（自分で思いたって）どれ。

【解説】 ①は、相手を誘うとき、自分と共に行動を起こそうと誘いかけるときなどに呼びかける語。②は、ある行動を思いたって、実行に移そうとするときに発する声である。思い迷い、ためらう意の感動詞「いさ」（↓P71）と混同せぬこと。

〔関〕①いざなふ〔他動四〕誘う。

【文例】

①**いざ**、かぐや姫。きたなき所にいかで久しくおはせむ。〔訳〕**さあ**、かぐや姫よ。汚れたこの世にどうして長いことどまっていらっしゃれましょう）〈竹取〉

②僧たち、宵のつれづれに、「**いざ**、かいもちひせむ」と言ひけるを、この児《ちご》、心よせに聞きけり。〔訳〕僧たちが、宵の所在なさに、「**どれ**、ぼたもちを作ろうか」と言ったので、この稚子《ちご》は、これはいいぞと思って聞いていた）〈宇治12〉

いそぐ〔自動四〕（急ぐ）

①物事を早くしようとする。急ぐ。

②準備する。用意する。

【解説】　「いそぐ」は、心が勇み進む意の語根「いそ」より生じた動詞である。そうした状態が①の「物事を早くしようとする。急ぐ」の意である。また、物事の準備を行い、用意をするにあたっては、心がせくところから、②の「準備する。用意する」の意も生ずるのである。現代では、①の用法のみに限定的に用いられる傾向にあるが、古文では、むしろ②の用例が多く見えるのである。

〔類〕①せく〔自動四〕あせる。急ぐ。

〔関〕②いそぎ〔名〕準備。用意。

【文例】

①速やかにすべきことをゆるくし、ゆるくすべきことを**急ぎ**て、過ぎにしことの悔しきなり。〔訳〕速やかにしなければならぬ仏道修行のことをゆっくりと構えて後回しにし、ゆっくりとなすべきことを**急いで**行い、そんな状態でうかうかとこの人生を過ごしてしまったことが後悔されるのである）〈徒然149〉

②年の暮れ果てて、人ごとに**急ぎ**あへるころぞ、またなくあはれなる。〔訳〕年の瀬もすっかりおしつまって、誰も皆新年を迎える**準備をしている**時分は、この上もなくしみじみとした情趣があるものである）〈徒然19〉

いたく〔副〕（甚く）

①非常に。はなはだしく。

②（下に否定の語を伴い）それほど。あまり。たいして。

【解説】 心身に強く感ずるさま、また心身を強く刺激する状態を表す、ク活用の形容詞「いたし（甚）」の連用形の副詞化したもの。主に、動詞を修飾する「程度の副詞」として用いられる。

【文例】

①その音を聞きて、童《わらは》も女も、いつしかとおもへばにやあらむ。**いたく**よろこぶ。（［訳］帆を上げる音を聞いて、子供も女も、早く都へ帰りたいものだと思っていたからであろうか、**たいそう**喜んでいる）〈土佐〉

②わがため、面目《めんぼく》あるやうに言はれぬる虚言《そらごと》は、人**いたく**あらがはず。（［訳］自分にとって名誉となるように言われたうそに対しては、人は誰も**あまり**強く否定しないものである）〈徒然73〉

いたづらなり〔形動ナリ〕（徒らなり）

①無益である。むなしいさまである。

②することがなく、手もちぶさたである。退屈である。

【解説】 「いたづらになす」「いたづらになる」の形で、それぞれ、「死なせる」「死ぬ」の意に用いられる。

〔類〕②つれづれなり〔形動ナリ〕何をしようという気も起こらず、もの憂い。↓P251

【文例】

①花の色はうつりにけりな**いたづらに**我が身世にふるながめせしまに（〔訳〕あでやかな花の色にもたとうべきわたくしの容色は、花の色があせはててしまったように、すっかり衰えてしまったことだ。降り続く長雨に目を向けながら、**むなしく**恋の物思いにふけっているうちに）〈古今113〉

②船も出ださで**いたづらなれ**ば、ある人の詠《よ》める、（〔訳〕船出もせずに、**これといってすることもなく手もちぶさたである**ので、ある人が詠んだ歌）〈土佐〉

いたはし〔形シク〕（労し）

①骨が折れる。苦労する。

②病気で苦しい。

③気の毒である。

④かわいい。

【解説】　「いたはし」は、①の「骨が折れる。苦労する」を原義とする。そうした状態の中の一つの特殊な場合が②の「病気で苦しい」の意である。そうした、他人が苦労しまた病気で苦しんでいるさまを傍らから見るときに、③の「気の毒である」の意は生ずるのである。一方、骨を折ってもたいせつにしたい、苦労しても大事にしたいと思わせる対象に対しては、④の「かわいい」の意が生ずるのである。

［関］①②いたづく〔自動四〕①骨折る。苦労する。②病気になる。

【文例】

①臣《やつかれ》、**労し**《いたは》と雖《いふと》も、頓《ひたぶる》に其の乱《みだれ》を平《む》けなむ。〔訳〕わたくしは、どんなに**骨が折れる**としても、ひたすらその乱れを平定しましょう）〈書紀・景行〉

②己《おの》が身し、**労しければ**　玉桙の　道の隈廻《くまみ》に　草手折り　柴取り敷きて　床じもの　うち臥《こ》い伏して〔訳〕自分の身が**病気で苦しい**ので、道の曲がり角に草を手折り、柴を取って敷いて床のようにしてその上に倒れ伏し）〈万葉886〉

③たちまちここにて命を断たんこと、**いたはしければ**、〔訳〕すぐにこの場で殺してしまうのは**気の毒な**ので）〈伽・浦島太郎〉

④よき人の御ことはさらなり、下衆《げす》などのほども、親などのかなしうする子は、目たて耳たてられて、

いたはしうこそおぼゆれ。〔訳〕貴人にあっては言うまでもない、召使いなどの程度でも、親などのかわいがっている子は、他人にも注目されて、**大事に**思われるものである）〈枕267・阪大〉

いちはやし〔形ク〕

①霊威が激しく恐ろしい。

②激しい。

③気性が激しい。気が強い。

④すばやい。

【解説】 語源説には、「いち」（程度のはなはだしいことを指す接頭語）「はやし」（激しい）の意と見る説もあるが、これと同系語と思われるものに、神・神代などにかかる枕詞「ちはやぶる」が存し、これは「ち（霊）」「はやぶる（逸）」（激しく活動する）の意と思われ、また、「いちはやし」にあっても、①の「霊威が激しく恐ろしい」の意が本源と考えられるので、この語は「いつ」（神聖な霊威）「はやし」（激しい）の音転したものと思われる。現代では、連用形「いちはやく」が副詞化して、④の意に限定して使用される。

【文例】

①熱田神**いちはやく**おはしまして、（中略）無礼《むらい》をいたすものをば、やがてたちどころに罰させおはしましければ、（［訳］熱田の神は**霊威が激しく恐ろしく**いらっしゃって、（中略）無礼を働く者を、たちどころに罰しなさったので）〈宇治46〉

②昔人はかく**いちはやき**みやびをなんしける。（［訳］昔の人はこのように**情熱的な**しかしながら優雅な振る舞いをしたものである）〈伊勢1〉

③后の御心**いちはやく**て、かたがたおぼしめしつめたる事どものむくいせむとおぼすべかめり。（［訳］后の**ご気性は激しく**いらっしゃるので、あれこれ思いつめなさったことの仕返しをしようと思っていらっしゃるようである）〈源氏・賢木〉

④いまだ御五十日《いか》だにきこしめさぬに、**いちはやき**御もてなし、めづらかなり。（［訳］まだ生誕五十日のご賀宴さえなさらぬというのに、その**すばやい**ご処置は、珍しいことである。〈増鏡・おどろの下〉

いつく〔自動四〕（斎く）

①心身を清め慎んで神に奉仕する。

【解説】　語源説には、「い」（「斎む」の語根）「つく（付・着）」、また「い」（接頭語）「つく」（「仕ふ」

の原形）の意、などの説がある。

【文例】

①吾をば倭《やまと》の青垣の東の山の上に**斎き**奉れ。（〔訳〕わたくしを倭の青垣のようにめぐり立つ東の山の上にまつり、**心身を清め慎んで奉仕**申し上げよ）〈古事記・神代〉

いつく〔他動四〕（傅く・寵く）

①たいせつにする。

【解説】　平安時代に入り、前項の自動詞「いつく」が他動詞に転じ、「神に仕えるような気持で、たいせつにする」の意を表すようになったものである。

〔類〕かしづく〔他動四〕たいせつにする。↓P128

【文例】

①故大納言、「内裏《うち》にたてまつらん」と、かしこういつき侍りしを、その本意の如くも、物し侍らで、過ぎ侍りにしかば、（〔訳〕故大納言は、その娘を「宮仕えに差し上げよう」などと考えて、たいそう**たいせ**

つに世話しておりましたが、その宿望のようにも実行せずに、亡くなってしまいましたので）〈源氏・若紫〉

いと〔副〕

①（下に形容詞・動詞を伴い）非常に。はなはだしく。たいそう。

②（下に名詞・形容動詞・副詞などを伴い）全く。ほんとうに。

③（下に否定の語を伴い）さほど。たいして。

【解説】 主として形容詞・形容動詞・副詞などの、状態を表す語を修飾して、程度のはなはだしいことを表す語である。

〔類〕①いみじ②〔形シク〕はなはだしい。↓P87

①ゆゆし②〔形シク〕はなはだしい。↓P376

【文例】

①それを見れば、三寸ばかりなる人、**いと**うつくしうてゐたり。〔訳〕その竹の中を見ると、三寸くらいの大きさの人が、**たいそう**かわいらしい様子で座っている）〈竹取〉

②**いと**さばかりならむあたりには、誰かはすかされ寄り侍らむ。（［訳］**ほんとうに**そんなふうであるような者のところには、誰がだまされて寄りつくものですか）〈源氏・帚木〉
③**いと**やむごとなき際《きは》にはあらぬが、（［訳］**たいして**位が高く優れた身分ではないお方で）〈源氏・桐壺〉

いとど〔副〕

①いっそう。いよいよ。ますます。
②そうでなくても。ただでさえ。

【解説】　前項の副詞「いと」を重ねた、「いといと」のつまった形。
〔関〕いとどし〔形シク〕①ますますはなはだしい。②そうでなくてもそのような。

【文例】
①散ればこそ**いとど**桜はめでたけれうき世になにか久しかるべき（［訳］惜しまれて散るからこそ**いっそう**桜はよいものなのだ。このつらい世の中に久しく続くものは何があろうか。何もない）〈伊勢82〉
②**いとど**鈍な奴めが茗荷《めうが》を食ひ、いよいよ鈍になって、（**ただでさえ**ばかなやつめが茗荷を食い、いっそうばかになって）〈狂言・鈍根草〉

いとほし〔形シク〕

①困る。みっともない。

②いじらしい。かわいそうだ。気の毒だ。

③いとしい。かわいい。可憐《かれん》である。

【解説】 一説では、「いやに思う。避ける。身体をたいせつにする」の意の他動詞「いとふ（厭）」と同根の語とするが、なお不明。現代では、③の意にほぼ限定的に用いられるのであるが、古文では、むしろ、弱小者に対する同情を表す、②の「いじらしい。かわいそうだ。気の毒だ」の意で使用されることが多い。

〔類〕③らうたし② 〔形ク〕可憐である。かわいい。↓P391

【文例】

①院にきこし召さん事も、**いとほし**。（〔訳〕兄朱雀《すざく》院がそのことをお聞きになるのも**みっともない**）〈源氏・若菜上〉

②思はん子を法師になしたらんこそ心苦しけれ。ただ木のはしなどのやうに思ひたるこそ、いと**いとほ**

しけれ。〔[訳] 愛児を法師にしている人は、まことにいたいたしいものである。世の人が法師をまるで木のきれっ端などのような心なき者と思っているのは、ほんとうに**気の毒である**〕〈枕7〉

③なう、**いとほし**の人、こちへござれ。〔[訳] もし、そこの**かわいい**人、こちらへいらっしゃい〕〈狂言・庖丁聟〉

いぶかし〔形シク〕(訝し)

①気が晴れない。心が結ぼれる。

②気がかりである。

③疑わしい。不審である。

【解説】 現代では、ほぼ固定的に③の「疑わしい。不審である」の意に用いられるこの語ではあるが、本来、これは、はけ口のない思いが中にこもり心の晴れぬさまを言う語であり、よって、古文では、①・②の用法を中心とするのである。なお、奈良朝には、この語を清音で「いふかし」と発音している。

【文例】

①物忌みはてむ日、**いぶかしき**心地ぞそひておぼゆるに、〔[訳] 物忌みの終わった日、何とはなしに**気が**

晴れ晴れしないここちが加わるように感じられたおりに）〈蜻蛉・上〉

②つとめて、**いぶかしけれ**ど、わが人をやるべきにしあらねば、いと心もとなくて待ち居れば、（〔訳〕その翌朝、男は女のことが**気にかかる**が、自分のほうから使いをやるべきではないので、たいそう頼りない気持ちで待っていると）〈伊勢69〉

③横笛の五の穴は、いささか**いぶかしき**所の侍るかと、ひそかにこれを存ず。（〔訳〕横笛の五つの穴は、いささか**不審な**ところがございますかと、ひそかに思っております）〈徒然219〉

いぶせし〔形ク〕

①心が晴れぬ。うっとうしい。

②いとわしい。むさ苦しい。

【解説】 前項のシク活用形容詞「いぶかし」と同様に、はけ口のない心中の鬱積《うつせき》した思いを表す語であるが、外界の事物への不快を表す例も多い。

【文例】

①ひさかたの雨の降る日をただ独り山辺にをれば**いぶせかり**けり（〔訳〕雨の降る日、あなたと離れて、

ただひとりこの寧楽《なら》の家にとどまっていると、**心が晴れぬ**ことです）〈万葉769〉

②旅の宿りはつれづれにて、庭の草も**いぶせき**心地するに、（［訳］旅の宿泊は心寂しく沈みがちで、庭の草も**いとわしく**思われるうえに）〈源氏・東屋〉

いまやう〔名〕（今様）

①現代。当世。

②現代ふう。当世ふう。

③歌謡の形式名。平安中期以降、遊女・白拍子《しらびょうし》が歌い始め貴族階級にも流行した、七五調四句より成る形式。

【解説】　まず①の意が存し、引き続き②の意を生じたものであるが、②は、「旧風になずまぬ斬新《ざんしん》さ」という一面を有するものの、他面、「流行を追い求める軽薄さ」という感じで、批判的な気持ちを込めて用いられる場合も少なくない。③は、「いまやううた（今様歌）」の省略されたものである。

〔対〕①②こだい〔名〕①昔。②古めかしいこと。昔ふう。昔かたぎ。↓P170

〔関〕②いまめかし〔形シク〕（気がきいていて、あるいははでで）現代ふうである。

【文例】

①**今様**は、無下《むげ》にいやしくこそ成りゆくめれ。（〔訳〕**現代**にあっては、何事もむやみに卑しくなってゆくように思われる）〈徒然22〉

②あはれ、**今様**は、女もずゝひきさげ、経ひきさげぬなしときゝしとき、（〔訳〕ああ、**当世ふう**の流行では、女も数珠《じゆず》をさげ、経を携えぬ者は無いと聞いたときに）〈蜻蛉・中〉

③けふの見参はあるまじかりつるものを、祇王《ぎわう》がなにとや思ふらん、余《あまり》に申しすゝむる間、加様《かやう》にげんざんしつ。見参するほどにては、いかでか声をもきかであるべき。**いまやう**一つうたへかし。（〔訳〕今日の目通りは本来はあるはずもなかったのだが、祇王がどう思ったものか、あまり会ってやれと勧めるものだから、このようにおまえを引見してやるのだ。が、会った以上は、どうして声を聞かないでいることがあろう。**今様**を一曲歌ってみよ）〈平家・祇王〉

いみじ〔形シク〕

①（望ましくないことに対して）たいへんだ。ひどい。

②たいそうだ。はなはだしい。

③（望ましいことに対して）優れている。すばらしい。

【解説】「いみじ」は、本来、自動詞「いむ（忌）」より生じた語であり、よって、「不浄であるから避けるべきだ」の意において、望ましくないことがらに対する、①の用法を第一義とするのであるが、やがて、望ましくないことに対してという意識を失い、一般に、程度のはなはだしい意を表す②の用法、さらには、望ましいことがらを対象とする、③の用法にも転じてゆくのである。

〔類〕ゆゆし〔形シク〕①忌まわしい。②はなはだしい。③優れている。↓P376

【文例】

①御仏名《おぶつみやう》のまたの日、地獄絵《ぢごくゑ》の屏風《びやうぶ》とりわたして、宮に御覧ぜさせ奉らせ給ふ。ゆゆしう、**いみじき**こと限りなし。（〔訳〕御仏名の翌日、地獄絵の屏風を運んで、主上が中宮様にそれをご覧に入れ申し上げなさる。それが気味悪く、**ひどく恐ろしい**ことといったらない）〈枕81〉

②匠《たくみ》ら**いみじく**喜び、「思ひつるやうにもあるかな」と言ひて、帰る道にて、くらもちの皇子、血の流るるまで調ぜさせ給ふ。（〔訳〕職人たちが**たいそう**喜んで、「願っていたとおりになったことだ」と言って、帰る途中で、車持皇子《くらもちのみこ》は、職人たちを、血の流れるまで打ちたたかせこらしめさせなさる）〈竹取〉

③よくわきまへたる道には必ず口重く、問はぬ限りは言はぬこそ**いみじけれ**。（〔訳〕よくわきまえている道には必ず口が重く、人が問わぬかぎりは言わないのは**すばらしい**）〈徒然79〉

いも〔名〕（妹）

①（主として男性から）親しい女性を呼ぶ称。

【解説】「いも」は、本来、男性がその同腹の姉や妹を呼ぶ称であったものが、やがて、夫がその妻を、また男性がその恋人である女性を呼ぶ称として、ほぼ固定的に用いられるようになる。が、まれには、女性が自らと親縁な関係にある女性を呼ぶときの称として用いられる場合もある。また、さらに親愛の度を加えた言い方としては、「いもこ（妹子）」「わぎもこ（吾妹子）」がある。

〔対〕せ〔名〕（主として女性から）親愛な関係にある男性を呼ぶ称。↓P214

【文例】

①隠《こも》り国《く》の　泊瀬《はつせ》の河の　上《かみ》つ瀬に　斎杙《いくひ》を打ち　下《しも》つ瀬に　真杙《まくひ》を打ち　斎杙には　鏡を懸け　真杙には　真玉を懸け　真玉如《な》す　吾《あ》が思《も》ふ**妹**　鏡如す　吾が思ふ妻　ありと言はばこそに　家にも行かめ　国をも偲《しの》はめ〔訳〕泊瀬の川の上流の瀬に神迎えの清浄な杙を打ち、下流の瀬にりっぱな杙を打って、清浄な杙には鏡を掛け、りっぱな杙には美玉を掛けて、その美玉のようにわたしが愛する**あなた**、その鏡のようにわたしが愛する妻よ、あなたが家にいるというならば、家に帰っても行こう、故郷を慕いも

しよう）〈古事記歌謡90〉

うし〔形ク〕（憂し）

①つらい。苦しい。

②いやだ。気が進まない。

③つれない。薄情だ。

【解説】　物事が思いどおりにならず、心がふさがって感じられることを表す語。

〔類〕③つらし①〔形ク〕つれない。薄情である。↓P250

〔関〕①②こころうし〔形ク〕①つらい。苦しい。②いやだ。気が進まない。

【文例】

①晨明《ありあけ》のつれなくみえし別れよりあか月ばかり**うき**物はなし（〔訳〕有明け月のように冷淡に見えた、あの暁の別れ以来、わたくしにとって、暁ほど**つらく思われる**ものはありません）〈古今625〉

②あぢきなくつらき嵐の声も**憂し**など夕暮に待ちならひけむ（〔訳〕不快で心苦しい思いを起こさせる嵐は**いやなものだ**。なぜ自分はその嵐吹く夕暮れに人を待つようになったのだろう）〈新古今1196〉

③天の戸をおしあけがたの月見れば**憂き**人しもぞ恋しかりける〔[訳]明け方の月を見れば、今は**つれない**あの人でも、昔のことが思い出されて恋しくなることだ〕〈新古今1260〉

うしろめたし〔形ク〕

①将来のことが気がかりだ。心配だ。

【解説】「うしろめたし」は、「うしろ（後）」「め（目）」（見ること）「いたし（甚）」（はなはだしい）のつづまった語であり、そこをあとにし離れてきた所が気にかかる、の意から、将来のことが心配である、の意に転じた語である。

［対］うしろやすし〔形ク〕将来に不安が無い。

【文例】

①さすがに命《いのち》は憂《う》きにも絶えず、ながらふめれど、のちの世も、思ふにかなはずあらむかしとぞ、**うしろめたき**に、頼むこと一つぞありける。〔[訳]（こんな不運なわたくしでも）さすがに命は平気なもので絶えることもなく、生き長らえるようであるが、死んだ後の世のことも、思うままに極楽往生ができないであろうよと、**気がかりであるが**、頼みに思うことが一つあった〕〈更級〉

うたてし〔形ク〕

①いやだ。感心しない。情けない。

②気の毒である。

【解説】「うたてし」は、ある状態が移り進んで一段とはなはだしくなり、それに対して不快を感じる意を表す、副詞「うたて」の形容詞に転じたものである。これは、主として、相手から受ける不快感を表す傾向を有する点において、自らのうっとうしく煩わしい思いに発する不快感を表す、類義の形容詞「むつかし」（↓P348）とは区別されるのである。

【文例】

①姫君もはじめこそむくつけく**うたてく**も覚え給ひしか、（〔訳〕玉鬘《たまかづら》の君も、最初のうちこそ源氏君の態度を気味悪く**いやであると**自然思いなさったのであったが）〈源氏・常夏〉

②今度《こんど》も其の例とて、重科《ちゆうくわ》の輩《ともがら》共多くゆるされける中に、此《こ》の俊寛僧都《そうづ》一人、赦免なかりけるこそ**うたてけれ**。（〔訳〕今度もその大赦の前例によるというので、重刑の者どもが多く許された中で、この俊寛僧都ただ一人が赦免されなかったということは、**気の毒なことである**）〈平家・御産〉

うちつけなり〔形動ナリ〕

①突然である。にわかである。だしぬけである。

②軽率である。無遠慮である。ぶしつけである。

【解説】 細かに検討したり考慮したりすることなく、直ちに行動に移す、といった場合に用いられることが多い。その結果、②の「軽率である。無遠慮である」の意も生ずることになる。

〔類〕①さしぐみに〔副〕突然。だしぬけに。

【文例】

①**うちつけに**、うみはかゞみのおもてのごとになりぬれば、(〔訳〕**にわかに**、荒れていた海は鏡の面のように平らになってしまったので)〈土佐〉

②「ものやいひ寄らまし」と思《おぼ》せど、「**うちつけに**や思《おぼ》さん」と、心恥づかしくて、やすらひ給ふ。(〔訳〕「何か言って姫に近づきたいものだ」と源氏君はお思いになるが、「それでは姫があまりに**無遠慮だ**と思われることであろう」と、気恥ずかしいのでためらっていらっしゃる)〈源氏・末摘花〉

うつくし〔形シク〕

①いとしい。かわいい。

②美しい。

③りっぱである。

【解説】 現代ではもっぱら②の意に用いられるこの語であるが、平安朝にあっては、ほとんど①の意に用いられている。「うつくし」に対応する動詞に、「いつくしむ（慈）」と同義の「うつくしむ（慈）」の存することよりしても、この語の基底に弱小者に対する愛護の心情の流れていることは明らかである。

【文例】

①**うつくしき**もの　瓜にかきたるちごの顔。（中略）なにもなにも、ちひさきものはみな**うつくし**。〔訳〕**かわいらしい**もの。瓜にかいた幼児の顔。（中略）何もかも。小さなものはすべて**かわいらしい**）〈枕151〉

②御年の程よりは、おとなび**美しき**御さまにて、〔訳〕春宮《とうぐう》は、五歳というお年にしては、大人っぽく**美しい**ご様子で）〈源氏・賢木〉

③かの木の道の匠《たくみ》の造れる、**うつくしき**うつは物も、〔訳〕あの大工・指物《さしもの》師などの名人の作り出した、**りっぱな**器物も）〈徒然22〉

うつろふ〔自動四〕（移ろふ）

①場所を移動する。

②変色する。

③花の色があせる。花が散る。

④心変わりする。

【解説】「うつろふ」は、事物・時などの移動・進行、状態の変化を表す、自動詞「うつる（移）」の未然形「うつら」に、動作や作用の継続・反復を表す助動詞「ふ」が付き、その音が変じて成立した語であり、したがって、その本来の用法としては、「うつる」の継続態・反復態であったのだが、平安朝においては、ほとんど「うつる」の同義語として用いられている、と言ってよい。

〔類〕①③さる〔自動四〕①移動する。進行する。⑥色があせる。さめる。→P193

③あす〔自動下二〕色がさめて薄くなる。

【文例】

①中陰のほど、山里などに**うつろひ**て、便《びん》あしく狭《せば》き所にあまたあひゐて、〔訳〕死者の四十九日を迎え

るまでの期間、山の寺などに**移っ**て、不便で狭いところに近親者や縁者などが多数集まり座って）〈枕30〉

②菊、いとおもしろく**うつろひ**わたり、風にきほへる紅葉の乱れなど、「あはれ」と、げに、見えたり。〔［訳］菊は、霜のために一面に美しく**色変わりし**て、風に争ってもみじの散り乱れるなど、「ああすばらしい」と、いかにも趣深く見えました）〈源氏・帚木〉

③④風も吹きあへず**うつろふ**人の心の花に、なれにし年月を思へば、（［訳］風が吹くか吹かぬかのうちに**散り過ぎ**てしまう桜の花。その花にも似て**移り変わりやすい**、人の心の花にもたとうべき恋の思いに慣れ親しんできた年月を思い出すと）〈徒、然26〉

うるはし〔形シク〕（麗し・美し）

①風景などが美しい。壮麗である。端正である。りっぱである。

②（容姿・態度など、また行事などが）格式ばっている。きちんとしている。

③正式である。正真正銘である。

④愛すべきである。いとしい。

⑤親密である。仲が良い。

【解説】　「うるはし」は、事物に乱れたところが無く完全に整っている状態、また、自身より優れていると思う相手に愛情を感ずるさま、を表す語である。④も、それ故、相手に気高いまでの美を感じているものと思われ、その意味において、肉親的愛情より発し、弱小者に対する愛情にほぼ固定してゆく、「うつくし（美）」（↓Ｐ94）とは異なった感情である、と言える。

【文例】

①倭《やまと》は　国のまほろば　たたなづく　青垣　山隠《やまご》もれる　倭し**うるはし**〔訳〕大和は国々の中でもとりわけ優れたところ。幾重《いくえ》にも重なる青垣のような山に囲まれ隠っている、大和は優れて**美しいところ**）〈古事記歌謡30〉

②一日の御有様の、**麗しかり**しに、〔訳〕先日の御禊《ごけい》のおりの源氏君のご様子は、いかにも**格式ばっていた**が）〈源氏・葵〉

③「故左馬頭《さまのかみ》義朝の**うるはしき**かうべとて」〔訳〕これは故左馬頭義朝の**正真正銘の**首であるといって）〈平家・紺搔〉

④……**愛《うる》はし**と　さ寝しさ寝てば……〔訳〕……その人を**いとしい**といって、共寝をしてしまったならば、……）〈古事記歌謡79〉

⑤御中《なか》**うるはしく**て過《す》ぐし給へとおぼす。〔訳〕女三宮が紫上と**親しく**なさるようにと源氏君はお思いに

なる）〈源氏・若菜上〉

うれふ〔他動下二〕（憂ふ・愁ふ）

①悲しみや不満を人に訴える。ぐちをこぼす。

②思い煩う。心配する。

【解説】　「うれふ」は、自動詞「なげく（嘆）」（↓P269）に近い意を有する語であるが、「なげく」が、多く、自分一人で悲しむ状態を表す語であるに対し、この語は、他に対してその悲しみや不満を訴えようとする点において、相違が存する。

【文例】

①からい目を見さぶらひて。誰にかは**うれへ**申し侍らん。（〔訳〕どうもひどい目にあいまして。いったい、どなたに**ぐちを**申し上げたらよいのでしょうか）〈枕314〉

②たゞ人間の望みをたちて、貧を**憂ふ**べからず。（〔訳〕ひたすら世間的欲望を断ち切って、貧乏であることを**思い煩う**ことがあってはならぬ）〈徒然217〉

えんなり〔形動ナリ〕（艶なり）

①優美である。

②あだめいている。色っぽい。

【解説】「えんなり」は、優しさのあるはなやかな美しさを表す語であって、「あてなり（貴）」「あてやかなり（貴）」など、気品のある美しさを表す語とは、いささかの差違を見せている。

〔類〕①あてやかなり〔形動ナリ〕優美である。上品である。

①いうなり①〔形動ナリ〕優美である。

【文例】

①中〳〵に**艶に**をかしき夜かな。月の隈《くま》なくあかからむも、はしたなく、まばゆかりぬべかりけり。（〔訳〕月が無くてかえって**優美で**趣のある夜ですね。月が一点の曇りもなく明るく照らしているのも、顔が見えすぎて、きまりが悪く恥ずかしいことでしょうよ）〈更級〉

②**艶なる**歌も詠《よ》まず、気色《けしき》ばめる消息《せうそこ》もせで、いと、ひたやごもりに、情なかりしかば、（〔訳〕女はわたくしに、**あだめいた**歌も詠まず、気どって味のある手紙も送ってこず、ただもう家に引っこんだきりで、何の風情《ふぜい》もなかったから）〈源氏・帚木〉

おきつ〔他動下二〕（掟つ）

①考え定める。計画する。

②処置する。待遇する。取り扱う。

③指図する。命令する。

【解説】「おきつ」は、前もって方向を定めておいて物事に向かう、の意であり、①を本義とするが、その考えを自ら実現しようとするときに、②の意が、その考え・計画を他によって実現させようとするときに、③の意が生ずるのである。類義の他動詞「さだむ（定）」が本来公共の事を決定する意に発するに対し、「おきつ」は、私的な心構えにかかわる語であった点に差違が存する。

【文例】

①源氏になしたてまつるべく、おぼし**おきて**たり。〔訳〕桐壺帝は、この光君を源氏にし申し上げようと、**考え定め**なさった）〈源氏・桐壺〉

②この御子《みこ》生まれ給ひて後《のち》は、いと心ことにおもほし**掟て**たれば、〔訳〕この皇子がお生まれになってからは、桐壺帝は桐壺更衣をたいそうことのほかにお思いなさり、ご**待遇**なさったから）〈源氏・桐壺〉

③高名の木のぼりといひしをのこ、人を**掟て**て、高き木にのぼせて梢を切らせしに、〔訳〕名代《なだい》の木登りだという評判だった男が、人に**指図して**、高い木に登らせてその梢を切らせたときに）〈徒然109〉

おくる〔自動下二〕（後る・遅る）

①後にとり残される。遅れる。

②（人に）先立たれる。生き残る。

③（資質・容姿などが）他に及ばない。劣る。不足している。

【解説】　「おくる」とは、共に存在し行動するものが他に先に行かれる、の意である。したがって、①の「後にとり残される。遅れる」を第一義とする。②は、それが特殊な場合に限定された用法であり、共にこの世に生きてきた間がらにおいて、相手が死に自らがこの世に残される、の意である。また、③は、資質などにおいて、他が自身に先んじた結果、自らがとり残される、の意で、「他に及ばない。劣る。不足している」という意になる。

〔類〕③おとる①〔自動四〕他に及ばない。不足している。

【文例】

①ゆくさきにたつしらなみのこゑよりも**おくれ**てなかんわれやまさらん〔［訳］あなたがたが帰ってゆかれる船路の先々に立ち騒ぐ白波の音よりも、**後にとり残され**て泣くわたくしの声のほうがはるかに大きいことでしょう〕〈土佐〉

②あまたある中に、これは、**おくれ**じ〳〵と、まどはるゝもしるく、〔［訳］兄弟姉妹が多数いる中でも、特にわたくしは、母に**死に遅れ**まい**死に遅れ**まいと、途方にくれずにはいられない、それも他の兄弟姉妹に比べて著しく目立ち〕〈蜻蛉・上〉

③愛敬《あいぎやう》**おくれ**たる人の顔などを見ては、たとへにいふも、げに、葉の色よりはじめて、あいなくみゆるを、〔［訳］魅力的なかわいらしさの**足りない**人の顔を見ては、「まるで梨の花のようだ」と、この花を引き合いに出したりするのも、なるほどもっともなことで、葉の色つやをはじめとして、味気無く見えるのであるが〕〈枕37〉

おこす〈他動下二〉（遣す・致す）

①こちらへ送ってくる。よこす。

【解説】　先方からこちらへ送ってくることを言い、現代語の「よこす」がこれに相当する。なお、この語は四段に活用することもある。

〔対〕やる④〔他動四〕先方へ送る。とどける。↓P370

【文例】

①人の国より**おこせ**たる文の物なき。京のをもさこそ思ふらめ。〔訳〕地方から京へ**送って**きた手紙でそれに贈り物のついていないもの、（それは興ざめなものである）。京から地方へ送った手紙で贈り物のついていないもの、それを地方の人も興ざめであると思うことであろう）〈枕25〉

おこたる〔自動四〕（怠る）

①怠ける。気が緩む。

②病気が直る。

【解説】 ②の意は、病気の進行が滞りがちになるところから生じたもので、古文には頻繁に見えるが現代では見えぬ用法であるゆえ注意せよ。

〔類〕①たゆむ①〔自動下二〕油断する。気を許す。

②なほる③〔自動四〕病気がよくなる。

【文例】

①朝まつりごとは、**怠らせ**給ひぬべかめり。〔[訳] 朝廷のご政務は、きっと**怠けがちに**おなりであるに違いなく見える〕〈源氏・桐壺〉

②身にやむごとなく思ふ人のなやむを聞きて、いかにいかにと、おぼつかなきことをなげくに、**おこたり**たる由、消息に聞くも、いとうれし。〔[訳] 自分のたいせつな人が病気であると聞き、どうであろうと気になり嘆いているとき、**平癒《へいゆ》し**たということを手紙で聞くのも、実にうれしい〕〈枕276〉

おこなふ〔他動四〕（行ふ）

①実行する。実現する。

②処理する。

③仏道修行をする。勤行《ごんぎょう》する。

【解説】 「おこなふ」は、「おこ」（「おこたる（怠）」と同根で、儀式や勤行など、同じ形式や調子で進行する行為を表す語）「なふ」（行う意の接尾語）の合した語である。この語には、一般的な「実行する」また「処理する」の意と、特殊な「仏道修行をする。勤行する」の二つの場合が存したが、仏教の盛んであった平安時代においては、多く後者の意に使用されている。

〔類〕①なす①〔他動四〕実行する。する。
③つとむ③〔他動下二〕仏道修行に励む。勤行する。
〔関〕①③おこなひ〔名〕①行動。動作。③勤行。

【文例】
①生《しやう》・住《ぢう》・異《い》・滅《めつ》の移りかはる実《まこと》の大事は、たけき河のみなぎり流るゝが如し。暫《しばし》も滞らず、たゞちに**行ひ**ゆくものなり。(〔訳〕物が生じ、止まり、変化して衰え、滅するという、四相が推移する人生の真の大事は、水勢の激しい河がみなぎり流れるようなもので、少しの間も停滞することなく、すみやかに**実現して**ゆくものである)〈徒然155〉
②世の人の饑《う》ゑず寒からぬやうに、世をば**行は**まほしきなり。(〔訳〕世間の人が飢えることなく、また凍えることがないように、天下の政治は**とり行っ**てゆきたいものである)〈徒然142〉
③惟光の朝臣と、のぞき給へば、たゞ、この西おもてにしも、持仏するたてまつりて**行ふ**、尼なりけり。(〔訳〕惟光朝臣と共に、源氏君が中をのぞいてごらんになると、すぐ目の前の西側の部屋に、持仏をお据え申し上げて**勤行している**、その人は尼であった)〈源氏・若紫〉

おとなし〔形シク〕（大人し）

①おもだっている。

②大人びている。

③穏やかである。分別があり落ち着いている。

【解説】 現代では、③の「穏やかである。分別があり落ち着いている」の意に固定的に用いられるこの語であるが、本来、「おとなし」は、「おとな」（長老の意。また、成人式を終え、社会的に一人前の資格と義務とを与えられた人の意）に、状態を表し形容詞を構成する接尾語「し」が合してできた語であるから、古文においては、①及び②の意において使用されることが多い。

〔対〕②いはけなし②〔形ク〕年がいかず心が幼稚で頼りない。

②③をさなし〔形ク〕①幼少である。②幼稚である。

【文例】

①まして、知らぬ事、したり顔に、**おとなしく**、もどきぬべくもあらぬ人の言ひ聞かするを、「さもあらず」と思ひながら聞き居たる、いとわびし。〔訳〕まして、自分のよくは知らない方面のことを、いかにも得意げに、**重きをなしている**人でこちらから反論することなどできそうにもない人が、言い聞かせて

いるのを、「そうでもない」と思いながら聞いているのは、全くやりきれぬことである）〈徒然168〉

②十一になり給へど、程より大きに**おとなしう**、清らにて、（［訳］春宮《とうぐう》は十一歳におなりであるが、そのお年のわりにはお体も大きく**おとなびた**ご様子で、輝くばかりにお美しく）〈源氏・澪標〉

③うらゝかにいひきかせたらんは、**おとなしく**きこえなまし。（［訳］はっきりと説明してやったならば、きっと**穏やかに**聞こえるに違いないだろう）〈徒然234〉

おどろおどろし〔形シク〕

①おおげさである。ぎょうさんである。

②恐ろしい。気味が悪い。

③いかめしい。

【解説】　「おどろ」（擬音語と見る説もあるが、次項の自動詞「おどろく（驚）」の語幹「おどろ」とすべきである）を重ね、それに状態を表し形容詞を構成する接尾語「し」が合して成立した語。よって、「驚くべきさまである」の意を基底に据えた、①の「おおげさである。ぎょうさんである」の意を本義とする。そのぎょうぎょうしい状態が、時により、②のような恐ろしいさまとも、③のようないかめしいおごそかなさまとも感じられるのである。

〔類〕①ものものし③〔形シク〕おおげさである。

②むくつけし②〔形ク〕気味が悪い。↓P343

【文例】

①目に見えぬ鬼の顔などの、**おどろ〳〵しく**作りたる物は、心に任せて、ひときは目驚かして、実《じち》には似ざらめど、さて、ありぬべし。〔訳〕見たこともない鬼の顔などの、**おおげさな**描き方をした絵になると、それは、画家が想像に任せて、見る人の目を一段とみはらせるように描けばよいので、もし本物の鬼がいたところでそれには似ても似つかぬことであろうが、それはそれで通るとも言えそうです）〈源氏・帚木〉

②風いと**おどろ〳〵しく**吹きて、〔訳〕風がたいそう**恐ろしい感じで**吹いて）〈今昔・三十一〉

③まことに**おどろ〳〵しき**ことはさるものにて、かくやうのうたや詩《からうた》などをいとなだらかにゆへゆへしういひつゞけまねぶに、〔訳〕ほんとうに天下の政治の話などの**いかめしい**話はいうまでもなく、こうした歌や漢詩などをたいそう流暢《りゅうちょう》に由緒ありげに口移しに語り続けるので）〈大鏡・時平伝〉

おどろく〔自動四〕（驚く）

①ふと気がつく。はっと我に返る。いままで意識になかったものがふと意識にのぼる。
②目を覚ます。
③びっくりする。驚く。

【解説】　「おどろ」は、「どろどろ。ごろごろ」などの刺激的な物音の擬音語であり、「おどろく」は、そうした刺激的な物音によりはっと我に帰るの意より生じた語である。したがって、①の「ふと気がつく。はっと我に帰る」をその本義とするのである。現代においては、もっぱら③の「びっくりする。驚く」の意にのみ用いられるこの語ではあるが、古文では、むしろ、②の「目をさます」の意における用例が多いので、注意したい。

〔関〕おどろかす〔他動四〕①注意を喚起する。②声をかけて目覚めさせる。③驚かせる。

【文例】

①あききぬとめにはさやかに見えねども風のおとにぞ**おどろかれ**ぬる〈〔訳〕秋が訪れていると見たところはっきりとはわからないのであるが、さすがに秋である。吹き渡るもの悲しい秋風の響きによって、ふと秋の訪れに**気づいた**ことであるよ〉〈古今169〉

②人の臥したるに、物へだてて聞くに、夜中ばかりなど、うち**おどろき**て聞けば、起きたるなりと聞え

て、いふことは聞えず、〔訳〕人が男と寝ているときに、物を隔てて聞いていると、夜中ごろなどに、ふと**目覚め**て聞くと、起きているのだなとはわかるけれども、二人の話していることははっきりとは聞こえず）〈枕201〉

③朝餉《あさがれひ》のおまへに、上《うへ》おはしますに、御覧じていみじう**驚か**せ給ふ。〔訳〕朝餉《あさがれい》の間《ま》に、天皇様はおいであそばしたのだが、それをごらんになってひどくお**驚き**あそばす）〈枕9〉

おのづから〔副〕（自ら）

①自然に。ひとりでに。

②（仮定・推測の語を伴い）万一。もしかして。

③（既定の語を伴い）たまたま。まれに。

【解説】　「おのづから」は、「おの（己）」（自分自身の意）「つ」（「天つ風」「沖つ白波」などの「つ」で、連体修飾格の格助詞。現代語では「の」がこれに相当する）「から（故）」（原因・理由また動作の起点などを表す格助詞）の合してできた語である。したがって、この語は、外部よりいっさいの力を及ぼされること無しに、それ自身の内在的な力によって事をなすの意において、①をその本義とするものである。

〔類〕①じねんに〔副〕自然に。ひとりでに。
〔関〕①おのづと〔副〕自然に。ひとりでに。
①おのれと〔副〕自然に。ひとりでに。

【文例】

①かくのみ思ひくんじたるを、（中略）母、物語などもとめて見せたまふに、げに**おのづから**慰みゆく。〔訳〕このように私がふさぎ込んでばかりいたので、（中略）母上が、わたくしのために物語を捜してお見せくださると、なるほど、その悲しい心も**自然と**慰められてゆく）〈更級〉

②かくても、**おのづから**、若宮など生ひ出でたまはゞ、さるべきついでもありなむ。〔訳〕こうして桐壺更衣が世を去ってしまったとしても、**もし**若宮が成長なさったら、その若宮を春宮《とうぐう》とすべき機会もきっとありましょう）〈源氏・桐壺〉

③**おのづから**、ことの便りに都を聞けば、この山にこもり居てのち、やむごとなき人のかくれ給へるもあまた聞こゆ。〔訳〕**たまたま**、何かのついでに都の様子を聞くと、わたくしがこの山に隠棲してから、身分の高い方がお亡くなりになったという話もだいぶ耳に入る）〈方丈〉

おほけなし〔形ク〕

①身分不相応である。あつかましい。さしでがましい。

②似つかわしくない。

③果敢である。不敵である。

④おそれおおい。もったいない。

【解説】　「おふ（負）け（気）」（自らを頼む気持ち）「なし（甚）」（はなはだしい）の意とする語源説もあるが、「おふけなし」の文例が一例も見当たらぬことから、断定しかねる。ただし、この語が、身分・年齢・地位・資質などにおいて上にある人に対して少しもひけ目を感じることなく対等に振る舞う、という意に発するものであることは疑いなく、その意味で、①が本義であり、その出すぎた行為という意識から、②・③・④の義も生じてくるのである。

【文例】

①なほいとわが心ながらも**おほけなく**、いかで立ちいでにしかと汗あえていみじきには、〔訳〕やはり自分ながら**あつかましく**思われて、何で出仕などしてしまったのであろうと汗がにじみ出てひどく苦しいのに）〈枕184・清泉女大〉

②**おほけなく**、いかなる御なからひにかありけん。〔訳〕**お年に似合わず**、女君と男君とお二人の間がらはどんなものであったろうか。（それはわからない）〈源氏・乙女〉

③**おほけなく**伺ひけるに、（中略）やはら寄りて喉《のど》笛を掻《か》き切りて、〔訳〕親の敵《かたき》討ちをしようと**不敵にも**様子をうかがっていたが、（中略）やにわに近寄り敵ののど笛をかき切って）〈今昔・二十五〉

④大将殿の、の給ふらむ様にも、**おほけなく**とも、などかは、思ひ立たざらまし。〔訳〕薫大将様がおっしゃるように、たとい**おそれおおい**ことであっても、どうして決心せぬことがありましょうか）〈源氏・東屋〉

おぼつかなし〔形ク〕（覚束なし）

①ぼんやりとしている。様子がはっきり見えない。

②意味がはっきりしない。対象がはっきり限定できない。

③いぶかしい。疑わしい。

④気がかりである。心配である。不安である。

⑤待ち遠しい。

【解説】　「おぼつかなし」は、「おぼ」（「おぼろ（朧）」の「おぼ」と同根で、対象がぼんやりしていてつかみどころが無いの意を表す語）「つか」（形容の接尾語）「なし（甚）」（状態を表す語に付き、ク活用の形容詞を構成し、程度のはなはだしいの意を表す接尾語）の合してできた語である。視覚的に対象が不明瞭であるの意の、①が原義であるが、その視覚的限定が外されて②の意が、さらに、そうした、対象がぼんやりしていてはっきり知覚できぬことに対する不安・不満の感情から、③以下の意が生ずるに至った。

〔類〕①④こころもとなし〔形ク〕②気がかりである。④はっきりしない。↓P163
③④いぶかし〔形シク〕②気がかりである。③疑わしい。↓P84

【文例】

①山吹の清げに、藤の**おぼつかなき**さましたる、すべて、思ひすてがたきこと多し。（〔訳〕山吹の花が美しく咲き、あるいは藤の花房が垂れて**ぼうっととらえどころのない**様子で咲いているのなど、何かにつけて、思い捨てがたいことが多い）〈徒然19〉

②峯の嵐か松風か、尋ぬる人の琴の音か、**おぼつかなく**は思へども、（〔訳〕それは、峯を吹き渡る激しい風の音か、それとも松の梢を吹き鳴らす風の音か、はたまた尋ね求める小督《こごう》の弾く琴の調べか、いずれとも**定かには聞き分けがたく**思われたけれども）〈平家・小督〉

③道風書かん事、時代や違《たが》ひ侍らん。**覚束なく**こそ。（［訳］道風がその和漢朗詠集を筆写するということは、時代がくい違っておりましょう。**いぶかしい**ことです）〈徒然88〉

④さりとて、宮こを、とほざからんも、故里《ふるさと》**おぼつかなかる**べき。（［訳］退居の本志に添うといって、須磨《すま》に住んで、都からもし遠ざかるとすれば、それにつけても、故里、すなわち都の婦人たちなどの事情が**気がかりで**あろう）〈源氏・須磨〉

⑤都のおとづれいつしかと、**おぼつかなき**ほどに、（［訳］都からの便りはいつのことであろうと、**待ち遠しい**ので）〈十六夜〉

おほやけ〔名〕（公）

①天皇。また、皇后・中宮。

②朝廷。

③（「私」に対して）国家や社会に関すること。

【解説】 本来は「おほやけ（大宅）」（我が国最大の家）の意。その大宅のあるじを指す、①の「天皇。また、皇后・中宮」の意がまず生じ、そこから、②・③の意を派生したものである。

【文例】

①小さきはあへなむ、と**おほやけ**も許させ給ひしぞかし。〔訳〕幼い者は差し支えあるまい、と**天皇**もお許しになったのであった）〈大鏡・時平伝〉

②**おほやけ**より使くだりておふに、〔訳〕**朝廷**から追手がさし向けられて、その姫宮を伴い逃げた衛士《えじ》を追ってゆくと）〈更級〉

③**公**《おほやけ》・私《わたくし》の大事を欠きて、患ひとなる。〔訳〕**天下国家にかかわる**大事、また個人的な大事に手抜かりを生じ、さしさわりになる）〈徒然175〉

おぼゆ〔自・他動下二〕（覚ゆ・思ゆ）

①（自然）思われる。（おのずと）感じられる。

②心に思い浮かべられる。思い出される。

③そっくりだと感じられる。似ている。

④思い出して語る。そらんじる。

【解説】　「おぼゆ」は、自・他動詞「おもふ（思）」に、奈良朝の助動詞「ゆ」（受身・可能・自発の意を有し〔現在、尊敬の意で用いられた文例は発見されていないが、この助動詞に尊敬の意が存在しなかったとする説は誤りである〕、平安以降受身・尊敬・可能・自発の助動詞「る」に受け継がれる）が付いた、「おもはゆ」が「おもほゆ」と音転し、さらにこれがつづまって「おぼゆ」となったものである。したがって、「おぼゆ」は「ゆ」の受身・可能・自発のいずれかの意を反映して、さまざまな意を生ずるのである。

〔関〕おぼえ〔名〕①人から思われること。寵愛《ちようあい》を受けること。②評価。信望。③評判。④記憶。⑤武技などの技術に自信があること。

【文例】

①仁和寺にある法師、年寄るまで、石清水《いはしみづ》を拝まざりければ、心うく**覚え**て、（〔訳〕仁和寺にいたある法師が、年をとるまで、石清水八幡宮《はちまんぐう》に参詣《さんけい》したことが無かったので、それが情けなく**思われ**て）〈徒然52〉

②母宮す所は影だに**思《おぼ》え**給はぬを、（〔訳〕源氏君は、亡き母桐壺更衣のことは、実体はもちろんその面影さえも**思い出し**なさらぬが）〈源氏・桐壺〉

③尼君の、見上げたるに、すこし、**おぼえ**たる所あれば、子なめりと、見給ふ。（〔訳〕尼君が見上げたときその少女は尼君に少し**似ている**ところがあるので、その少女は尼君の子であるに違いないと、源氏君はごらんになる）〈源氏・若紫〉

④しか〳〵、興あることなり、いで**おぼえ**たまへ。とき〴〵、さるべきことのさしいらへ、しげきもうち**おぼえ**侍らんかし。〔訳〕そうそう、それはおもしろいことです。さあどうぞ昔を**思い出して**お**話し**ください。時々、答えのできそうな受け答えは、この繁樹も**思い出してお話し**いたしましょう）〈大鏡・序〉

おもしろし〔形ク〕（面白し）

①（景色や風景が明るくて）心も晴れ晴れするようである。

②（開放的な気持ちで）快く楽しい。

③趣深い。風情《ふぜい》がある。風流である。

【解説】「おも（面）」（表面。面前）「しろし（白）」（ぱっと明るく照り輝くさま）の意で、①の「（明るい風景を見て）心も晴れ晴れするようである」をその本義とする。それが②の「（開放的な気持ちで）快く楽しい」の意に転じ、さらに音楽・遊宴などの快さ、また知的感興を一般的に表す、③の「趣深い。風情がある。風流である」の意を生むに至った。

【文例】

①さて、十日余りなれば、月**おもしろし**。〔訳〕さて、十二夜のことゆえ、月は満月に近く**明るく冴《さ》えか**

え心も晴れ晴れするようである）〈土佐〉

②としのうちの節会《せちゑ》どもの、**おもしろく**興あるを、昔の上手どもの、とりぐ〵に書けるに、〔訳〕その絵は、宮中の年中行事として催される節会で、**楽しく**趣深い節会を、昔の絵の名手たちが、思い思いに描いたものであるその上に）〈源氏・絵合〉

③かへさに、梅の花なのめならず**面白き**所あるとて、人の立ち入りしかば、〔訳〕参詣の帰途、梅の花が非常に**趣深く**咲いているところがあるといって、親戚の人がある家に立ち寄ったので）〈建礼門院〉

おもておこし〔名〕（面起こし）

①面目をほどこすこと。名誉。

【解説】 晴れがましい状態にあるとき、人は、顔を上げ堂々と他に対するものである。そうした晴れがましさを表す語が「おもておこし」である。

〔対〕おもてぶせ〔名〕面目を失うこと。不面目。

【文例】

①あだなる名をとり給うし**面おこし**に、うれしう思《おぼ》しわたるを、〔訳〕わが子夕霧を、かつて浮気である

という評判をおとりになったご自身の**不面目を回復してくれる者**として、六条院はうれしく思い続けておられたのであったが）〈源氏・夕霧〉

おもひあがる〔自動四〕（思ひ上がる）
①高い望みを持つ。プライドを持つ。
【解説】　現代では、「うぬぼれる。増長する」の意で、そうした状態にある相手に対する非難の気持ちを込めて使用されるこの語ではあるが、古文では、むしろ、女性の望ましい状態として、賞賛の気持ちを込めて用いられることが多い。

【文例】
①はじめより、われはと**思ひあがり**給へる御かたがた、めざましき者におとしめそねみたまふ。〔訳〕入内《じゅだい》した当初から、自分こそは（天皇のご寵愛《ちょうあい》を一身に受けよう）と**高い望みを持って**おられる妃《きさき》がたは、この桐壺更衣を気にくわぬ者としてことさらに軽んじ、またねたみなさる）〈源氏・桐壺〉

おもふ〔自・他動四〕（思ふ）

①愛する。いとしく思う。たいせつに思う。
②しのぶ。追想する。懐かしむ。
③気にやむ。心配する。思い煩う。
④望む。
⑤思う。考える。思案する。

【解説】　「おもふ」は、「おも（面）」（表情・表面）「おほふ（覆）」の意、すなわち、心中に愛情・心配・迷い・執念・望み・予想などをいだいて、それを表面に出すこと無く、じっと蓄えている状態を示す語である、という。したがって、まれには心中の感情が表情に表れる意を示す用法も見えるものの、あくまでも、その中心は、情念を外部に形で表すこと無く心中に蔵する状態にあることを忘れてはならない。なお、①の用法は、現代ではあまり用いられぬものであるが、古文ではかなり頻繁に用いられるものである点、注意を要する。

【文例】

①親・はらからの中にても、**思は**るる**思は**れぬがあるぞいとわびしきや。〔訳〕親・兄弟の間においても、**愛さ**れる者、**愛さ**れない者があるのは、たいそうわびしいことである）〈枕267・国士館大〉

②葦辺行く鴨の羽がひに霜降りて寒き夕べは大和し**思ほゆ**（［訳］葦のあたりを飛んでゆく鴨の翼に霜が降って寒い夕べには、暖かいわが家のある大和のことがつい**しのばれる**ことである）〈万葉64〉

③今更に何をか**思は**むうちなびき心は君に寄りにしものを（［訳］今となって何を**思い煩う**ことがあろう。もう心はすっかりあなたになびき寄ってしまっているというのに）〈万葉505〉

④ただ幼き人々を、いつしか**思ふ**さまにしたてて見むと思ふに、（［訳］ただ幼い子供たちを、早く**望み**どおりに育て上げてみたいと思うにつけて）〈更級〉

⑤しづかに**思へ**ば、よろづ過ぎにしかたの恋しさのみぞせんかたなき。（［訳］静かに**考え**てみると、何につけても過ぎてしまった昔の恋しさばかりは、どう押さえようもないことである）〈徒然29〉

おろかなり〔形動ナリ〕（疎かなり・愚かなり）

①おろそかである。いいかげんである。

②ひととおりである。

③頭や心の働きが鈍い。愚鈍である。

④劣っている。未熟である。

【解説】「おろかなり」の「おろ」は、「おろそかなり（疎）」の「おろ」同様に、「あら（粗）」の音転。

「か」は状態を表す接尾語。したがって、「おろかなり」は、ものごとが密でなくすきまの多い状態、粗略でいいかげんな状態を指す、①の用法をその本義とする語であり、それが、②以下の諸用法に転じてゆくのである。なお、特に「言ふもおろかなり」の形で、「とても言い尽くせるものではない」の意に用いられることも多い。

〔類〕①②なほざりなり〔形動ナリ〕①いいかげんである。②ほどほどである。→173

【文例】

①わづかに二つの矢、師の前にて一つを**おろかに**せんと思はんや。〔訳〕わずかに二本の矢しか持たぬとき、師の前でその中の一本の矢を**いいかげんに**射ようと思うであろうか。そんなことはない）〈徒然92〉

②**おろかなら**ぬ御事に思ひ参らせ候へども、〔訳〕**並みひととおりではない**御事であると存じてはおりますが）〈平家・忠度都落〉

③名利《みやうり》に使はれて、閑《しづ》かなる暇《いとま》なく、一生を苦しむるこそ、**愚《おろか》なれ**。〔訳〕名誉欲や利欲に追い立てられて、心を平静に保つゆとりもなく、一生自らの心を苦しめるのは、**愚鈍なことである**）〈徒然38〉

④つたなき人の、碁うつ事ばかりにさとく、たくみなるは、かしこき人の、この芸に**おろかなる**を見て、〔訳〕つまらぬ人間であるが、碁を打つことだけに頭が働き、上手な人が、賢くはあるが碁にかけては

劣っている人を見て）〈徒然193〉

かげ〔名〕（［一］影・［二］陰・蔭）

［一］①（日・月・燈火などの）光。

②（光を受けて見える）ものの姿。

③面影。

④故人の名声。

［二］①光が物体にさえぎられて、反対側に生ずる暗い像。

②物陰。人の目につかぬところ。

③恩恵。庇護《ひご》。

【解説】　「かげ」は、［一］①の「光」の義に発し、次いで、［一］②、［二］①の「（明暗共に）光により照らし出され、また生ずるものの姿」の意を生むに至る。［一］③は［一］②よりの転、［一］④は［一］①の転であり、［二］②・③は［二］①より派生した語である。なお、「月影、火影」などの用例の、「月光、燈火の光に照らされたものの姿」という用法に注意せよ。

【文例】

［一］①木《こ》の間《ま》より漏り来る月の**影**見れば（［訳］木の間を通して漏れてくる月の**光**を見ると）〈古今184〉

②月くまなくさし出でて、ふと人の**かげ**見えければ、（［訳］月が空にさし上《のぼ》り、（その耿《こう》々たる光を受けて）不意に人の**姿**が見えたので）〈源氏・空蟬〉

③人はよし思ひ止《や》むとも玉鬘《たまかづら》**影**に見えつつ忘らえぬかも（［訳］他の人はたといこの悲しみを忘れることがあるとしても、わたくしは天皇が**面影**に見えて忘れることができない）〈万葉149〉

④親の御亡《な》き**影**を恥づかしめむことの、（［訳］今は亡き親の**名声**を傷つけることが）〈源氏・松風〉

［二］①橘の**蔭**踏む道の八衢《やちまた》に（［訳］橘の木の**下蔭**を踏み行く道が八方に分かれているように）〈万葉125〉

②駒とめて袖うち払ふ**かげ**もなし（［訳］馬をとどめて袖に積もった雪を払う**物陰**とて無い）〈新古今671〉

③君がみ**かげ**にます影はなし（君のご**庇護**にまさる木蔭は無い）〈古今1095〉

かこつ〔他動四〕（託つ）

①口実にする。それにかこつける。

②相手に言いがかりをつけて責める。

③恨み嘆く。愚痴《ぐち》を言う。

【解説】 名詞「かこと（託言）」（物事の原因・理由・責任などを他人や他の事物にかこつけ転嫁する言葉）の動詞化した語である。一般的に、動詞と名詞との関係では、動詞の連用形が名詞化する場合がほとんどで、このように名詞の動詞化する例はわずかであるが、ここにそうした類例を求めれば、「さうぞく（装束）」→「さうぞ・く（装束）」、「ひとりごと（独言）」→「ひとりご・つ（独）」、「まつりごと（政治）」→「まつりご・つ（政）」などが存する。

〔類〕③うれふ①〔他動下二〕愚痴を言う。↓P98

〔関〕①②③かこと〔名〕①口実。②非難。③愚痴。

【文例】

①酔ひに**かこち**て、苦しげにもてなして、明くるも知らず顔なり。（〔訳〕夕霧は、酒の酔いに**かこつけ**て、苦しそうなふうを装って、夜が明けたのにも気がつかぬそぶりである）〈源氏・藤裏葉〉

②女も、えをさめぬすぢにて、指《およ》ひとつを引き寄せて、くひて侍りしを、おどろ〳〵しく**かこち**て、（〔訳〕その女も、勝ち気でわたくしの言葉を腹に納めかねる性分なので、わたくしの指を一本引き寄せて、それにかみつきましたので、わたくしはおおげさに**言いがかりをつけ責めて**）〈源氏・帚木〉

③このをのこ、前世の罪の報いをばしらで、観音を**かこち**申して、かくてさぶらふこと、いとあやしきことなり。〔訳〕これ男よ、おまえが自らの前世の罪の報いを知らないで、長谷《はせ》観音をお**恨み**申して、このように参籠していることは、非常にけしからぬことである)〈宇治96〉

かしこし〔形ク〕(畏し・賢し)

①おそれおおい。もったいない。

②りっぱである。

③(人の知力などが)優れている。賢い。

④(連用形「かしこく」の形で、副詞的に)はなはだしく。非常に。

【解説】 本源的には、自然界に存する精霊の霊威に対して感じる、身も心もすくむような畏怖の心情を表す語であるが、やがて、それが、自らを遠く超えた立場・能力を有する人などの存在に対する畏敬の念を表す、①の意に転じ、さらには、そうした人のしわざ・能力などに対する賛嘆の情を表す、②・③の用法を生むに至る。なお、③の場合には「賢し」の表記に従うことが多い。

〔関〕①かしこまる〔自動四〕①おそれ敬う。②謹慎する。③きちんと座る。④承知する。

【文例】

①ちよくなればいともかしこしうぐひすのやどはとゝはゞいかゞこたへん（［訳］勅命ですからまことに**おそれおおいことで**謹んでお受けする外ありません。が、もし、あの梅の木に来慣れている鶯《うぐいす》が、自分の宿はどうなったかと聞いたならば、わたくしは何と答えたものでしょう）〈大鏡・昔物語〉

②皇子《みこ》の君《きみ》、（中略）**かしこき**玉の枝作らせ給ひて、（［訳］車持皇子《くらもちのみこ》は、（中略）**りっぱな**玉の枝をお作らせになって）〈竹取〉

③はかなびたるこそ女はらうたけれ。**かしこく**人になびかぬ、いと心づきなきわざなれ。（［訳］頼りない女はかわいいものだ。あまり**賢く**て人になびかぬ女は、実に気にくわぬことだ）〈源氏・夕顔〉

④いと**かしこく**をかしがり給ひて、使に祿たまへりけり。（［訳］藤原良房公《ふじわらのよしふさ》は**非常に**おもしろくお思いになって、使いの者にほうびをお与えになったということである）〈伊勢98〉

かしづく〔他動四〕（傅く）

①子供などを大事に育てる。大事に世話をする。

【解説】　「かしづく」は、「かしら（頭）」「つく（付）」の略であると考えられる。すなわち、上位者・親・年長者などが、下位者・子・年少者などに対して、あたかも頭を地につけへり下るかのごとき態度で、たいせつにこれを養育し、世話をする、の意を表す語である。

〔類〕いつく〔他動四〕たいせつにする。↓Ｐ88

【文例】

①帳《ちやう》のうちよりも出ださず、いつき**かしづき**養ふほどに、この児《ちご》のかたち、けうらなること世になく、家《や》のうちは暗き所なく光満ちたり。（〔訳〕竹取の翁《おきな》・媼《おうな》か、御帳の中から外へも出さず、あがめまつり、**たいせつにかわいがり育て**ているうちに、この子の容貌の美しいことは世間に比べるものもないほどになり、家の中はこの子の美しさで暗いところも無く光が満ちている）〈竹取〉

かたくななり〔形動ナリ〕（頑なり）

①無教養でがんこである。一徹で気がきかない。

②ものの情趣をわきまえない。

【解説】「かたくな」は、「かた（片）」（不完全であること）「くな（曲）」（曲がっていること）の意、すなわち、判断・理解などが広く行き届かず一方に偏しているさまを表す語である。

〔関〕かたくなし〔形シク〕①痴愚である。②頑迷である。③みっともない。

【文例】

①道々の物の上手のいみじき事など、**かたくななる**人のその道知らぬは、そゞろに神の如くに言へども、〔訳〕それぞれの道の名人のすばらしいことを、**無教養で**その道をわきまえぬ人は、むやみに神のように言うのであるが）〈徒然73〉

②ことに**かたくななる**人ぞ、「この枝かの枝散りにけり。今は見所なし」などは言ふめる。〔訳〕とりわけ**ものの情趣をわきまえぬ**人は、「この枝もあの枝も桜は散ってしまった。もはや何一つ見どころは無い」などと言うようである）〈徒然137〉

かたじけなし〔形ク〕（辱し・忝し）

①みっともない。恥ずかしくて耐えがたい。

②おそれおおい。もったいない。恐縮である。

③ありがたい。

【解説】「かたじけなし」は、「かた（容貌）」「しけ（醜）」（「しこ（醜）」の音転で、醜悪の意）「なし（甚）」（はなはだしい）の意。「容貌が醜い」の意から、まず①の「みっともない。恥ずかしくて耐えがたい」の意を生じ、そこから、相手に失礼と思い恐縮する気持ちを指す、②の「おそれおおい。もったいない」、さらにその②から、③の「ありがたい」の意を生じたものである。

【文例】

①瞻《かへり》みて媿《は》ぢ、慮《こころ》に**忝く**、顔酡《おもほて》りして耳熱《あつ》し。（〔訳〕反省して恥ずかしく思い、心の中で**恥ずかしさに耐えず**、その恥ずかしさのあまりに顔が赤くなり耳たぶもほてるのを感じる）〈霊異記・中序〉

②**かたじけなく**、きたなげなる所に、年月《としつき》をへて物し給ふ事、極まりたるかしこまり、（〔訳〕このようにむさくるしいところに、何年にもわたり**おそれおおくも**おとどまりくださることは、この上なく恐れ入ったことでございます）〈竹取〉

③**かたじけなき**御心ばへの、たぐひなきを頼みにて、まじらひたまふ。（〔訳〕桐壺更衣は、帝の**ありがたい**お心くばりのこの上も無いのを頼みとして、他の妃方と交わっておられる）〈源氏・桐壺〉

かたはらいたし〔形ク〕（傍痛し）

①（傍らの人が自分をどう見るだろうと意識して）気がひける。気恥ずかしい。

②（他人の行為を傍らから見て）他人事ながらはらはらする。見苦しい。

【解説】 現代では、中世以後の誤読に従うあて字「片腹痛し」にひかれ、「おかしさの余り片腹が痛い。ばかばかしい」などの意に用いられることの多いこの語であるが、本来は、「傍ら」の人を意識して自ら気恥ずかしく思い、また、「傍ら」から見て相手をにがにがしく感ずる意の語である。

【文例】

①その、うちとけて、「**かたはらいたし**」と、思《おぼ》されんこそ、ゆかしけれ。〔訳〕その、あなたが気を許して書いて、「**気恥ずかしい**」と思っていらっしゃる、その恋文が見たいことです)〈源氏・帚木〉

②**かたはらいたき**もの(中略)客人《まらうど》などにあひてものいふに、奥の方《かた》にうちとけごとなどいふを、えは制せで聞く心地《ここち》。(〔訳〕**はらはらする**もの(中略)来客などに対して話しているとき、奥の方で無遠慮なことを言っているのを、止めることもできないで聞いている気持ち)〈枕96〉

かたほなり 〔形動ナリ〕(片秀なり)

①持って生まれた性質や運命などに、欠けた点があるさま。

②未熟であるさま。

【解説】 「かた(片)」(不完全であること)「ほ(秀)」(すぐれている)の意で、「秀《ほ》」と言うにはまだ欠けた点があることを表す語である。

〔対〕まほなり〔形動ナリ〕①完全である。②正式である。③正面である。↓P326

【文例】

①わが御宿世《すくせ》も、この御事につけてぞ**かたほなり**けりと思《おぼ》さるる。(〔訳〕源氏君は、ご自分の**宿縁による流謫《るたく》という汚点**も、この姫君の出生のためのものであったのだとお思いになる)〈源氏・澪標〉

②いまだ賢固《けんご》**かたほなる**より、上手の中にまじりて、そしり笑はるゝにも恥ぢずつれなくすぎてたしなむ人、(〔訳〕また、全く**未熟な**ときから、その道に熟達した人の中に交じって、悪口を言われ笑われても恥ずかしがらずに、平気でおし通して熱心に励む人は)〈徒然150〉

かたみ〔名〕(形見)

①死んだ人の遺品。また、別れた人の残しておいた品。

②思い出の種となるもの。記念。

【解説】　「かたみ」は、「かた(形)」(痕跡・あとかた)「み(見)」(見るもの)の意で、死者や別れた人、また、過ぎ去った事物や事件の存在したあとかたとして、現在目に見るもの、を指す語である。

〔類〕①なごり④〔名〕故人を偲《しの》ぶよすが。↓P270

【文例】

①**かたみ**こそ今はあたなれこれなくは忘るる時もあらましものを〔訳〕あの人の**残していった品**こそ、今はかえって恨みの種である。これが無かったならばあの人を忘れるときもあろうに）〈古今746〉

②四面あらたにかこみていらかをおほうて風雨をしのぐ。しばらく千歳の**記念**《かたみ》とはなれり。〔訳〕この光堂《ひかりどう》の四面を新しく囲い、屋根にかわらをふいてさや堂を作り風雨をしのいでいる。これによって、このののちしばらくのこととは思うものの、千年の昔の**記念**として光堂を世にとどめることになった）〈俳・細道・平泉〉

かたみに〔副〕（互に）

①それぞれ。各自。

②かわるがわる。交互に。互いに。

【解説】　「かたみに」は「かたみ（片身）に」であり、①の、一つのことをそれぞれ別個に行うの意を原義とするが、やがて、②の、交互に行うの意をも生じた。類義語に「たがひ（互）に」があるが、「かたみに」は多く平安時代の女流仮名文に、「たがひに」は多く漢文訓読体に用いられる点に相違を見せている。

〔類〕①おのがしし〔副〕それぞれ。おのおの。

【文例】

①契りきな**かたみに**袖をしぼりつつ末の松山浪こさじとは（〔訳〕わたくしとあなたとは固い約束を交わしたことでしたね。**それぞれ**その涙にぬれた袖を絞りながら、「あの〈末の松山〉をけっして浪が越えることが無いそのように、けっして二人の仲は変わりますまい」とね）〈後拾遺772〉

②**かたみに**、打ちいさかひても、心に合はぬ事をば、あきらめつ。（〔訳〕わたくしと夫とは、**互いに**口論をしてでも、気に入らぬことに対して、はっきりと決着をつけたものです）〈源氏・東屋〉

かづく〔自・他動四〕（〔一〕被く・〔二〕潜く）

〔一〕①すっぽりと頭にかぶる。

②貴人からご祝儀《しゅうぎ》としていただいた品を、頭から左の肩に掛ける。

〔二〕①水にもぐる。水中にもぐって貝や海藻などを採取する。

【解説】　「かづく」は「かみ（上）」「つく（付）」の略。［一］①の「すっぽりと頭からかぶる」を原義とする。［一］②、［二］①は、共に、祝儀の品、海水の「頭上にかぶさる」印象に従う転義である。

【文例】

［一］①傍なる足鼎《あしがなへ》を取りて、頭に**被《かづ》き**たれば、（［訳］その法師が、傍らの足がなえを取って、**頭にすっぽりとかぶっ**たところ）〈徒然53・筑波大〉

②白き物どもを、科《しな》〳〵**かづき**て、山ぎはより池の堤《つつみ》過ぐるほどのよそめは、（［訳］**ご祝儀の白い御衣をてんでに左肩に掛け**、楽人たちが二条院の築山《つきやま》のあたりから池の堤《つつみ》を通り過ぎるのを、わきから見ると）〈源氏・若菜上〉

［二］①沖つ島い行き渡りて**潜《かづ》く**ちふ鰒珠《あはびたま》もが包みて遣《や》らむ（［訳］沖の島に渡り**潜水して取る**という真珠がほしい。包んでわが妻に送ってやろう）〈万葉4103〉

かづく〈他動下二〉（［一］被く・［二］潜く）

［一］①頭にかぶせる。

②貴人が下人の労をねぎらい、あるいは恩賞の品として、衣服・布・綿などを与える。

〔二〕①水にもぐらせる。

【解説】　前項の四段活用の自・他動詞「かづく（被・潜）」が下二段活用の他動詞に転じたものであるが、〔二〕①は、鮎などを捕らえさせるために、鵜《う》を潜水させる意の用例にほぼ限定される。

【文例】

〔一〕①円居《まとゐ》する身に散りかゝるもみち葉は風の**被《かづ》くる**錦なりけり（〔訳〕輪になって集まり座る我々の身に散りかかる紅葉は、風が**頭から着せかけてくれる**錦織りの着物であるよ）〈伊勢集〉

②衣《きぬ》**かづけ**られたりしもからくなりにき。（〔訳〕**恩賞の衣類を与え**られたのも、かえってつらく思われたことだった）〈大鏡・昔物語〉

〔二〕①隠口《こもりく》の　泊瀬《はつせ》の川の　上《かみ》つ瀬に　鵜を八つ**潜け**（〔訳〕泊瀬川の上流の瀬に鵜を多数**くぐらせ**て）〈万葉3330〉

かどかどし〔形シク〕（①角々し・②才々し）

①心にかどがある。とげとげしい。

②才気ばしっている。利発である。

【解説】「かど」は、本来、とがって突き出た部分、また、目に立つ個所を指す語である。したがって、それは、①の「心にかどがある。とげとげしい」のように、全体の調和をそこなうほどに自己に固執する欠点を表す場合にも、また逆に、②の「才気ばしっている。利発である」のように、周囲より抜きん出て優れているという長所を表す場合にも用いられることになるのである。

〔類〕①さがなし〔形ク〕意地が悪い。↓P179

②さかし③〔形シク〕賢い。↓P178

【文例】

①いとおし立ち**かどかどしき**ところものし給ふ御方にて、ことにもあらず思《おぼ》し消ちてもてなし給ふなるべし。〔〔訳〕弘徽殿女御《こきでんのにょうご》は、たいそう我《が》が強く**意地をおはりになる**ところがおありの方であるので、桐壺更衣の死などはたいしたことでもないと問題にもなさらずに、このように振る舞いなさるのに違いない〕〈源氏・桐壺〉

②もとよりいと花やかに今めかしき所おはする君にて、よろづ**かどかどしう**なむ。〔〔訳〕元来この亀山天皇はたいそう活気に満ち、現代的なところがおありになる君で、何ごとにも**才気がおありになる**〕〈増鏡・飛鳥川〉

かなし〔形シク〕（①愛し・②悲し・哀し）

①かわいい。しみじみといとしい。

②何ともせつない。ひどくつらい。

【解説】 自分の力ではどう押さえようもないと思われる痛切な感情を表す語である。現代では、②の悲哀の意にほぼ限定的に用いられるのであるが、古文では、むしろ、①の愛憐の意に用いられることが多いので、この点注意を要する。

【文例】

①筑波嶺《つくはね》に雪かも降らる否《いな》をかも**かなしき**児《こ》ろが布乾《にのほ》さるかも（〔訳〕筑波の嶺に雪が降ったのかな。いやそうではないのかな。ああ、あれは**いとしい**あの娘《こ》がみそぎのための白い布を干しているのかな）〈万葉3351〉

②世の中は空しきものと知る時しいよよますます**悲しかり**けり（〔訳〕この世の中が無常なものであると知るときにまあ、いよいよますます**悲哀の感**を新たにすることよ）〈万葉793〉

かまふ〔他動下二〕（構ふ）

①思慮をめぐらし、注意を集中する。

②準備し整える。用意する。

③設けつくる。組み立てつくる。

【解説】　「かまふ（構）」は、「かみ（噛）」「あふ（合）」（組み合わされるの意）の約か。現代では、③のように物の構造面に関する場合に限られるが、古文では、むしろ、①・②のように心構えに関した用法が主である。注意せよ。

【文例】

①その縄に付きて、**かまへ**て伝ひ下りぬれば、〔訳〕そのなわに取り付いて、**注意を集中して**伝わり下りたところ）〈今昔・十〉

②年来《としごろ》**構へ**置ける札《さね》よき鎧五十領、〔訳〕長年にわたり**準備し整えておい**たりっぱな札のよろい五十領を）〈平治・信頼信西を亡ぼさるる議の事〉

③居屋《ゐや》ばかりを**かまへ**て、はか〴〵しく屋《や》をつくるに及ばず。〔訳〕自分の住む建物だけを**造っ**て、きちんとした、そろうべきもののそろった家を建てることまではできない）〈方丈〉

からし〔形ク〕（酷し・辛し）

①厳しい。むごい。容赦《ようしゃ》ない。

②つらい。苦しい。

③いやな。

④危ない。危うい。

⑤（連用形「からく」の形で、副詞的に）必死に。懸命に。

⑥（連用形「からく」の形で、副詞的に）たいへんひどく。

【解説】　「からし」の本源は、現代も主としてその意に用いられる、舌を刺すような鋭い味覚、の意にあったのだが、古文では、そこから転じた、外界からの刺激を感覚的に骨身にしみるような感じとして受けとめる状態、を指す語としての用法が主である。なお、類義語「つらし（辛）」（↓P250）は、他人の行行為を情けなく感じる意である。

【文例】

①凡そ諸の**酷刑**《からきのり》、親《みづか》ら覧《みそな》はさずといふこと無し。〔訳〕およそあらゆる**むごい**刑罰を、天皇ご自身ご

覧にならぬことはなかった）〈書紀・武烈即位前〉
②**辛き**恋をもわれはするかも（［訳］**つらい**恋をまあ、わたくしはすることよ）〈万葉2742〉
③**からし**や。眉《まゆ》はしもかはむしだちためり。（［訳］ああ**いやだ**。姫の眉はまるで毛虫のようですよ）〈堤中納言・虫めづる姫君〉
④**からき**命まうけて、久しく病《や》みゐたりけり。（［訳］その法師は**危うい**一命をとりとめて、久しく病んでいたということだ）〈徒然53〉
⑤**からく**いそぎて、いづみのなだといふところにいたりぬ。（［訳］**懸命に**急いで、和泉国《いずみのくに》の灘《なだ》というところに行き着いた）〈土佐〉
⑥けしうはあらぬ歌よみなれど、**からう**おとりにしことぞかし。（［訳］好忠は悪くもない歌人だが、**ひどく**見劣りしたことでしたよ）〈大鏡・昔物語〉

きこゆ〔自・他動下二〕（聞ゆ）
①自然耳に入る。
②広く評判である。
③お話しする。申し上げる。

④お願い申し上げる。
⑤名を……とお呼びする。名を……と申し上げる。

【解説】「きこゆ」は、他動詞「きく（聞）」に、奈良朝の助動詞「ゆ」（この場合自発の意）が付いた、「きかゆ」の音転である。①の、音声・言語が強制的でなく自然に人の耳に入る、の意から、転じて、話題が自然に人の耳に達するの意での、②の用法をも、聞いていただく、耳に入れていただくというように、こちらのへり下った立場の語としての、③以下の用法をも生じるのである。

〔関〕②きこえ〔名〕評判。

【文例】

①恋ふれども　一声だにも　いまだ**聞えず**（〔訳〕ほととぎすを恋い慕っているのだが、ただの一声さえも、その声は**耳に入ら**ぬことである）〈万葉4209〉

②これ、むかしなだかく**きこえ**たるところなり。（〔訳〕この渚《なぎさ》の院は、昔から名高く**評判になっ**ているところである）〈土佐〉

③**聞え**まほしげなる事はありげなれど、（〔訳〕（桐壺更衣は桐壺帝に）**申し上げ**たいことがありそうな様子であるが）〈源氏・桐壺〉

④御目とまり給へば、すこし**聞え**給ひて、〔訳〕（匂宮《におうのみや》はその絵に）お目がとまりなさるので、（女一宮《いちのみや》に、少しその絵を下さいと）**お願い申し上げ**なさり）〈源氏・総角〉

⑤今上帥《そち》のみこと**聞え**し時太政大臣の家にわたりおはしまして〔訳〕今上陛下がまだその**み名を**帥の皇子**と申し上げ**た時分、太政大臣の家にお出ましになって）〈後撰1379題詞〉

きよらなり〔形動ナリ〕（清らなり）

①（人物の）第一流の美しさ。

②（服装・調度・儀式などの）華美であるさま。華麗であるさま。

③あかぬけして美しいさま。

【解説】 形容詞「きよし（清）」の語幹に接尾語「ら」が付いてできた語。第一流の気品ある美、華麗・華美を表し、表面上の美、第二流の美を表す形容動詞「きよげなり（清）」と区別されるのであるが、中世以降、「きよげなり」に吸収される形で、用いられることがなくなった。

【文例】

①世になく**清らなる**、玉のをのこ御子《みこ》さへうまれ給ひぬ。〔訳〕その上、たいそう**気高く美しい**、玉のよ

うな皇子までが誕生なさった）〈源氏・桐壺〉

②装束の**清らなる**こと、物にも似ず。〔訳〕その天人たちの装束の**華美である**ことは、他に比較するものも無いほどである）〈竹取〉

③ことさらに御座《ござ》といふ畳のさまにて、高麗《かうらい》などいと**きよらなり**。〔訳〕それはわざわざ貴人のご座所に用いる畳の様式に仕立ててあり、高麗縁《べり》などたいそう**あかぬけて美しいさまである**）〈枕277〉

くすし〔形シク〕（霊し・奇し）

①神秘的である。不思議な力を備えている。

②人間離れして気づまりである。神妙である。

【解説】　「くすし」は、人間には測り知れぬ神秘感を指す①の用法をその本義とするが、やがて、その神秘感は気づまりな気分を強めて、②の義を生むに至る。

〔類〕①あやし〔二〕①〔形シク〕霊妙である。↓P55

【文例】

①海若《わたつみ》は　**霊《くす》しき**ものか　淡路島　中に立て置きて　白波を　伊予に廻《めぐ》らし〔訳〕海神は**不思議な力を**

備えているよ。淡路島をどっかと中にすえ、白波を伊予の国まで巡らして）〈万葉388〉

②吉祥天女《きちじやうてんによ》を思ひかけむとすれば、法気《ほふけ》づき、**くすしからん**こそ、又わびしかりぬべけれ。〔訳〕吉祥天女に恋しようとすると、その仏くさく、**人間離れして気づまりな**点が、また窮屈と思われることであろう）〈源氏・帚木〉

くちをし〔形シク〕

①期待外れである。

②不本意である。

③いやである。おもしろくない。感心しない。

【解説】　「くちをし」は、「くち（朽）」「をし（惜）」の意で、他に対して期待したことが目の前で崩れ去るのを惜しむ気持ちを本源とする語である。類義語に「くやし（悔）」があるが、「くやし」は自身の行為に対する後悔の気持ちを表すものである点、相違を見せている。

〔類〕②③あいなし①〔形ク〕気にくわぬ。↓P16

【文例】

①めでたしと見る人の、こゝろ劣りせらるゝ本性《ほんしやう》みえんこそ**口をしかる**べけれ。〔訳〕りっぱな人であると思っていた人が、予想に反してがっかりせずにはいられぬような本性を見せたなら、それは**期待外れのことで**あろう）〈徒然1〉

②前《さき》の世《よ》の契《ちぎ》りつたなくてこそ、かう、**口惜しき**山賤【やまがつ】となり侍りけめ。〔訳〕前世からの宿縁に恵まれなかったので、こうして**不本意なさまで**山人にもひとしい境涯となったのでしょう）〈源氏・明石〉

③家の内を行ひ治めたる女、いと**口をし**。〔訳〕家の内のことを完全にとりしきっている女は、まことに**おもしろくない**）〈徒然190〉

けうとし〔形ク〕（気疎し）

①（主として対人関係において）疎遠である。よそよそしい。

②人けがない。

③なじみにくい。いやである。気にくわない。

④恐ろしい。気味が悪い。

【解説】　「けうとし」は、「け（気）」（さま。ふんい気）「うとし（疎）」（対象に対して疎遠である）の意。①をその原義とするものであるが、本来、そこには、そうした状態自体、及びその状態にある者の心理面、の二面が不可分の形で含まれているのである。その①から派生しながら、②は、心理面には触れることなく、人との交わりの浅い状態のみを、対して、③・④は、そうした関係にある対象への違和感に発する嫌悪感・恐怖感という心理面のみを表す用法となっている。

【文例】

①御中のたがひにたれば、こゝをも**気疎く**おぼすにやあらん。〔［訳］夫とその兄君とが仲たがいをしておられるので、兄君の奥方はわたくしをも**縁遠く**思っていらっしゃるのであろう〕〈蜻蛉・中〉

②からは、**けうとき**山の中にをさめて、さるべき日ばかり詣《まう》でつゝ見れば、〔［訳］そのなきがらは**人けもない**山中に埋葬して、墓参すべき日にだけその墓に参って、見ると〕〈徒然30〉

③うるはしき法服《ふく》だちては、うたて、見る目も、**けうとかる**べし。〔［訳］きちんとした型どおりの尼の法衣めいた姿では、見た目もひどく**なじみにくい**ことでしょう〕〈源氏・若菜下〉

④といひて、簾《すだれ》に手をかくれば、いと**けうとけれ**ど、きゝもいれぬやうにて、〔［訳］と言って、男がすだれに手をかけて中に入ろうとするので、わたくしはたいそう**恐ろしい**けれども、男の言葉に耳も貸さぬように〕〈蜻蛉・下〉

けしき〔名〕（気色）

①（自然界の）様子。ありさま。

②（ほのかな）顔色。そぶり。

③兆し。兆候。

④怪しい感じ。不安。

⑤趣。情趣。

【解説】　「けしき」は、「け（気）」（様子。ふんい気）「しき（色）」（きざし。ほのかに動くものが目に見える、その様子）の意。本来は、自然界の動きに対して、そのありさまを指す語であったが、しだいに、顔色・きげんなど、人間の内面の状態・動きなどの外部にほのかに現れ出たその様子をも指すようになったものである。

〔関〕①②けしきだつ〔自動四〕①自然界の動きがはっきり目に見える。②心の動きがはっきりと表情・態度に現れる。

【文例】

①さて、冬枯れの**けしき**こそ、秋にはをさ〳〵おとるまじけれ。（〔訳〕さて、冬枯れの**ありさま**は、ほとんど秋に劣ることはあるまい）〈徒然19〉

②**気色**にいだすべきことにもあらず。（〔訳〕（そんな不愉快なことは）**ちょっとしたそぶり**にも表すべきものでない）〈源氏・若菜下〉

③にはかに御**気色**ありて、悩み給へば、（〔訳〕葵上《あおいのうえ》はにわかにご出産の**兆し**があって苦しみなさるので）〈源氏・葵〉

④こよひこそいとむつかしげなる夜なめれ。かく人がちなるにだに、**けしき**おぼゆ。（〔訳〕今夜はとても気味の悪いような夜だ。こうして人が多くいてさえ**不安に**思われる）〈大鏡・道長伝〉

⑤古き歌どものやうに、いかにぞや、ことばのほかに、あはれに、**けしき**覚ゆるはなし。（〔訳〕古歌などのように、なぜであろうか、言外にしみじみと**情趣**の感じられるものは他に無い）〈徒然14〉

げにげにし〔形シク〕（実に実にし）

①しっかりしている。実直である。

②いかにももっともらしい。まことしやかである。

【解説】「げにげにし」の「げに」は、副詞「げに（実）」（ほんとうに。全くの意）。したがって、本来は、①のように、真実さを内面に含んでいる状態を指す語であるわけだが、やがて、そこから、②のように、実際はそうではないものが、いかにも真実らしく見せかける、の意をも生むに至る。

【文例】

①なほ**げに〳〵しく**、よき人かなとぞ覚ゆる。〔〔訳〕何と言ってもやはり**実直で**りっぱな人であるよと自然思われることである〕〈徒然37〉

②**げに〳〵しく**所々うちおぼめき、よく知らぬよしして、去《さり》ながら、つま〴〵合はせて語る虚言《そらごと》は、恐しき事なり。〔〔訳〕**まことしやかに**、所々はっきりしないようなふうをし、よくは知らないふうをしながら、しかし、はしばしを合わせて話すうそは、恐ろしいことである〕〈徒然73〉

けはひ〔名〕〔気配〕

①様子・態度。ものごし。

②感じ。ふんい気。

③兆し。

【解説】　「けはひ」は、「け（気）」（様子。ふんい気）「はひ（延）」（四段活用の自動詞「はふ（延）」

の連用形の体言化したものであり、あたり一面に広がることの意)、すなわち、何となくあたりに感じられるふんい気、の意であって、「気配」は後世のあて字である。類義語「けしき(気色)」(↓P149)が、自然界の動きや人間の表情・そぶりなどを眼前に見て、そのものから受ける感じや様子を表す語であるに対して、この「けはひ」は、漠然とした全体的な感じや音・においなどにより捕らえられた事物についての感じや様子を表すものである点、相違を見せている。したがって、「けしき」には、「見る」などの視覚を表す語は続くものの、「聞く」などの聴覚を表す語は続かず、逆に、「けはひ」には、「聞く」は続くものの、「見る」は続くことが無いのである。

【文例】

①たち聞き、かいまむ人の**けはひ**して、いといみじく物つゝまし。(〔訳〕(局《つぼね》の前で、中にいるわたくしの様子を)立ち聞きしたり、のぞき見をしている人の**様子**が感じられて、たいそうひどく気がねすることである)〈更級〉

②命婦、かしこにまかで着きて、門《かど》ひき入るゝより、**けはひ**あはれなり。(〔訳〕(桐壺帝のお使いとしてさし向けられた)靫負《ゆげい》の命婦《みようぶ》は、亡き桐壺更衣の里に到着して、牛車を門内に引き入れるやいなや、邸内の沈痛な**ふんい気**はしみじみと胸に迫ってくる)〈源氏・桐壺〉

③秋の**けはひ**の立つままに、土御門殿《つちみかどどの》の有様、いはむかたなくをかし。池のわたりの梢ども、遣水《やりみづ》のほとりの草むら、おのがじし色づきわたりつつ、おほかたの空も艶《えん》なるにもてはやされて、不断の御読経《みどきやう》の声々、あはれまさりけり。〔訳〕秋の**兆し**が生ずるにつれて、道長公の邸宅である土御門殿の様子は、言いようも無く趣深いことである。池のあたりの木々の梢や遣《や》り水の近くの草むらなどが、それぞれ一面に紅葉して、あたり一帯の空も優美であるのに引き立てられて、中宮様のご安産祈願のために催されている不断のみ読経《どきょう》の声々も、いっそうしみじみとした思いをつのらせることである）〈紫式部〉

けやけし〔形ク〕

①稀有《けう》である。特別である。

②異様である。変わっている。妙である。

③すごい。こしゃくな。

④きわだっている。

【解説】　「けやけし」は、「け（異）」（格別である。通常と異なっているの意）に接尾語「やか」が付いた、「けやか」に状態を表し形容詞化する接尾語「し」が付いたもの。したがって、それは、①の「特別である」、②の「異様である」をその原義とするものである。③は、①からの派生と考えられるが、相手に対して賛嘆しつつも、なおいささかの違和感・対立感を抱いている点は否めず、また、④も、通常の状態と異なる点できわだっているのであって、それは、他に悪感情をいだかせる状態であることが多いのである。

【文例】

①末代には、**けやけき**寿《いのち》もちて侍《はべる》翁なりかし。（[訳] 末代としては**まれな**長寿を保っております二人の翁ですよ）〈大鏡・昔物語〉

②いと**けやけう**も、つかうまつるかな。（[訳]（婚礼の日の宴に）たいそう**変わって**、「葦垣」などという女を盗む歌を歌うことよ）〈源氏・藤裏葉〉

③太刀《たち》をもえ差しあへず、脇《わき》に挾《はさ》みて逃ぐるを、**けやけき**やつかな、と言ひて、（[訳] 則光が太刀をきちんと腰に差す間もなく、小脇にはさんで逃げるので、盗賊たちは「**こしゃくな**やつだな」と言って）〈宇治132〉

④なべて心柔かに、情《なさけ》ある故に、人のいふほどの**事けやけく**否びがたくて、万《よろづ》え言ひ放たず、心弱くことうけしつ。（[訳] 都人は総じて心が穏やかで人情味があるので、他人の頼んだことは**きっぱりと**断りかねて、何事も突き放すことができず、気弱く引き受けてしまう）〈徒然141〉

ここち〔名〕（心地）

①感じ。気分。

②気分の悪いこと。病気。

③心の中。考え。思慮。

【解説】 類義語の「こころ（心）」が、おもに、意志的、気分・感情的、また知的に、外界に向かって働きかける、積極的な活動に中心を置くに対して、「ここち」は、主として、事態からその場で受ける感じや気分、また、その気分を生み出す外界の状況を表す語である。①は、その中心となる、外界の事態・状況により引き起こされた心理的な動きを表す用法であるが、②は、身体的条件によって引き起こされた心理的な状況、特に不快感、また、そうした不快感をもたらす要因としての身体的条件を表す用法である。なお、③は、「こころ」とほぼ重なる用法である。

【文例】

①闇にくれて、臥し給へる程に、草もたかくなり、野分《のわき》に、いとゞ荒れたる**心ち**して、〔訳〕（母君が、娘桐壺更衣に先立たれた悲しみに）目の前がまっくらになって、床についておられた間に、庭前の草も

（手入れする人がいないので）すっかりたけ高くなり、それがおりからの野分のために、いっそう荒れた**感じ**を与えて）〈源氏・桐壺〉

②いかなる**心地**にてか、俄《にはか》に、はかなくなり給ひにし。〔訳〕浮舟《うきふね》様は、いったいどのような**病気**によって、このようににわかに、世を去っておしまいになったのか）〈源氏・蜻蛉〉

③物思ひたまへ知らぬ**心ち**にも、げにこそ、いと忍びがたう侍りけれ。〔訳〕物のあわれなどということは何もわきまえ申し上げてはおりませんわたくしどものような者の**気持ち**でも、（典侍《ないしのすけ》さまのお言葉のとおり）ほんとうにまあ、悲しみは抑えがたいことでございます）〈源氏・桐壺〉

ここら〔副〕（幾許）

①（こんなに）多く。（こんなに）たくさん。

②はなはだ。非常に。

【解説】　「ら」は、「いくら（幾）」の「ら」に同じく、数や量・程度を表す接尾語。「ここら」は、話し手にとって身近な存在、または、話し手に関係の深い事柄について、多量である、程度がはなはだしい、の意を表す語である。奈良時代の「ここだ（幾許）」・「ここば（幾許）」を引き継いで、平安時代以後用いられるようになった。

〔類〕そこら〔副〕①そんなに多く。②はなはだ。

【文例】

①御迎へに来む人をば、長き爪《つめ》して、眼《まなこ》をつかみ潰《つぶ》さん。（中略）さが尻をかき出《い》でゝ、**こゝら**の公人《おほやけびと》に見せて、恥を見せん。（〔訳〕かぐや姫のお迎えとして月の世界から来る人をば、わたくしはこの長い爪で、その目をつかみつぶしてやろう。（中略）そいつの尻をまくり出して、**大ぜいの**役人たちに見せて、恥をかかせてやろう）〈竹取〉

②いま、何の報《むく》いにか、**こゝら**、横ざまなる波風には、おぼゝれ給はむ。（〔訳〕源氏君は、今、前世のどんな応報で、**はなはだ**不当な波風のためにおぼれ死にをなさるのであろうか）〈源氏・明石〉

こころぐるし〔形シク〕（心苦し）

①悲しみのために胸がつまるようである。
②いじらしい。可憐《かれん》である。
③気の毒である。
④気がかりである。

⑤（いつも心にかかって）大事に思われる。たいせつである。

【解説】「こころぐるし」は、相手の様子を見ることによって、ある感情をよび起こされ、その結果、自分の心が苦しくなるような状態を指す語である。その感情の内容も、①の悲嘆・哀傷、②の愛憐、③の同情、④の懸念・不安、⑤の愛護・尊重、等々きわめて多岐にわたるものである。

〔類〕①③④むねつぶらはし〔形シク〕悲しみ・同情・不安などで胸がつぶれるようである。

①③せつなし〔形ク〕つらくてどうしようもない。

②③いとほし〔形シク〕②気の毒である。③可憐《かれん》である。↓P83

【文例】

①あしひきの荒山中に送り置きて帰らふ見れば**情**《こころ》**苦し**も〔訳〕荒涼たる山中に（弟のなきがらを）送って行きそこに置いて帰るのを見ると**胸がつまる**ことであるよ）〈万葉1806〉

②いと細く小さき様体《やうだい》、らうたげに、**心苦し**。〔訳〕明石姫君のたいそうほっそりとして小さな体つきは、かわいらしく**いじらしい**）〈源氏・野分〉

③この童《わらは》「いかにかゝる所におはしまさむずる」と言ひて、いと**こころぐるし**と見居たり。〔訳〕この召使いは、「どうしてこのようなところにお住まいになれよう、とてもお住まいにはなれまい」と言って、

たいそう**気の毒である**と主人をながめている）〈堤中納言・はいずみ〉

④おとゞの御心のうちに「**心苦し**」とおぼす事ありて、〔訳〕源氏大臣のご心中に、柏木に関して「**気がかりである**」とお思いになることがあるので）〈源氏・柏木〉

⑤内裏《うち》にも、この宮の御心寄せ、いとこよなくて、（中略）**心ぐるしき**物に、おもひ聞え給へり。〔訳〕天皇におかせられても、この式部卿宮《しきぶきょうのみや》へのご信頼は全くこの上もなくて、（中略）**たいせつな**ものとして愛し申しておられる）〈源氏・若菜下〉

こころざし〔名〕（心ざし・志）

①心に目ざすところ。意向。意志。所存。

②厚意。誠意。好意。

③好意・謝意を込めて物品を贈ること。贈り物。

【解説】 「心が直線的・持続的に対象に向かって働く」の意の、他動詞「こころざす（志）」の連用形「こころざし」の名詞化したものである。その心の向けられる対象が事象であるとき、それは①の意であり、また、心の向けられる対象が人であるとき、それは②の意となる。③は、②より生じた意で、具体的な形によって、相手に「厚意・誠意・好意」などを表すものである。

【文例】

①あながちに**心ざし**見えありく。〔訳〕（この五人の貴公子たちは）わざと自らの**意のあるところ**を見せて回る）〈竹取〉

②くすしふりはへて、とうそ、白散《びやくさん》、さけくはへてもてきたり。**こゝろざし**あるにたり。〔訳〕国庁の職員である医師が、遠いところをわざわざ、屠蘇《とそ》・白散、それに酒も加えて持って来てくれた。**厚意**があるものと思われる）〈土佐〉

③いとはつらくみゆれど、**こゝろざし**はせんとす。〔訳〕たいそうひどい仕打ちと思われるが、それでも**お礼**はしようと思う）〈土佐〉

こころづくし〔名〕（心尽し）

①さまざまに物思いをすること。心を悲しませること。

【解説】　「こころづくし」は、「こころをつくす」という言い方の名詞化したものであるが、その名詞化に際しては、「こころをつくす」の、（1）全精力を傾ける、（2）さまざまに物思いをする、の二義中、（2）だけを受けることになったもので、現代の「心を込めて行う」の意は含まぬのである。

【文例】
①須磨には、いとゞ**心づくし**の秋風に、海はすこしとほけれど、行平の中納言の、「関ふき越ゆる」と言ひけむ浦波、夜〳〵は、げに、いと近う聞えて、〔訳〕須磨では、ただでさえわびしい生活が続いているのに、その上、ひとしお**心を悲しませる**秋風によって、源氏君のお住まいから海は少し遠いのであるが、昔、行平《ゆきひら》中納言が、「須磨の関所を吹き越えて来る」とか言った、その浦風ならぬ浦波の響きが、なるほど、夜ごとにたいそう近く聞こえて）〈源氏・須磨・中京大〉

こころなし〔形ク〕（心無し）
①思いやりが無い。無情である。
②思慮が無い。無分別である。
③情趣を解さない。
【解説】　根幹をなす「心」の内容が多岐にわたるために、この語の内容も多岐にわたるが、③は、現代用いられぬ意であるから、注意を要する。
〔対〕こころあり〔自動ラ変〕①情愛が深い。②分別がある。③情趣を解する。④誠意がある。

【文例】

①しばしばも　見放《さ》けむ山を　**情《こころ》なく**　雲の　隠さふべしや〔[訳]しばしばながめやろうと思う、その山を、**無情にも、**雲が繰り返し繰り返し隠してよいものであろうか〕〈万葉17〉

②**心なし**と見ゆる者も、よき一言《ひとこと》いふものなり。〔[訳]**無分別**と見える者も、時にひと言、よいことを言うものである〕〈徒然142〉

③**心なき**身にもあはれは知られけり〔[訳]俗世の情を去り、**ものの情趣を解さぬ**わたくしにもしみじみとしたその趣は感じられるのだ〕〈新古今362〉

こころにくし〔形ク〕〔心憎し〕

①〔底が知れず〕何となく恐ろしい。

②〔事情を理解しかねて〕怪しい。いぶかしい。

③奥ゆかしい。上品である。

【解説】　「こころにくし」は、「こころ〔心〕」〔事情。内情〕「にくし〔憎〕」〔対象との連帯感・一体感が阻害される場合の不快感〕の意で、対象の動きや状況が明らかでないことから生ずる不安感を表す、

①を原義とする。②は、不審感を表す用法であるが、むしろ、そこから転じた、その内面をより深く知りたいと思わせる対象を賛美する、③の用法が中心的に用いられるのである。

【文例】

①定めて討手《うって》向けられ候はんずらん。**心憎う**も候はず。〔訳〕きっと討手をさし向けられるでしょう。が、少しも**恐れる**には足りません）〈平家・競〉

②**心にくし**。おもきものをかるう見せたるは、隠し銀《がね》にきわまる所。〔訳〕**どうも怪しい**。重いものをいかにも軽く見せかけているのは、内の品物は隠し銀であるに違いない）〈浮・胸算用・四〉

③うちある調度も昔覚えてやすらかなるこそ、**心にくけれ**。〔訳〕なにげなく置いてある道具類も古風な感じがして落ち着いているのは、**奥ゆかしく**思われることである）〈徒然10〉

こころもとなし〔形ク〕（心許なし）

①待ち遠しくじれったい。気がせいてならぬ。

②気がかりである。

③物足りず、不満に思われる。

④はっきりしない。ぼんやりしている。

【解説】　「こころもとなし」は、「こころ（心）」に、「もとな」（むやみやたらに……してどうにもならぬの意の副詞）・「し」（状態を表し、形容詞を構成する接尾語）の付いたものであり、気持ちだけが先行しそれを押さえようとしてもどうにもならぬ、また、心の落ち着くよりどころが無いの意。したがって、それは、事態の進展や望ましい状況の起こることを落ち着いて待つことができかねる、①や②の意を表し、また、自分の望みどおりに事が進展し実現しないとして、不満を感ずる、③の意を表し、さらには、③の「物足りぬ」の意から転じた、④の、「はっきりしない」の意をも表すのである。

〔類〕②いぶかし②〔形シク〕気がかりだ。↓P84

【文例】

①おなじところなり。もしかぜなみの、「しばし」とをしむこゝろやあらん。**こゝろもとなし**。〔訳〕昨日と同じ大湊《おおみなと》に停泊している。これは事によると風や波が「もう少しこの地にとどまっていてほしい」と、わたくしとの別れを惜しむ気持ちを持っているからだろうか。早く天候が回復して出港できぬかと**待ち遠しくじれったい**ことだ）〈土佐〉

②いかに**心もとなから**ん、ほどほどにつけて、親、をばの女、姉などの、供し、つくろひて、率《ゐ》てありく

もをかし。〔訳〕（少女だけで葵《あおい》祭りの行列に加わることが）どんなに**気にかかる**というのか、少女たちの身分に応じて、母親とか、叔母《おば》にあたる女とか、姉とかがその供につき、世話をやいて、連れて回るのも趣深いものである）〈枕5〉

③少納言がもてなし、**心もとなき**所なう、心にくし。〔訳〕少納言の乳母《めのと》のとりはからいは、何もかもすべて**物足りぬ**点も無く、行き届いているから、奥ゆかしい）〈源氏・葵〉

④せめて見れば、花びらのはしに、をかしき匂ひこそ、**心もとなう**つきためれ。〔訳〕しいて目を凝らして見ると、花びらの端に趣深い色つやが、**ほんのりと**ついているようだ）〈枕37〉

こころやまし〔形シク〕（心やまし）

①（自分より優越した相手に、強い態度や行動をとられて）つらくて、いやに思う状態。

②（劣等感・敗北感で）いらいらする。

③（相手が巧みで）つくづく感じいる。

【解説】 自分より優越した相手に対しいだく劣等感や敗北感をはね返すことができずにいる不快感を表す語である。したがって、①及び②がその本義であるが、相手が自分より優越した存在であることは認めざるを得ぬので、転じて、③のように、そうした対象に対して感服するの意にもなるのである。類義語「ねたし（妬）」は、自分よりも劣ると思う相手にしてやられたという不快感を表すものである点に、相違が存する。

〔類〕①②うし〔形ク〕①つらい。苦しい。②いやだ。↓Ｐ90

【文例】

①まことに、**心やましく**て、あながちなる御心ばへを、言ふ方なしと思ひて、泣くさまなど、いとあはれなり。（〔訳〕空蟬《うつせみ》は真実**つらく**なって、無理な源氏君のお心を、言いようも無いことと思って、泣いている様子など、ほんとうに痛々しい感じである）〈源氏・帚木〉

②「むべ、ときめくにこそありけれ」と御覧ずるに、いとゞ**心やましく**ならせ給ひて、（〔訳〕安子皇后は、「なるほど、小一条女御が天皇のご寵愛を受けているのももっともだ」とごらんになるにつけ、いっそう**気持がいらだたしく**おなりになって）〈大鏡・師輔伝・京大〉

③まだ耳馴れ給はぬ手など、**心やましき**ほどにひきさしつゝ、（〔訳〕明石上《あかしのうえ》は、源氏君がまだあまり聞き慣れていらっしゃらない琴の曲などを、源氏君が**しみじみと感じいる**ほどにすばらしく、弾きやめ弾きやめして）〈源氏・明石〉

こころゆく〔自動四〕（心行く）
①気にいる。乗り気になる。
②満足する。納得する。
③気持ちが晴れ晴れする。せいせいする。

【解説】　「こころゆく」は、「こころ（心）」（気持ち）「ゆく（行）」（気が進む。晴れ晴れする）の意。
①は、他から働きかけを受けた事柄また条件などに対して気持ちが動き、その事柄や条件などを受け入れてもよいという気持ちになる場合であり、②は、ある事象を見たり聞いたりすることによって、心が満たされるという場合である。③も②に近い感情であるが、この場合には、それまで不快を感じさせていた要素が除去されたことによる満足感といった内容であることが多い。
［類］②あく①〔自動四〕満足する。→Ｐ22
［対］②こころづきなし①〔形ク〕気にくわない。

【文例】
①初めより、かの母御息所《みやすどころ》は、をさをさ**心ゆき**給はざりしを、（［訳］最初から、落葉宮の母君である御息所は、この結婚をあまり**気にいり**なさらなかったのであったが）〈源氏・柏木〉

②**こころゆく**もの　よくかいたる女絵《をんなゑ》の、ことばをかしうつけておほかる。〔訳〕**満足する**もの。巧みに描いてある大和絵《やまとえ》で、それに物語絵の詞書《ことばがき》をおもしろくつけて、その分量の多くあるもの）〈枕31〉

③ひとむら薄《すすき》も、心にまかせて乱れたりける、つくろはせ給ふ。遣水《やりみづ》の水草《みくさ》も掻《か》きあらためて、いと、**心ゆき**たる気色《けしき》なり。〔訳〕（夕霧君は、三条院の庭前の）一かたまりのすすきが思うままに乱れていたのを、お手入れなさる。また遣水の水草も掻き取ってきれいに直されたので、水の流れも滞りなく流れるようになり、たいそう**気持ちも晴れ晴れする**ような様子である）〈源氏・藤裏葉〉

こころよし〔形ク〕（心良し・快し）

①気持ちが良い。心中にわだかまるものがない。愉快である。

②気だてが良い。

③快適である。ぐあいが良い。

④病気が直って気分が良い。

【解説】　「こころ（心）」「よし（良）」の意。①は、おもに人に対して自らの心にわだかまるものがなく愉快である、の意。②は、人の性質が良い、の意。③は、事物がその物本来の機能を完全に果たす望ましい状態にあり、また、周囲の状況が良好であって、満足感を覚える、の意。④は、病気に伴う苦痛・不快感が除去されて心理的に良好な状態に置かれている、の意である。

〔対〕②さがなし〔形ク〕性質が悪い。↓Ｐ179

〔関〕②こころよし〔名〕お人よし。

【文例】

①思ふどちの御物語のついでに、**心よから**ず、憎かりし有様を、のたまひ出でたりしなむ、いと恨めしく。〔〔訳〕愛し合うあなたと紫上さまとお二人のご懇談のおりに、わたくしをかって**快から**ず憎いものに思っておられたということを、あなたがお口に出されたことが、全く恨めしく思われることです〕〈源氏・若菜下〉

②おほかた**心よき**人の、まことにかどなからぬは、男《をとこ》も女もありがたきことなめり。〔〔訳〕いったい、**気だての良い**人で、しかも真に才能があるという人は、男でも女でもめったに無いことであるようだ〕〈枕269〉

③**こころよき**矢の少し長きをば、〔〔訳〕**ぐあいの良い**矢で、少し長めの矢を〕〈俳・犬筑波〉

④気色《けしき》も段々**快う**ござるによって、〔〔訳〕病気も直り**気分も**しだいに**よく**なりましたので〕〈狂言・武悪〉

こだい〔名〕（古代）
①いにしえ。昔。
②古めかしいこと。昔かたぎ。昔ふう。
【解説】　①の意より②の意を生じたものであるが、②は、「流行に押し流されぬ重々しさ」という一面を有するものの、他面、「旧風に固執する時代遅れ」という感じで、批判的な気持ちを込めて用いられる場合も少なくない。

【文例】
①**古代**のひが言どもや侍りつらむ。（〔訳〕**昔**のなま覚えで間違った話でもいたしましたでしょうか）〈源氏・若菜上〉
②**古代**の親は、宮仕へ人はいと憂き事也《なり》と思ひて、過ぐさするを、（〔訳〕**昔かたぎ**の親は、宮仕えをする人はたいへんつらいものだと思って、そのままにさせていたが）〈更級〉

こちたし〔形ク〕
①うわさがはなはだしい。うるさくて困る。

②おおげさである。ぎょうさんである。

【解説】　「こと（言）」「いたし（甚）」（はなはだしい）、及び「こと（事）」「いたし（甚）」の約転であり、前者が①、後者が②の場合である。

〔類〕②ことごとし〔形シク〕おおげさだ。↓P172

【文例】

①秋の田の穂向《ほむき》の寄れること寄りに君に寄りなな**事痛《こちた》かり**とも〔訳〕秋の田の穂の向きがただ一方に寄るそのように、ひたすら君に寄り添いたい。世間の**うわさははなはだし**かろうとも）〈万葉114〉

②鶴は、いと**こちたき**さまなれど、鳴くこゑ雲井まできこゆる、いとめでたし。〔訳〕鶴はひどく**ぎょうさんな**かっこうだが、鳴く声が天まで聞こえるのは、実にすばらしい）〈枕41〉

こちなし〔形ク〕（骨無し）

①武骨である。無風流である。

②無作法である。ぶしつけである。無礼である。

【解説】　「こつなし（骨無）」とも。「こち（「こつがら（骨柄）」の約転で、人品を表す）」「なし（無）」

の意。人品の優れている人に備わる、教養・風流心・慎み深さ、といった通性を欠いた振る舞いを表す語である。

〔類〕②なめし〔形ク〕無礼である。↓P282

【文例】

①**こちなく**も、きこえおとしてけるかな。〔訳〕**無風流に**も、わたくしは、物語のことをけなしてしまったことよ）〈源氏・螢〉

②「悩ましくなん」と、事なしび給ふを、しひて、言ふも、いと、**こちなし**。〔訳〕「気分がすぐれませんので」と、浮舟《うきふね》がそれとなく断りなさるのを、（僧都の母尼たちが）重ねて粥《かゆ》を無理に勧めるのも、実に**ぶしつけなことである**）〈源氏・手習〉

ことごとし〔形シク〕（事々し）

①おおげさである。ぎょうぎょうしい。

【解説】 事の構えがいかにも大がかりで、人目を驚かすさまであることを表す語であるが、そこに非難の気持ちを含めて用いる場合が多い。

〔類〕おどろおどろし①〔形シク〕おおげさである。↓P107
ものものし③〔形シク〕おおげさだ。

【文例】

①大方持てる調度にても、心劣りせらるゝ事はありぬべし。（中略）古めかしきやうにて、いたく**こと〱しからず**、費《つひえ》もなくて、物がらのよきがよきなり。〔訳〕総じて、所有している道具によっても、その所有者に幻滅を感じさせられることがある。（中略）そもそも道具とは、古風なつくりであって、あまり**おおげさで**なく、それを手にいれるにあたっての失費も少なく、品質の良いものがすぐれているのである）〈徒然81〉

こととふ〔自動四〕（言問ふ）
①話をする。ものを言う。
②（求婚の）申し入れをする。
③質問する。尋ねる。
④音信する。見舞う。訪問する。

【解説】 「こと（言）」（言葉）「とふ（問）」（相手にものを言いかける）の意。よって、①を原義とするが、本来的に、「問ふ」には、自らの意思を相手に伝えると同時に、疑問や不明の点につき相手に直接的にただして答えを求める、という要素が含まれているところから、②・③の意も存するのである。④も、信書により、また、直接訪問して、相手の様子を問いただす、の意である。

【文例】

①**言問は**ぬ木すら春咲き秋づけば黄葉《もみち》散らくは常を無みこそ（［訳］**ものを言わ**ぬ木でさえも、春は花咲き、秋になると黄葉して散るのは、この世の中が無常であるからなのだなあ）〈万葉4161〉

②人妻に　吾《あ》も交《まじ》はらむ　あが妻に　人も**言問へ**（［訳］他人の妻にわたくしも交わろう。わたくしの妻に他の人も**求婚の申し入れをせよ**）〈万葉1759〉

③俊寛僧都のもとへは、**言問ふ**文《ふみ》一つもなし。（［訳］俊寛僧都のところへは、その**安否を尋ねる**手紙の一通も無い）〈平家・足摺〉

④この人を、かうまで思ひやり、**言問ふ**は、なほ思ふやうの侍るぞ。（［訳］明石上《あかしのうえ》に、わたくしがこうまで気を配り**見舞う**のは、やはり、わたくしには考えるところがあるのですよ）〈源氏・澪標〉

ことわる〔他動四〕（理る・断る）

①話の筋道をつける。筋道を立てて説明する。

②筋があるとする。道理があるとする。

③（理非・正邪の）判断を下す。

④前もって事の理由・事情を説明する。

【解説】 現代では、「拒絶する」の意にのみ用いられるこの語ではあるが、この意は近代にさしかかるころに生じたものであり、古文にはまだ見えていない。古文における「ことわる」は、それが「こと（言）」「わる（割）」、もしくは「こと（事）」「わる（割）」の意であるところよりして、言語をもって物事を説明するの意を表す語である。

〔類〕①いひわく〔他動下二〕事情をはっきりと説明する。

①とく①〔他動四〕道理を立てて説明する。

【文例】

①にぎはひ豊かなれば、人には頼まるゝぞかし、と**ことわら**れ侍りしこそ、（〔訳〕（関東の人は）生活が裕福で、一度引き受けたことは必ず実行できるから、人には信頼されるのである、と堯蓮上人《ぎょうれんしょうにん》が**筋道**

を立てて説明されたのは）〈徒然141・中京大〉

②院の内の上下の人々、いとやむごとなくて、久しくなり給へる御方にのみ、**ことわり**て、（［訳］冷泉院のおそばに近い上下の方々も、重々しい地位にあり、入内後《じゅだい》久しくおなりになる弘徽殿女御《こきでんのにょうご》にばかり**道理があるとして**）〈源氏・竹河〉

③まづ、これはいかに、とく**ことわれ**。（［訳］さて、この宇津保物語の優劣はどうでしょう。はやく**判断してください**）〈枕83〉

④餅屋は時分柄にひまを惜み、幾度か**断**て、（［訳］餅屋は時節がらむだに時を過ごすことを惜しみ、幾度も（「早く餅を受け取ってほしい」と藤屋の手代に）**告げ**たので）〈浮・永代蔵・二・専大〉

さうざうし〔形シク〕

①（あるべきものが無く）もの足りない。（はりあいが無く）心さびしい。

【解説】　形容詞「さびし（寂）」（→P188）の語幹を重ね、それに接尾語「し」が付いた、「さびさびし」の音便とも、漢語「索《さく》」（寂しいの意）を重ね、それに接尾語「し」が付いた、「索々し」の音便ともいう。本来あるべきものが欠けたことより生ずる空虚感・荒涼感を表す語である。

【文例】

①いで、**さうぐ〳〵しき**に、いざたまへ。むかしものがたりして、このおはさう人〳〵に、「さは、いにしへは、よはかくこそ侍りけれ」ときかせたてまつらん。（［訳］いやもう、こうしていても**手持ちぶさたな**ので、さあどうです、昔のことを語って、ここにおいでの方々に、「それでは、昔の世の中はこんな様子であったのだ」と合点のいくようお聞かせ申しましょう）〈大鏡・序〉

ざえ〔名〕（才）

①学才。特に漢学の才。

【解説】古文における「ざえ」は、時として、芸能などの技能を表すこともあるが、その中心は、あくまでも、漢学の才にすえられている。

〔対〕やまとだましひ〔名〕世才。良識。

【文例】

①ともによのまつりごとをせしめ給しあひだ、右大臣は、**才**よにすぐれめでたくおはしまし、御こころおきてもことのほかにかしこくおはします。（［訳］左右の大臣お二人で天下の政治をとり行いなさった

のだが、右大臣道真公は、**学才**もまことに優れごりっぱでいらっしゃり、そのご配慮も格別でいらっしゃった）〈大鏡・時平伝〉

さかし〔形シク〕（賢し）

①じょうぶである。壮健である。

②（気持ちが）しっかりしている。自分を失わぬ判断力がある。

③賢明である。聡明である。

④こざかしい。

【解説】　身心共に強く、物に動ずることなく、常にしっかりと自分を失わぬ判断力を備えている状態を表す語である。したがって、③の場合でも、単に才気ばしっている状態を指すものではなく、的確な判断力を備えていることが前提となるのである。その点、類義語「かしこし（賢）」（↓P127）には近く、「かどかどし（才々）」（↓P137）とはいささかの隔たりが存するもの、と言えよう。

〔関〕④さかしがる〔自動四〕りこうぶる。

④さかしら〔名〕りこうぶること。

【文例】

①をのが**さかしから**んときこそ、いかでも〱ものしたまはめとおもへば、かくて死なば、これこそは、見たてまつるべきかぎりなめれ。〔［訳］わたくしが**壮健である**ときこそ、どうかしてあなたが暮らしていかれるようにと配慮もしたが、死んでしまえば、あなたをお世話することもできなくなるわけだ〕〈蜻蛉・上〉

②中に心**さかしき**者、念じて射むとすれども、〔［訳］大ぜいの兵士たちの中で**気持ちのしっかりしている**者が、無理にこらえて矢を射ようとするけれども〕〈竹取〉

③④下衆《げす》の家の女あるじ。痴《し》れたる者、それしも**さかしう**て、まことに**さかしき**人を教へなどすかし。〔［訳］身分の低い者の家の女主人は**こざかしい**ことである。愚かな者、そんなのに限って**こざかしく**て、ほんとうに**賢い**人にものを教えたりすることよ〕〈枕259〉

さがなし〔形ク〕

①意地が悪い。ひねくれている。

【解説】　「さがなし」は、「さが（性）」（本性、それも良くない本性。また、欠点・短所）「なし（甚）」（はなはだしい）の意。したがって、意地が悪いの意である。

〔関〕さがにくし〔形ク〕意地が悪い。

【文例】

①すこし御心**さがなく**、御ものうらみなどせさせ給ふやうにぞ、よその人にいはれおはしましし。〔訳〕この女御安子様は、少しそのお心が**意地悪く**いらっしゃり、やきもちなどもお焼きになったように、世間の人に言われていらっしゃいました）〈大鏡・師輔伝〉

さしいらへ〔名〕（差し答へ）

①受け答え。多く、ひととおりの応答。

②（演奏の）お相手。合奏。

【解説】 「さしらへ」とも。「さしいらへ」の「いらへ（答・応）」は、「返事。また、相手をつとめること」の意であるが、それもひととおりのものである場合が多く、したがって、①も「ひととおりの応答」、②も「適当なお相手」の意である。

【文例】

①片田舎よりさし出でたる人こそ、万《よろづ》の道に心得たるよしの**さしいらへ**はすれ。〔訳〕片田舎から出て来たばかりの人こそ、何かにつけてわかっているような**受け答え**をするものである）〈徒然79〉

②さらに、今日の御遊びの**さしいらへ**に、まじらふ許《ばかり》の手づかひなん、おぼえず侍りける。〔訳〕全く、今日の管弦のお遊びの**お相手**に加わるほどの技量があろうなどと、わたくしには考えることができません）〈源氏・若菜下〉

さた〔名〕（沙汰）

①理非・善悪を裁定すること。

②あれこれ論議し、せんさくすること。

③始末。処置。

④指図。命令。知らせ。

⑤うわさ。評判。

【解説】　「沙汰」の字義は、米を水ですすいで砂を取り除いたり、砂を水ですすいで砂金を選び分ける、の意。古文では、そこより転じた①及び②を原義とし、更に、③以下の諸義に転じてゆくのである。⑤の意は、本来「告知、通達」の意である④の「知らせ」を、単に「伝達」という程度に解したところより生じたものと思われる。
〔類〕③④おきて〔名〕処置。指図。
③とりおき②〔名〕始末。処置。
⑤きこえ〔名〕うわさ。評判。

【文例】

①されどこの歌も、衆議判《しゅぎはん》の時、よろしきよし**沙汰**ありて、〔訳〕しかし、この和歌も、衆議判のとき、相当なできであるという**判定**があり）〈徒然14〉

②その座には**沙汰**する人もなくて止《や》みにけり。〔訳〕その座には、この和歌をとりあげ**論議**する人もなく、そのまま終わってしまった）〈俊頼髄脳〉

③御葬送の**沙汰**をむげに略定にかきおかせたまへりければ、〔訳〕（父君師輔《もろすけ》公が、ご自身の）ご葬送の**とり扱い**をひたすら略儀にするようご遺言を書き残しておられたので）〈大鏡・伊尹伝〉

④世静まり候ひなば、勅撰の御**沙汰**候はむずらむ。〔訳〕再び世の中が平和になりましたならば、必ず勅撰和歌集を選べというご**命令**がございますことでしょう）〈平家・忠度都落〉

⑤ただ今しも、三井寺には競《きほう》が**沙汰**ありけり。〔訳〕ちょうどそのおりもおり、三井寺では競の**うわさ**

をしていた）〈平家・競〉

さだむ〔他動下二〕（定む）
①（主として、皇位の継承者・帝都の位置・罪刑そして婚姻の可否等の神聖な公共的事項を正式に）決定する。
②鎮める。平定する。
③是非・優劣を論議し、判定する。
④はっきり決める。断定する。

【解説】 現代では、単に「決定する」というくらいの意に漠然と用いられるこの語であるが、古文では、①のように、あくまでも、神聖な公共的事項を正式に決定する、の意に限定的に用いられるのが基本であった。その点において、私的な心構えを決定する意を表す、「おきつ（掟）」（↓P100）とは異なるのである。

〔関〕さだめて〔副〕①必ず。まちがいなく。②（下に推量の語を伴い）さだめし。③多分。

【文例】

①八百万《やほよろづ》　千年をかねて　**定め**けむ　平城《なら》の京師《みやこ》は〔［訳］千年万年の後の世までも考えに入れて**決定なさっ**たという、この奈良の都は〕〈万葉1047〉

②天の下　治め給ひ　食《を》す国を　**定め**たまふと〔［訳］天下を平定なさり、国を**お鎮め**なさろうというので〕〈万葉199〉

③みな人々よみいだして、よしあしなど**さだめ**らるる程に、〔［訳］人々は皆それぞれ和歌を詠出して、その優劣などを**論議し判定して**おられる。そのおりに〕〈枕99〉

④都の空よりは雲の往来《ゆきき》も速き心地して、月の晴れ曇る事**さだめ**がたし。〔［訳］都の空と比べると、この山里の空は雲の往来も速く感じられて、その雲の流れに応じて刻々に月は見えあるいは隠れて変化し、ために、晴れているとも曇っているとも、そのいずれであるとも**はっきり決め**かねることである〕〈徒然44〉

さと〔名〕〔里〕

①人家のあるところ。人ざと。

②生活の本拠地。居住している地。

③（宮仕えをする人において、宮中や主家に対して）自分の住む家。

④（妻・養子・奉公人などにおいて）自分の生まれ育った家。親もと。実家。

⑤遊里。色里《いろざと》。

【解説】「さと」は、人の住まぬ山野に対して人家の集落をなしている場所を指す、①をその原義とするのであるが、多くの場合、そこが、自分の生まれ、育ち、また生活する本拠の場所でもあるところから、②の意も生ずるのである。主として、③は奈良・平安、④・⑤は江戸時代の用例である。

〔対〕③うち①〔名〕宮中。内裏。

〔関〕③さとゐ〔名〕里さがり。自宅に下がること。

【文例】

①大夫《ますらを》の高円山《たかまと》に迫《せ》めたれば**里**に下《お》りける鼯鼠《むささび》そこれ（［訳］大夫《ますらを》たちが高円山で攻めたてたので、**人ざと**に下りて来たというむささびですよ。これは）〈万葉1028〉

②天飛《あまと》ぶや　軽の路は　吾妹子《わぎもこ》が　**里**にしあれば（［訳］この軽の路は、わたくしのいとしい妻が**住んでいる地**であるから）〈万葉207〉

③宮もまゐらせ給はず、小二条殿《こにでうどの》といふ所におはしますに、なにともなくうたてありしかば、ひさしう**里**にゐたり。（［訳］中宮様も参内《さんだい》なさらず、小二条殿というところに住んでおられるが、わたくしは、何

ということもなくいやなことがあったので、久しく**自分の家**に下がっていた）〈枕143〉
④これは雀部《ささべ》が妻の**里**なりければ、（［訳］ここは雀部の妻の**実家**であるので）〈読・雨月・浅茅が宿〉
⑤この**里**の禿《かむろ》だちを、（［訳］この**遊里**の遊女見習いの少女たちを）〈浮・誰袖の海〉

さながら〔副〕（然ながら）
①そのまま。
②すべて。全部。残らず。
③（下に否定の語を伴って）いっさい。全然。全く。
④あたかも。ちょうど。まるで。

【解説】　「さ（然）」（「それ。そう」と前文の叙述を指示して言う副詞）に、「ながら」（体言や動詞に付き、「そのまま」の意を表す接続助詞）の付いた語である。したがって、「さ」の内容が状況・状態にかかわる場合には、①の「そのまま」の意、また、数量にかかわるときには、②の「すべて。全部。残らず」の意となるのである。③は、②の否定の形。④は、①に近いが、比喩的な用法である点に差違があるのである。

〔類〕②③すべて〔副〕①全部。②全然。

【文例】

①ねやのうちを見れば、昔の枕の**さながら**変らぬを見るにも、今さら悲しくて、〔訳〕寝室の中を見渡すと、今は亡き夫の枕が**そのまま**以前に変わらずに残っている。それを見るにつけても、いまさらのように悲しくなって〉〈十六夜〉

②或は身ひとつ、からうじて逃るゝも、資財を取り出づるに及ばず、七珍万宝**さながら**灰燼《かいじん》となりにき。〔訳〕あるいは着のみ着のままで、ようやく逃げのびたとしても、その資財を火中から運び出すことはできず、あらゆる珍しい宝物は**残らず**灰となってしまった〉〈方丈〉

③人に交《まじは》れば、言葉よその聞きに随ひて、**さながら**心にあらず。〔訳〕人と交わると、自分の言葉も他人にどう聞かれるかと気がねされて、**全く**本心とはかけ離れたものになってしまう〉〈徒然75〉

④**さながら**邪神のごとくにて、〔訳〕それは**まるで**邪神のように感じられて〉〈伽・為人びくに〉

さばかり〔副〕〈然ばかり〉

①その程度。

②非常に。

【解説】「さ（然）」（前文の叙述を指示して言う副詞。「それ。そう」の意）に、「ばかり」（副助詞。本来、動詞の終止形に接続して、対象の長さや重さ・大きさを推量・測定しまた限定する意であるが、平安中期以降、連体形に接続し、時間・時刻・場所・数量・状態などについてその程度や限度を表すようになったもの）の付いた語である。したがって、①を本義とするのであるが、それが「そんなにも甚だしく」の意をも含み持つところより、②の意も生じるのである。

【文例】
①鳶《とび》のゐたらんは、何かは苦しかるべき。この殿の御心、**さばかり**にこそ。〔訳〕寝殿《しんでん》の屋根にとびが留まったところで何の支障があろう、何の支障もありはすまい。（それなのにとびを屋根に留まらせまいとなさる）この殿のお心は**その程度**浅いものであるのだ）〈徒然10〉
②鶯は、（中略）声よりはじめてさまかたちも、**さばかり**あてにうつくしき程よりは、九重《ここのへ》のうちに泣かぬぞいとわろき。〔訳〕鶯は、（中略）鳴き声をはじめとしてその姿かたちも、**非常に**上品でかわいらしいのに、宮中で鳴くことがないのはたいそう良くない）〈枕41・筑波大〉

さびし〔形シク〕（寂し・淋し）

①本来の生気を失い、荒れはてた感じである。
②相手が欠けて、満たされぬ感じである。もの足りない気分である。
③孤独がひしひしと感じられる。
④もの悲しい。何となく感傷的である。

【解説】「さびし」は、本来あった生気や活気が失せて荒涼たる感を抱かせる、また、本来の生気ある望ましい状態を求める気持ちである、の意を表す語である。類義の形容詞「わびし（侘）」（↓P396）は、貧困で苦しい気持ちである、の意に発した、失意・気落ちの意を表すものである点相違を見せている。なお、この語は、奈良時代「さぶし」であったものが、平安時代に入り「さびし」に転じたものである。

［関］さうざうし〔形シク〕もの足りない。↓P176

さぶ〔自動上二〕①荒れる。②古くなる。③心が荒涼となる。④錆《さ》びる。⑤色あせる。

【文例】

①冬の来て山もあらはに木《こ》の葉降《ふ》りのこる松さへ峯に**さびしき**（［訳］冬が訪れて山の地肌もあらわになるほど木の葉が散り尽くした峯にただ一つ残った松の緑さえ、かつての生気を失い**荒れはてた感じを漂わせている**ことよ）〈新古今565〉

②かの、ありし猫をだに、得てしがな。思ふこと、語らふべくはあらねど、かたはら**寂しき**慰めにも、なつけむ。〔[訳〕せめてあの先日の唐猫《からねこ》だけでも手に入れたいものだ。相手が猫ゆえ、私の思うことを語ることができるはずもないが、それでも一人寝で身辺**満たされぬ思いでいる**その慰めにも、手なずけよう〕〈源氏・若菜下〉

③世の中の、うちあはず**寂しき**事、いかなる物とも知り給はぬ、ことわりなり。〔[訳〕匂宮が、男女の仲が思うにまかせず**孤独を感じる**ということがどんなものだともご存じない、それは当然のことである〕〈源氏・宿木〉

④氷しく沼の葦原風さえて月も光ぞ**さびしかり**ける〔氷が張りつめた沼に一面に枯れて立つ葦、その間を吹き渡る風も冷たく澄んで、空にかかる月の光も**もの悲しい**ことよ〕〈山家7509〉

さぶらふ〔自動四〕〔侍ふ〕

①〔身分の高い方の〕おそばに仕える。

②〔身分の高い方の〕おそばに行く。伺う。参上する。

③〔「さぶらはす」の形で、身分の高い方に〕差し上げる。献呈する。

④〔「有り」「居り」の丁寧語〕ございます。おります。

【解説】 「さ」（接頭語）「もらふ（守）」（四段動詞「もる（守）」の未然形に反覆・継続の意を表す接尾語「ふ」が付いてできた四段動詞で、尊貴者の傍らに奉仕して、命令を受けようと待機するの意）の音転。したがって、①をその本義とするものである。

［類］①④はべり〔自動ラ変〕①おそばにお仕え申し上げる。②ございます。↓P303

【文例】

①いにしへの世々のみかど、（中略）**さぶらふ**人々をめして、ことにつけつゝ、うたをたてまつらしめたまふ。（［訳］昔の歴代の天皇は、（中略）**おそばにお仕えする**人々をお召しになり、何かにつけて、和歌を献呈させなさった）〈古今・仮名序〉

②心ざしを励まして、今日は、いと、ひたぶるに、しひて**侍ひ**つる。（［訳］恥ずかしいのもがまんし、気持ちを奮い立たせて、今日は、ただひたすらに、おたずねしにくいところを、無理に**参上し**たのです）〈源氏・玉鬘〉

③かの浦〳〵の巻は、中宮に**さぶらはせ**給へ。（［訳］あの須磨《すま》の浦の絵日記は、中宮様のお手もとに**差し上げて**ください）〈源氏・絵合〉

④いかなる所にか、この木は**さぶらひ**けん。あやしく、うるはしく、めでたき物にも。（［訳］どんなとこ

ろにこの木は**ございまし**たのでしょうか。不思議にりっぱで結構なものでありますよ）〈竹取〉

さぶらふ〔補助動四〕（侍ふ・候ふ）

①（主として、断定の助動詞「なり」の連用形「に」などに付き、丁寧な陳述の意で）……でありま
す。……でございます。

【解説】 奈良・平安時代の「はべり（侍）」に代わり、鎌倉時代以降、多く女性語として用いられる。

【文例】

①前なる人ども、「誠にさにこそ**候ひ**けれ。尤《もつと》も愚かに候」と言ひて、〔訳〕前に立っていた人々は、「ほんとうにそのとおりで**ございまし**た。それに気付かなかった我々こそもっとも愚かでございました」と言って）〈徒然41・阪大〉

さらに〔副〕（更に）

①新たに。改めて。

②重ねて。その上に。

③（下に否定の語を伴い）いっこうに。全然。

【解説】 名詞「さら（更）」（一度行われた物事をやり直して新しくすることの意）より生じた副詞であるから、①・②をその本義とするが、古文では、③の用法も多出するので、注意せよ。

〔類〕③たえて〔副〕いっこうに。全く。

【文例】

①もとのすみかに帰りてぞ、**更に**悲しき事は多かるべき。（〔訳〕遺族は、亡き人と共に過ごしたその家に帰ったときに、**改めて**悲しいことは多いことであろう）〈徒然30〉

②また**更に**八十島《やそしま》過ぎて別れか行かむ（〔訳〕わたくしは、また**その上に重ねて**多くの島々を過ぎて別れて行くことであろうか）〈万葉4349〉

③いくつといふ事、**さらに**おぼえ侍らず。（〔訳〕わたくしは、自分が何歳であるかということを、**全く**記憶しておりません）〈大鏡・序〉

さる〔自動四〕（去る）

①（時や季節が）移り巡ってくる。

②現在いる場所を離れる。遠くへ行く。
③地位・立場・職務から退く。
④（「世を去る」の形で）死ぬ。また、出家する。
⑤変化する。変転する。
⑥（花などの）色があせる。色がさめる。

【解説】 常時そこに存在するものが移動する、の意を表す語で、現代と異なり、「近づく」「遠ざかる」の両義に用いられる。ただ、「近づく。来る」の意を表す場合は、多く、①の文例に明らかなごとく、時や季節の到来に関しての用法である。「遠ざかる」意の場合、その基本は空間的移動を表す②義であるが、やがて、それが、観念化・抽象化して、③、④義を生むに至る。

【文例】
①夕**され**ば小倉《をぐら》の山に鳴く鹿は（［訳］いつも夕方**になる**とあの小倉の山に鳴く鹿は）〈万葉1511〉
②み心をのみ惑はして**去り**なむことの、（［訳］あなた様のお心をひとえに乱しておいて、**おそばを離れて行って**しまうことが）〈竹取〉
③いま、かく、まつりごとを**去りて**、（［訳］現在、わたくしは、こうして、天下の政務をとり行う太政大

臣という立場を**退いている**ので）〈源氏・若菜上〉

④うち続き世を**去ら**むきざみ、心ぐるしく、〔訳〕兄上に引き続き、（夫としてお世話申し上げるこのわたくしが）**死んでしまう**かも知れぬそんな際は、女三宮にお気の毒であり）〈源氏・若菜上〉

⑤時移り、事**さり**、楽しび・悲しびゆきかひて、〔訳〕時が移り過ぎ、事は**変転して**、楽しいこと・悲しいことがこもごも去来して）〈徒然25〉

⑥雨降れば色**去り**やすき花桜〔訳〕雨が降るとその雨を受けて**色あせ**やすい桜の花よ）〈貫之集・五〉

さる〔他動四〕（去る・避る）

①遠ざける。離す。

②拒む。拒絶する。辞退する。

③避ける。よける。

④譲る。

⑤離縁する。

【解説】 前項の自動詞「さる（去）」が、自らの意志にかかわらず、あるいは、自らの意志に反して移動する、の意という特質を見せているに対し、他動詞「さる（去・避）」は、自らの意志により遠ざけ、拒み、譲る意を表す語である。空間的に遠ざけ、また離すの意の、①の用法を本義とするが、②以下の義は、それが、心理的な方面に転じた用法である。

〔類〕②いなぶ〔他動上二・四〕拒む。辞退する。

〔関〕③さらぬわかれ〔連語〕死別。

【文例】

①あながちに、御前**去ら**ず、もてなさせ給ひし程に、〔訳〕（桐壺帝が桐壺更衣を）むやみに、おそばを**離さ**ぬように、お扱いあそばしたので）〈源氏・桐壺〉

②又そこに**さら**れば、こと人こそはなるべかなれ。〔訳〕もしまた、あなたに**辞退され**たなら、兄上以外の人が中納言になるはずだ）〈大鏡・為光伝〉

③和歌の髄脳、いと所せく、病《やまひ》、**さる**べき心多かりしかば、〔訳〕その草子には、詠歌の極意《ごくい》がひどくぎょうさんに、**避ける**べき歌の病のことなど多く書いてあったので）〈源氏・玉鬘〉

④こゝにやは立たせ給はぬ。所**さり**聞えむ。〔訳〕ここにまあ、お車はお立ちあそばしませんか。場所をお**譲り**申しましょう）〈源氏・葵〉

⑤もとの妻をば**さり**つゝ、わかくかたちよき女に思ひつきて、〔訳〕もとの妻を**離縁して**、若く容貌の美

しい女を愛して）〈宇治59〉

さるは〔接〕（然るは）

①それがまあ。それこそ実は。

②しかも。その上。

③そのくせ実は。だが。とは言うものの。

【解説】　「さあるは」の略。前の叙述の内容を取り上げて、その実情・実態、また他の一面を説明・強調する語である。①義はその最も基本的な用法であり、一つの事態を受け、それが本来持つ意味、そのような事態となった理由などを解説するのに用いるもの。②義は、前の叙述の内容を肯定的に受けて、次に述べる事態が言うに及ばぬことである、という気持ちを表すもの。③義は、前述の内容を受けて、それと矛盾する他の事態を述べる用法である。

〔類〕③さりとも〔接〕そうであっても。しかし。

③されど〔接〕しかし。だが。

【文例】

①この、来る人も、はづかしげもなし。（中略）**さるは**、かの、世とゝもに恋ひ泣く右近なりけり。〔訳〕この、あとから来た客も、気の置けそうな人でもない。（中略）**それがまあ**、その人こそ、例の歳月のたつとともに玉鬘《たまかずら》を恋い慕って泣く右近だったのだ）〈源氏・玉鬘〉

②聞きつたふるばかりの末々は、哀とやは思ふ。**さるは**、跡とふわざも絶えぬれば、〔訳〕死者のことを話に聞く程度の子孫たちは、もはや身にしみて深くその人をしのびはしない。**しかも**、その人の死後を弔うことも無くなるので）〈徒然30〉

③おもく煩ふよし申して、まゐらず。**さるは**、そこはかと苦しげなる病にもあらざなるを、〔訳〕柏木《かしわぎ》は、重い病にかかっているということを申して、六条院のところに参上しない。**とは言うものの**、柏木は、どこが苦しいというような病気でもないのだから）〈源氏・若菜下〉

したたかなり〔形動ナリ〕

①手抜かりが無いさま。手固いさま。

②きちんとして固いさま。

③気丈であるさま。また、身体が強健であるさま。

④（連用形「したたかに」、また、語幹「したたか」の形で、副詞的に）手ごたえがあるよう十分に。

こっぴどく。

【解説】　語幹「したたか」は、「確か」の意を持つ語根「したた」に接尾語「か」が付いたもの。したがって、①がその本義と考えられるが、現代そうした用法の見られぬ、②・③義は注意を要する。現代では、一見そうは見えぬが、相当の能力を持ち、簡単にはこちらの思いどおりにならぬ相手などに対し、多少の悪意をこめて用いることも多いが、古文では、まだそうした用法は見えない。

【文例】

①まいて、君だちの御ため、はかぐ〵しく、**したたかなる**御後見、何にかはせさせ給はん。〔訳〕（このように才学があり、はきはきした女からの世話など、私ですらいやなものであるから）まして、源氏君や頭中将様などには、このようにはきはきし、**しっかりした**女のお世話など、何の必要がおありでしょう）〈源氏・帚木〉

②帯いと**したたかに**結《ゆ》ひはてて、〔訳〕帯をたいそう**きちんと固く**結い上げて）〈枕63〉

③宗長はもとより**したたかなる**人にて、法皇に少しも離れ奉らざりけり。〔訳〕宗長は生来**気丈な**人であったので、法皇のおそばを少しも離れ申し上げぬことであった）〈延慶本平家・木曾法住寺殿〉

④大の鞭《むち》をぬきいだし、信頼の弓手《ゆんで》のほうさきを**したゝかに**こそうたれけれ。〔訳〕義朝は、大きなむち

を抜き出して、信頼の左のほおを**こっぴどく**お打ちになった）〈平治・義朝敗北の事〉

したたむ〔他動下二〕（認む）

①手抜かりなく準備する。

②完全にあと始末する。整理する。

③しっかり取り締まる。

④食事をする。

⑤書類や手紙を書き整える。書きしるす。

【解説】　「したた」は、前項の形容動詞「したたかなり」の場合に同じく、「確か」の意の語根。それゆえ、①の「準備する」、②の「整理する」、③の「取り締まる」のいずれの場合にも、「手抜かりなく、完全に、しっかりと」それを行うことにその中心があるわけだ。④義に対する文例は、その意味において、必ずしもそうした印象を与えないが、本来は、「正式に食事を取る」の意であり、⑤も、「書き整える」の意から、しだいに「書き付ける」の意に転ずるのである。

【文例】

①御《み》あかしのことゞも、**したゝめ**はてゝ、急がせば、（〔訳〕お燈明《とうみょう》のことなどを、案内者が**すっかり準備して**しまって、（玉鬘一行を初夜の勤行《ごんぎょう》に遅れぬようにと）急がせるので）〈源氏・玉鬘〉

②長き夜のすさびに、なにとなき具足とり**したゝめ**、（〔訳〕長い夜の慰みに、どうということも無い手道具類を**整理し**）〈徒然29〉

③何方《いづかた》にも、若き者ども酔《ゑ》ひすぎ、立ち騒ぎたるほどのことは、え**したため**あへず。（〔訳〕双方とも、若者たちが深酔いして騒いでいるときのことなので、それを**抑える**ことができない）〈源氏・葵〉

④忠信は酒も飯《はん》も**したゝめず**して、今日三日になりにければ、（〔訳〕佐藤忠信は酒も飲まず飯も**食わず**に、今日で三日になったので）〈義経記・忠信吉野山の合戦の事〉

⑤あすは古郷に返す文**したため**て、（〔訳〕明日になったら故郷に送る返書を書いて）〈俳・細道・市振〉

しな〔名〕（階・級・品）

①坂道。

②階段。

③階級。階層。家柄。身分。

④差別。種別。種類。

⑤品位。

【解説】　「しな」は、①の「坂道」の意をその本義とする。「信濃国《しなののくに》」という国名も、その地形の印象に基づくものと思われる。それが次の②の「階段」の意に転じたことから、③義以下の抽象的・観念的な意を生じることになる。すなわち、階段が多くの層により成り立っているところから、③の、「階層、階級、家柄、身分」の意を、また、④の、「差別、種別、種類」の意を、更には、③の延長として、⑤義を生むのである。

［類］③きざみ〔名〕①段階。等級。身分。

【文例】

①階《しな》だゆふ　楽浪道《ささなみち》を（［訳］**坂**のために行き悩む、楽浪《ささなみ》の地に通ずるその道を）〈古事記歌謡42〉

②御階《みはし》の中の**しな**のほどに居給ひぬ。（［訳］夕霧大将は、寝殿の南階の中ほどの**段**のあたりに腰かけていらっしゃる）〈源氏・若菜上〉

③その品〳〵やいかに。いづれを三《みつ》の**品**に置きてか分くべき。（あなたの言われるその**階層**というのはどういうことですか。どのような基準を三つの**階層**において、上・中・下と分けたらいいのでしょうか）〈源氏・帚木〉

④弓といへば　**品**なきものを　梓弓《あづさ》　真弓《ま》槻弓《つき》　**品**ももとめず（［訳］弓といえば、どれでも**差別**は無いものであるよ。梓弓・真弓・槻弓、そのどの**種類**のものでも皆けっこうだ）〈神楽歌16〉

⑤たそばの木、**しな**なき心地すれど、（［訳］そばの木は、**品**《ひん》が無いような感じがするのであるが）〈枕40〉

しのぶ〔他動四（他動上二）〕（偲ぶ）

①賞美する。

②遠方の人や事物、また、故人などを思慕する。

【解説】奈良時代には「しのふ」と清音であったこの語は、平安時代に入ると「しのぶ」と濁音化するのである。その結果、本来は四段に活用していたこの語は、連用・終止両形において同音となる上二段活用の自動詞「しのぶ（忍）」と混同されて、平安時代以後、上二段の活用をも有するに至るのである。

【文例】

①秋山の　木の葉を見ては　黄葉《もみつ》をば　取りてそ**しのふ**　青きをば　置きてそ歎く（［訳］秋山の木の葉を見ては、もみじしたものは手に取り**賞美し**、青いものはそのまま置いて嘆息する）〈万葉16〉

②直《ただ》の逢《あ》ひは逢ひかつましじ石川に雲立ち渡れ見つつ**偲は**む（［訳］今は亡き夫とこの世で逢うというこ

とはとてもできるものではない。せめて、あの石川の川瀬一帯に雲よ立ち続けてほしいものだ。それを見て、亡き夫を**思慕し**よう）〈万葉225〉

しのぶ〔自動上二（自動四）〕（忍ぶ）

①じっとがまんする。じっとこらえる。

②包み隠す。人目に立たぬようにする。

【解説】 恋慕・悲嘆などの情を内に秘めて、じっとそれに耐える、の意を表す語。本来は上二段活用の動詞であったが、平安時代に入り、前項の四段活用の自動詞「しのぶ（偲）」が「しのふ」から「しのぶ」と濁音化したことより、これと混同され、四段の活用を生じた。なお、類義の自動詞「たふ（堪・耐）」は、他から加えられる圧力に、自らも相当の手段を以て対抗しこらえる、の意であり、この点に相違があるのである。

【文例】

①玉の緒よ絶えなば絶えね長らへば**しのぶる**ことの弱りもぞする〔訳〕わが命よ。（この恋の苦しさのために）絶えるなら、いっそ絶えてしまえ。もし命絶えることなく、この先生き長らえたならば、**じっと**

耐え続ける力が弱って、この恋が人に知られることになると困るから）〈新古今1034〉

②かゝる折にも、「あるまじき恥もこそ」と心づかひして、御子《みこ》をばとゞめたてまつりて、**忍び**てぞ出《い》で給ふ。〔［訳］こんなときにも、「とんでもない恥をかくこともあろうか」と心配して、桐壺更衣は、若宮を宮中にお残し申し上げて、ご自身だけ**人目に立たぬように**宮中から退出なさる）〈源氏・桐壺〉

しほたる〔自動下二〕（潮垂る）

①（潮水などの）しずくが垂れる。ぐっしょりぬれる。

②涙で袖をぬらす。涙を流す。

【解説】 本来は、潮水にぬれてしずくが垂れる、の意であるが、やがて、意味が拡大されて、①のしとどにぬれるの意となり、さらに、その連想から②義を生じ、それが中心的用法となるのである。

【文例】

①露霜に**しほたれ**て、所さだめずまどひありき、（［訳］朝の露、夜の霜に**袖をぬらし**ながら、行く場所も定めずさまよい歩き）〈徒然3〉

②げに、思へば、「おしなべたらぬ、人の御宿世《みすくせ》ぞかし」と、尼君を「もどかし」と見つる子ども、皆、

うち**しほたれ**けり。(［訳］なるほど、思えば「並み並みでない尼君のご宿縁である」と、従来、尼君を「はがゆい」と思っていた尼君の子供たちも、皆**涙を流し**たことであった)〈源氏・夕顔〉

しる〔他動四〕(知る・領る)

①認識する。理解する。

②考える。考慮する。関心を持つ。

③経験する。

④支配する。土地を領有する。

⑤男女の交わりを持つ。契りを結ぶ。

⑥(妻や愛人として)世話をする。めんどうを見る。

【解説】 現代では①義を中心に使用されるこの語であるが、古文における語義はきわめて多岐にわたるのである。とは言え、この語の本義はやはり①義であると思われる。④義以下に関しては、④義を中心に考えれば理解しやすいであろう。すなわち、すべてに霊魂の存在を信じていた古代にあっては、相手の霊魂の本質を正しく認識すること、そのことが相手の霊魂を支配し、ひいては、相手を支配することであったのだ。地霊の本質を認識すれば、土地を領有することになる。⑤義のごとく、男女が契りを結ぶ、その前提にも、常に男が女の名を知り家を知ることにより相手の霊魂を支配しようとする、そうした営みがあったのである。

【文例】

①世の中は空しきものと**知る**時しいよよますます悲しかりけり（［訳］この世の中がむなしいものであると**つくづく知る**ときに、今まで以上にいっそう悲しみの気持ちを新たにすることよ）〈万葉793〉

②世の譏《そし》り、人の恨みをも**知らず**、心寄せたてまつるを、（［訳］わたくしは、世間の非難や人の恨みをも**考えず**に、秋好《あきこのむ》中宮のお世話をして差し上げたのであるが）〈源氏・若菜下〉

③かかることこそ、まだ**知られ**ぬ。（［訳］このようなことはまあ、まだ**経験し**たことが無い）〈源氏・末摘花〉

④汝《な》が御子《みこ》や　遂《つひ》に**知ら**むと　雁《かり》は卵《こ》産《む》らし（［訳］天皇様が末長く長生きをあそばして国を**お治めになる**であろう、そのめでたいしるしとして雁が卵を産んだのでございましょう）〈古事記歌謡73〉

⑤藤原敏行朝臣のなりひらの朝臣の家なりける女をあひ**しりて**、（［訳］藤原敏行朝臣が在原業平朝臣の家に仕えていた女と**契りを結んで**）〈古今704題詞〉

⑥この内記が**知る**人の親の、大蔵の大輔《たいふ》なるものに、（［訳］この内記道定が**世話をしている**妻の親で、大

蔵大輔である者に）〈源氏・浮舟〉

すき〔名〕（好）

①（特に、芸術・風流の道に対する）執心。

②好色。

【解説】　四段活用の他動詞「すく（好）」の連用形の体言化したものである。対象に寄せる執念にも近い関心と愛着の念を、その本質とする語である。この点、類義の名詞「このみ（好）」が、余裕と客観性を備え、美的な撰択の意識に支えられた愛好の念を表すものであることと、差違が存するのである。

【文例】

①面《おもて》うち赤めて、涙ぐみて侍《さぶら》ひける気色《けしき》、限りなき**好き**のほど、あはれにぞ見えける。〔〔訳〕（宮内卿が、感激のために）顔を上気させ、涙ぐんではべっている様子は、並々ならぬ**和歌への執心**の程度もうかがわれて、すばらしいと思われたことであった）〈増鏡・おどろの下〉

②いにしへの**すき**は、思ひやり少きほどのあやまちに、仏・神も、ゆるし給ひけん。（〔訳〕昔の**好色**は自分がまだ思慮分別の少ない時分の過ちとして、仏や神もお許しくださったことであろう）〈源氏・薄雲〉

すくよかなり〔形動ナリ〕（健やかなり）

①（山が）険しいさま。

②そっけないさま。無愛相なさま。

③まじめなさま。きちんとして、乱れたところが無いさま。

④健康なさま。

【解説】　「すくよかなり」の語幹「すくよか」は、形容詞「すくすくし」や四段活用の自動詞「すくむ（竦む）」を構成する「堅くまっすぐである」の意の語根「すく」に、接尾語「よか」の付いたもの。①義は、それが、具体的・視覚的に地形に対して感じられている場合。②義以下は、心理的ないしは抽象的な用法となっている。なお、室町時代にかかるころから、この語の音韻転化した「すこやかなり（健）」が多く用いられるようになる。

〔類〕①さがし①〔形シク〕（山が）険しい。

【文例】

①**すくよかならぬ**山の気色、木深く、世離れてたたみなし、（〔訳〕実際には**険しく**もない山の様子を、い

かにも奥深いように、樹木もうっそうとさせ、浮き世離れたふうに、いくえにも山を重ねて描き）〈源氏・帚木〉

②悩ましげにさへし給ふを、いと、**すくよかに**、つれなくて、（［訳］梅壺女御が気分がすぐれぬ様子にさえしていらっしゃるのに、源氏君はそれを心にかけていないように**そっけなく**、恋心など何もないようなそぶりで）〈源氏・薄雲〉

③あの人がらも、いと**すくよかに**、世の常ならぬ人にて、（［訳］資通の人柄も、たいそう**まじめで**、世間通例のあだめいたところの無い人で）〈更級〉

④女君、（中略）**すくよかなる**折もなく、しをれ給へるを、（［訳］玉鬘の君は、（中略）このごろは、**気分のすぐれている**おりも無く、沈んでいらっしゃるのだが）〈源氏・真木柱〉

すさまじ〔形シク〕（凄じ）

［一］①熱意が冷め、興味が失われる感じである。

②期待外れで、しらけた感じである。

③不調和で興ざめである。

④もの寂しい。殺風景である。

〔二〕①程度がはなはだしい。
②（人の性情などが）激しく強い。
③恐怖でぞっとする。ものすごい。

【解説】　〔一〕は、「す」（接頭語）「さま」（「さむ（冷・寒）」と同根か。期待や熱意が冷えてしまう感じであるの意）「じ（し）」（接尾語）、〔二〕は、「すさま」（動作や状態がいよいよ進みひどくなる、の意の四段活用の自動詞「すさむ（荒）」の未然形）「じ（し）」（接尾語）、の意であると思われる。現代では、〔二〕の用法が中心であるが、古文では、〔一〕の用法が中心である。要注意。

【文例】
〔一〕①我**凄じく**思ひなりて、捨て置きたらば、（〔訳〕自分が**熱意を失い**浮舟《うきふね》を捨てたなら）〈源氏・浮舟〉
②婿取りして四五年まで産屋《うぶや》のさわぎせぬ所も、いと**すさまじ**。（〔訳〕婿を迎えて四五年たってもまだ出産のにぎわいを見せぬところも、ひどく**期待外れでしらけた感じがする**ことである）〈枕25〉
③**すさまじき**もの　昼ほゆる犬。（〔訳〕**不調和で興ざめな**もの、昼日中《ひなか》からほえたてる犬）〈枕25〉
④山里の風**すさまじき**夕ぐれに（〔訳〕山里を吹き渡る風も**ものさびしい**夕暮れに）〈新古今564〉

〔二〕①雨さへ**すさまじき**に、（〔訳〕その上雨まで**はなはだしく**降るので）〈仮・可笑記・一〉
②**すさまじき**者の固めたる門へ寄せあたりぬるものかな。（〔訳〕**てごわい**者が守っている門へ攻め寄せてしまったことよ）〈保元・白河殿へ義朝夜討ち〉
③事の躰《てい》恐ろしく**すさまじく**おぼえて、（〔訳〕事態が恐ろしくも**ものすごく**思われて）〈雑談集・六〉

すずろなり〔形動ナリ〕

①これという理由も無いさま。漠然としているさま。
②何の根拠も無いさま。とりとめも無いさま。
③かかわりの無いさま。無関係なさま。
④思いがけないさま。
⑤（連用形「すずろに」の形で、副詞的に）むやみに。やたらに。

【解説】　自らの意識とは無関係にあるいはそれを無視して、物事や心が進みあるいは存在するさま、を表す語である。「そぞろなり（漫）」は、この語の音韻変化した語である。

〔関〕すずろく〔自動四〕そわそわする。落ち着かぬ様子をする。
　すずろはし①〔形シク〕何となく落ち着かぬ気持ちである。

【文例】

①よべも、**すゞろに**、起きあかしてき。（〔訳〕昨夜も、**何ということも無く**、一晩中起き続けて夜明けを迎えてしまいました）〈源氏・浮舟〉

②頭《とう》の中将の、**すずろなる**そら言《ごと》を聞きて、いみじういひおとし、（〔訳〕頭中将が、**根も葉も無い**うそを伝え聞き、わたくしをひどく非難して）〈枕82〉

③**すゞろなる**ものに、なにか多く賜《た》ばむ。（〔訳〕**無関係な**者に、たくさんお与えになるとはとんでもないことです）〈大和148〉

④物心ぼそく、**すゞろなる**めを見ることと思ふに、（〔訳〕何とはなしに心細く、**思いがけずつらい**目にあうことであると思っているとき）〈伊勢9〉

⑤逃げんとするを、捕へて引きとどめて、**すずろに**飲ませつれば、（〔訳〕逃げようとする人を、捕まえてひきとどめ、**むやみに**酒を飲ませてしまうと）〈徒然175〉

すゑのよ〔名〕（末の世）

①後世。後代。

②晩年。

③末世。末法の世。

【解説】「すゑ」は、本来、「物の先端。末端」の意。①・②はその意より理解される。が、一方、「すゑ」に、「もと（本）」に対して、「主要でないもの。下等なもの」の意もあるところから、「仏法の正しく保たれる理想的な正法の世」に対する、③の「末世」の意も生じるのである。

【文例】

①かゝるすきごとゞもを、**末の世**にも聞きつたへて、〔訳〕そのような多くの浮気ごとを、後世においても聞き伝えて）〈源氏・帚木〉

②残りたまはん**末の世**などの、（〔訳〕自分の死後生き残られるだろうあなたの**晩年**が）〈源氏・藤裏葉〉

③何の契りにて、（中略）日の本《もと》の、**末の世**に生まれ給ひつらん。〔訳〕どんな宿命で、源氏様は、（中略）この日本の、しかも**末世**にお生まれあそばしたのであろう）〈源氏・若紫〉

せ〔名〕（兄・背）

①自分と親愛の関係にある男性を呼ぶ称。

【解説】　本来は、女性がその同腹の兄弟を呼ぶ称であったが、やがて、夫や恋人をも指すようになる。
〔対〕いも〔名〕親愛関係にある女性の称。↓P89

【文例】
①防人《さきもり》に行くはたが**背**と問ふ人を見るが羨《とも》しさ物思《もひ》もせず〔訳〕「今度防人として遣わされるのはどなたの**ご主人**ですか」などと尋ねる人を見るとうらやましくなる。その人は、夫を防人として送り出さねばならぬわたくしのように、物思いをすることも無いのだから）〈万葉4425〉

せめて〔副〕
①つとめて。無理に。
②どうしても。何としても。
③（希望をこめて）少なくとも……だけでも。
④非常に。
【解説】　下二段に活用する他動詞「せむ（迫・攻・責）」より生じた副詞。その動詞「せむ」の、「追いつめる。激しく追及する」といった、相手に肉薄して少しでも自分の思うように事を運ぼうとする心理

面の印象が、この語の①より③に至る各義を生ぜしむるのである。なお、この①より③義の差は微妙で、相手に強く迫るその度合の差にすぎない。④義は、そうした度合のはなはだしさに対する印象に発した用法である。

〔類〕①②あながちなり〔形動ナリ〕①無理であるさま。②むやみであるさま。↓Ｐ47

【文例】

①なほさりともやうあらんとて、**せめて**見れば、〔訳〕やはりそれでも（この花が中国においてあれほど尊重されるには）何か理由があるのだろうと、**しいて**梨の花を注意して見ると）〈枕37〉

②**せめて**、聞かせたてまつらんの心あれば、〔訳〕夕霧は、**何としても**父源氏院のお耳に入れたいという気持ちを持っておられるので）〈源氏・横笛〉

③都にてはあはたぐちまでとおもひ、粟田口にては**せめて**関山・大津までとおもひ、うちをくり申《まうし》けるが、〔訳〕（守康は）都を出るときには粟田口までと思い、いざ粟田口に着けば、**少なくも**関山・大津あたりまではお送りしようと思って、（佐殿《すけどの》を）お送り申し上げたのであったが）〈平治・頼朝遠流の事〉

④高麗《こま》の紙の薄様《うすやう》だちたるが、**せめて**なまめかしきを、〔訳〕高麗製の薄様ふうの紙で、**非常に**優雅な草子《そうし》を選んで）〈源氏・梅枝〉

そのかみ〔名〕（其の上）

①その当時。

②そのとき。

【解説】 「かみ（上）」は、「昔」の意を持つが、「そのかみ」は、単に「昔・過去」ということではなく、「その」という語で指示される事態の生じた、特定の過去を表す語である。

【文例】

①さて今**そのかみ**を思ひやりてある人のよめる歌、〔訳〕さて、今、**その当時**に思いをはせて、ある人が詠んだ歌、それは）〈土佐〉

②**そのかみ**塗籠《ぬりごめ》にいりにけり。〔訳〕女は、**そのとき**、（訪れて来た平中を避けて）塗籠の中にとじこもってしまった）〈大和103〉

そばそばし〔形シク〕（稜々し）

①親しみにくいさま。よそよそしいさま。

②仲が悪いさま。

【解説】　「そばそばし」は、「そば（稜）」（鋭角をなしているかどを指す名詞）を重ね、それに接尾語「し」が付いた語であるが、その用法は、心理的な内容を表す場合に転じていて、事物のかどかどしい形状を指す用例は発見されない。

【文例】

①いと艶に恥づかしく、人に見えにくげに、**そばそばしき**さまして、〔訳〕ひどく優雅にしていて気づまりで、人を寄せつけぬように**よそよそしい**そぶりで）〈紫式部日記〉

②弘徽殿《こきでん》の女御、またこの宮とも御なか**そばそばしき**故、うちそへてもとよりの憎さもたちいでて、〔訳〕弘徽殿女御は、またこの藤壺宮とも**仲がお悪い**ので、そのことに加えて、以前からの桐壺更衣への憎さもよみがえって）〈源氏・桐壺〉

たいだいし〔形シク〕（怠々し）

①軽率である。粗略である。怠慢である。

②不都合である。もっての外である。

【解説】「怠け、怠る」の意の漢語「怠」を重ね、それに、状態を指し形容詞化する働きを有する接尾語「し」の付いた語。したがって、①義をその原義とするが、そうした状態は当然非難されるべき状態であるところから、②義を生じることになる。

【文例】

①**たいぐしし**とおぼしたるなりけりと、（［訳］（天皇は鷹を逃がしたわたくしを）**怠慢だ**と思っておられるのであるよと思われて）〈大和152・東京水産大〉

②かく世の中のことをも、思ほし捨てたるやうになり行くは、いと**たいだいしき**わざなりと、（［訳］（桐壺帝が桐壺更衣の死にあい）このように天下の政治をも捨てて顧みぬようになっていかれるのは、まことに**不都合な**ことであると）〈源氏・桐壺〉

ただびと〔名〕（只人・徒人・直人）

①（神・仏などに対して）普通の人。常人。

②天皇や皇族以外の人。臣下。

③摂政・関白以外の貴族。

④上達部《かんだちめ》以外の貴族。殿上人《てんじょうびと》。

【解説】　「ただ（只・徒・直）」は、「通常。普通」の意。この語の本義は①であるが、その「人」と比較される対象が、「神」から「天神《あまつかみ》」のみ子と考えられる「天子」に拡大されると、②義を生じ、さらにその拡大化が進むことにより、③義以下を生ずることになった。なお、「平凡な家柄の人」の意を表す「なほびと（直人）」と混同せぬこと。

【文例】

①げに**たゞ人**にはあらざりけりとおぼして、〔訳〕なるほどかぐや姫は**普通の人間**ではなかったのだ、と帝はお思いになって）〈竹取〉

②**ただ人**と申せど、帝・春宮《とうぐう》の御祖母にて、〔訳〕倫子は、**臣下**とは申せ、後一条天皇や皇太子の御祖母でいらっしゃって）〈大鏡・道長伝〉

③**たゞ人**も、舎人《とねり》など給はるきはゆゝしと見ゆ。〔訳〕**摂関家以外の貴族**でも、随身などを賜る身分の方は、すばらしいと思われる）〈徒然1〉

④さては、この中納言殿ばかりぞ、上達部《かんだちめ》は仕うまつり給ふ。**たゞ人**は多かり。〔訳〕お供としては、公卿では、この中納言殿だけがお仕え申し上げなさる。**普通の殿上人**は数多い）〈源氏・総角〉

たてまつる〔他動四〕（献る・奉る）

①献上する。差し上げる。

②お着せする。お乗せする。

【解説】 本源は、串《くし》に刺した神饌《しんせん》を地上に立て神に供える、「立て祀《まつ》る」の義であったが、やがてその本義を離れ、①の、尊貴者に物品などを贈る意の謙譲語としての用法を中心に用いられるようになり、さらには、尊貴者に対して、着せる・乗せるなどの奉仕をする、②の意をも生むことになる。

【文例】

①「交野《かたの》を狩りて、天の河のほとりに至るを題にて、歌よみてさか月《づき》はさせ」とのたまうければ、かのうまの頭《かみ》よみて**奉り**ける。（［訳］「交野で狩りをして、天の河の地に来たことを題にして、歌を詠み盃をさせ」と親王がおっしゃったので、例の馬の頭が詠んで**献上し**た歌）〈伊勢82・大阪経済大〉

②ともあれ、かくもあれ、夜の明け離れぬ先に、御舟に**たてまつれ**。（［訳］何はともあれ、まだ夜が明けきってしまわぬうちに、源氏様をお舟に**お乗せ申し上げよ**）〈源氏・明石〉

たてまつる〔自動四〕（奉る）

①食物などを召し上がる。

②着物をお召しになる。乗物にお乗りになる。

【解説】 前項の他動詞「たてまつる（献・奉）」の自動詞に転じたものである。すなわち、尊貴者に対して物品を差し上げ、また、衣服を着せ、乗物に乗せるなどの奉仕をすることは、反面、尊貴者がそうした物品や奉仕を受け入れなさることでもある、との意識を生じたものであり、尊敬の用法に転じたのである。

【文例】

①壺なる御薬《みくすり》**たてまつれ**。穢《きたな》き所の物きこしめしたれば、御心地《みここち》悪しからむ物ぞ。〔訳〕壺に入っているお薬を**召し上がれ**。このように汚れた人間世界の食べ物を召し上がったので、ご気分がお悪いことでしょう）〈竹取〉

②宮は、しろき御衣《おんぞ》どもにくれなゐの唐綾《からあや》をぞ上に**たてまつり**たる。〔訳〕中宮様は、白の下襲《したがさね》の上に紅の唐綾を**お召しになって**いらっしゃる）〈枕184・清泉女大〉

たてまつる〔補助動四〕（奉る）

①……して差し上げる。お……申し上げる。

【解説】 他動詞の「たてまつる（献・奉）」（↓P221）より派生した補助動詞である。すなわち、尊貴者に対して衣服をお着せする、乗物にお乗せするという、行為により奉仕する意の②義より転じ、謙譲の意を添える補助動詞となったものである。

【文例】

①尼君、髪をかき撫でつゝ、「(中略) たゞ今、おのれ、見すて**たてまつら**ば、いかで、世におはせむとすらむ」とて、いみじく泣くを、(〔訳〕尼君が若紫の髪をなでながら、「(中略) 今にも、わたくしが、あなたをお見捨て**申し上げ**て死んでしまったならば、あなたはどのようにしてこの世を渡ってゆくおつもりなのでしょう」と言って、ひどく泣くので)〈源氏・若紫〉

たのむ〔他動四〕（頼む）

①信用する。信頼する。

②あてにする。期待する。

③相手を主人と定め、一身を託する。

【解説】「たのむ」は、「た」（接頭語）「のむ（祈）」（祈願する）の義か。すなわち、ひたすら良い結果を祈って、相手に身の将来を託することを表す語である。類義の他動詞「たよる（頼）」は、「た（手）」「よる（寄）」の義で、何らかの手がかりに寄りかかり、相手に依存するの意を表す語であって、いささか内容を異にする。

［関］たのみ［名］①全面的に依存すること。またその相手。②期待。③結納《ゆいのう》。

【文例】

①また、いさゝか覚束《おぼつか》なく覚えて、**頼む**にもあらず、**頼ま**ずもあらで、案じゐたる人あり。（［訳］また、その話の内容がいささか不確かなものに思われて、**信用する**でもなく、といって**信用し**ないでもなく、しきりに考えこんでいる人もいる）〈徒然194・津田塾大〉

②重盛は**頼み**切ったる景安うたせて、命いきても何かせんとて、（［訳］重盛は心の底から**あてにして**いた景安を討たれて、この上は生きていても何になろうと）〈古活字本平治・待賢門の軍〉

③頼朝を**たのま**ばたすけてつかはんは、いかに。（［訳］この頼朝を自らの主君と定めその**一身を託す**ならば、そなたの一命は助けてやろうと思うが、どうだ）〈平家・六代被斬〉

たのむ〔他動下二〕（頼む）

①頼みに思わせる。あてにさせる。

【解説】 前項の四段活用の他動詞「たのむ（頼）」に対する使役形の他動詞。奈良時代から平安時代にかけて用いられているが、鎌倉時代以降ほとんどその用例を見ない。その用例は必ずしも多くはないが、前項の四段活用の「たのむ」と混同しないよう、注意が望まれる。

【文例】

①**たのめ**しを猶や待つべき霜がれし梅をも春は忘れざりけり〔訳〕梅の花が咲いたなら帰って来ようと言ってわたくしに**頼みに思わせ**ながら、とうとうあなたはおいでにならなかったが、この上わたくしはなおあなたをお待ちしなければならないのでしょうか。霜枯れていた梅をも春は忘れずに訪れて来て、花を咲かせたことですよ）〈更級〉

たまふ〔他動四〕（賜ふ・給ふ）

①（上位者が下位者に）お与えになる。

【解説】　この語には種々の語源説があるが、下位者の求めようとする心と上位者のそれを与えようとする心とが合って、上位者が下位者に物を与えることで、「たまあふ（魂合）」の約、とする説が最も妥当性を有している。

【文例】

①日ごろへて、宮にかへり給うけり。御おくりして、とくいなんとおもふに、大御酒《おほみき》**たまひ**、禄**たまは**むとて、つかはさざりけり。〔訳〕幾日かたって、惟喬《これたか》親王は京の御殿へお帰りになった。馬の頭《かみ》は親王をお送りして、早く自宅へ帰ろうと思ったけれども、親王は、お酒を**お与えになり**、ほうびを**お与えになる**とおっしゃって、馬の頭をなかなかお帰しにならなかった）〈伊勢83・北九州大〉

たまふ〔補助動四〕（給ふ）

①（他人の動作・状態に関して）……なさる。お……になる。

②（天皇が、自らの動作に関して）……してつかわす。

③（感動詞「いざ」に続き、「いざ給へ」と命令形で、懇願の意を表して）ぜひ……してください。どうぞ……してください。

【解説】　前項の、四段活用の他動詞「たまふ（賜・給）」の補助動詞化したもの。上位者が物を与えたその好意に対する、下位者の感謝・敬意を表す心情から生じたものである。その意味において、あくまでも①義が基本的な用法であるのであって、②義は特殊な用法と言うべきである。ただし、同じく特殊な用法と言いながらも、③義は慣用句としてしばしば用いられるので、注意を要する。

【文例】

①むかし、水無瀬《みなせ》にかよひ**給ひ**し惟喬の親王《みこ》、例の狩しにおはします供に、うまの頭《かみ》なる翁つかうまつれり。〔訳〕昔、毎年春の桜のころには水無瀬の離宮にお出かけ**になっていらっしゃった**惟喬親王が、今年もまた例年のように桜狩りにお出かけになるお供として、馬寮《めりょう》の長官である翁がお仕え申し上げたことであった）〈伊勢83・北九州大〉

②天皇朕《すめらわ》が　うづの御手《みて》以《も》ち　かき撫でぞ　労《ね》ぎ**たまふ**　うち撫でぞ　労ぎ**たまふ**〔訳〕天皇であるこのわたくしが、ご自身その尊いみ手をもって、かきなでて、ねぎらって**つかわす**。うちなでて、ねぎらって**つかわす**）〈万葉973〉

③「君は、いざ**給へ**。もろともに見むよ」とて、〔訳〕「あなたは、さあ**どうぞ**この牛車に**乗ってください**。ごいっしょして賀茂の祭りを見ましょうよ」と、源氏君は紫上におっしゃって）〈源氏・葵〉

たまふ〔他動下二〕（賜ふ・給ふ）

①（飲食物などを）いただく。

【解説】　四段活用の他動詞「たまふ（賜・給）」（↓P225）の受動形。上位者が下位者にお与えになるということは、すなわち、下位者が上位者からいただくことでもあるからである。

【文例】

①由紀《ゆき》・須伎《すき》二国の献れる黒酒白酒《くろきしろき》の御酒《みき》を赤丹《あかに》の秀《ほ》に**賜へ**ゐらき。（〔訳〕由紀・須伎の二国から献上した、黒酒や白酒といったお酒を**いただい**て、顔をほんのりと赤く染めて、喜び楽しんでいる）〈続紀宣命38〉

たまふ〔補助動下二〕（給ふ）

①……させていただく。……申し上げる。

【解説】　前項の下二段活用の他動詞「たまふ（賜・給）」の補助動詞に転じたもの。主として、「思ふ」「聞く」「知る」「見る」など、自己の知覚を表す動詞の連用形に付き、思うこと・聞くこと・知ること・

見ることを相手からいただくの意で、謙譲の意を表す。なお、これを丁寧の意を添える補助動詞、とする説もある。

【文例】

①命長さの、いとつらう**思ひ給へ**知らるゝに、松の思はんことだに、はづかしう**思ひ給へ**侍れば、百敷《ももしき》に行きかひ侍らん事は、まして、いとはゞかり多くなむ。〔訳〕自分でも長命であることがたいそうつらいことと**存ぜ**ずにはいられませんにつけ、（あの長命な高砂《たかさご》の）松が何と思っているであろうかと考えることだけでも、きまり悪く**存じ**ますので、まして、内裏に親しく出入りいたしますことなど、たいそうはばかられることでございます）〈源氏・桐壺〉

たゆむ〔自動四〕（弛む・懈む）

①気持ちの緊張が緩む。油断する。怠る。

②勢いが弱まる。一時衰える。

③疲れる。だるくなる。

【解説】 緊張していたものが緩む、の意。類義の自動詞「うむ（倦）」は、長らく事に関与していて疲れ、途中でいやになり投げ出すことであり、また、自動詞「つかる（疲）」は、精魂が尽き果てぐったりすることである。なお、室町以降は、「たゆむ」の音転した「たるむ」が多用される。

【文例】

①まだ、さるべき程にもあらず、みな人も、**たゆみ**給へるに、〔[訳] まだ、出産のあるべき時期でもあるまいと、両親以下の人々も、**気を許して油断して**いらっしゃるときに〕〈源氏・葵〉

②今夜しもいさゝか御乱心《みだりごこ》ち**たゆませ**御座《おはし》ければ、〔[訳] 今夜はまあ、天皇のご病苦もやや**薄らいで**おられたので〕〈保元・後白河院御即位〉

③足**たゆみ**て、身疲れ〔[訳] 足が**だるくなり**、身体は疲労して〕〈太平記・三〉

たゆむ〔他動下二〕（弛む・懈む）

①油断させる。

【解説】 前項の自動詞「たゆむ（弛・懈）」の他動詞化した語。ただし、自動詞「たゆむ」の②・③義に対応する用法は、見いだせない。

【文例】

①かく、うらなく**たゆめ**て、はひかくれなば、いづこを、はかりとか、我もたづねん。〔訳〕女が、このように、あけっぱなしでわたくしを**油断させて**おいて、もしそっとどこかに姿を隠してしまったならば、どこを目当てとして、わたくしは女を尋ねようか）〈源氏・夕顔〉

たより〔名〕（頼り・便り）

①よりすがるべきもの。縁故。手づる。寄りどころ。

②機会。好機。ついで。

③便宜。方便。

④かげん。ぐあい。取り合わせ。

⑤訪れ。音信。使者。

【解説】　「た（手）」（手だて・人・方面などの意を表す名詞「て（手）」の音転。↓P254）「より（寄・依）」（四段活用の自動詞「よる」の連用形）の意。「すだれ（簾＝簀垂の義）」に同じく、被修飾語が修飾語の上に位置するという、特殊な構成を見せる語である。さて、この語は、①義をその本義とするが、「よりすがるべきもの」から「よりすがるべき時」の意に転ずれば、②義が生ずる。また、縁故を求め便宜につけて、古来、しばしば、使者に托して手紙を届けるという習慣があったところから、⑤義の「訪れ・音信・使者」の用法を生ずることになる。

【文例】

①さて、年ごろ経《ふ》るほどに、女、親なく**たより**なくなるまゝに、（[訳] そして、数年が経過したころ、女の父親が亡くなって、生活を支える**頼りどころ**が無くなったので）〈伊勢23〉

②おとゞおどろき給ひて、「いづくに物したまへる**便り**にかあらむ」などきこえ給ひて、（[訳] 左大臣は目をおさましになって、「どこにお出かけになった**ついで**なのであろうか」などと申し上げなさって）〈大和125〉

③げに、ふるごとぞ、人の心をのぶる**たより**なりけるを、思ひ出で給ふ。（[訳] なるほど、古歌は、人の心を慰めるに**ふさわしい手段**であったのだよと、姫たちはお思い出しになる）〈源氏・総角〉

④わざとならぬ庭の草も心あるさまに、簀子《すのこ》・透垣《すいがい》の**たより**をかしく、（[訳] 特に手を加えたと見せずに自然の感じをとどめている庭の草も、いかにも趣ある様子で、簀子縁・透垣の**作りぐあい**も趣深く）〈徒然10〉

⑤花のかを風の**たより**にたぐへてぞ（[訳] 梅の香りを風という**使者**に連れ添わせて）〈古今13〉

ちぎり〔名〕（契り）

①約束。言い交わすこと。

②縁。運命的な縁。

③前世からの因縁。宿縁。

④男女の交わり。

【解説】　「て（手）」「にぎる（握）」の音転・約かとされる、四段活用の他動詞「ちぎる（契）」の連用形が体言化した語。よって、「ちぎり」の本義は、「固い約束」の意の①義である。その「動かしがたい約束」が②・③義「運命的な縁。宿縁」の意に転ずれば、「二世《にせ》の縁」の契機たる「男女の交わり」の意の④義を生むことにもなる。

【文例】

①心の限り行く先の**契り**をのみし給ふ。〔訳〕源氏君は明石上に対して、心をこめて将来もそのお心が変わらぬことだけを**約束**なさる）〈源氏・明石〉

②宇治橋のながき**契り**は朽ちせじを〔訳〕あなたとの、宇治橋のように行く末長い**縁**は朽ちてしまうこ

とはあるまいと思うから）〈源氏・浮舟〉
③かく、おぼえなくて、めぐりおはしたるも、さるべき**ちぎり**あるにや、〔訳〕源氏君が、こうして思いがけなく娘のところへおいでになったのも、しかるべき**宿縁**があるからであろう）〈源氏・明石〉
④月に二たびばかりの御**契り**なり。〔訳〕源氏君は明石上と、月に二度くらいの**交わり**をお持ちになっていらっしゃる）〈源氏・松風〉

ぢもく〔名〕（除目）
①大臣を除く京官と地方官とを任命する儀式。
【解説】「除」は「叙」に同じ。「目」は目録の意。したがって、官に叙し目録にしるすの意である。除目には、春に行われる、地方官任命の儀式としての「県召《あがためし》」と、秋に行われる、京官任命の儀式としての「司召《つかさめし》」とがあった。なお、臨時に行われる小規模な除目を、「小除目《こぢもく》」という。
【文例】
①**除目**の頃など、内裏《うち》わたりいとをかし。雪降りいみじうこほりたるに、申文《まをしぶみ》もてありく。〔訳〕**地方官任免の「県召《あがためし》」の儀式**の行われるころなど、宮中の近辺はたいそう興味深いことである。雪が降り、

ひどく凍りついている、そんな中を、任官予定者が、叙任を申請する文書を持ってあちこち回っている。それも興味深い）〈枕3〉

ついたち〔名〕（②朔日・一日）

①月初めのころ。月の初旬。

②月の第一日目。

【解説】　「つきたち（月立・月顕）」（月がその姿を見せることの意）のイ音便。したがって、月初めのころを指す、①が原義であるが、やがて、限定的に月の第一日目を指す、②義をも生じるのである。なお、②の意に用いられる場合、「ついたちの日」の形をとることが多い。

［対］つごもり〔名〕①月末。②月の最終日。↓P243

【文例】

①十二月の**ついたち**五日と定めたる程は、十一月の三十日《みそか》ばかりよりいそぎ給ふ。（［訳］（婿取りの日どりを）十二月の**初旬の**五日と決めたので、十一月三十日ごろからその準備をなさる）〈落窪〉

②さながら八月になりぬ。**朔日**《ついたち》の日、雨降りくらす。しぐれだちたるに、未《ひつじ》の時ばかりにはれて、くつ

くつぼうしいとかしがましきまでなくをきくにも、（［訳］そのままの状態で八月を迎えた。**一日**の日は、雨が降り続いている。しぐれのように激しく降ったが、午後二時ごろにその雨もあがり、つくつくぼうしがたいそうやかましいと思われるほどに鳴くのを聞くにつけても）〈蜻蛉・下〉

ついで〔名〕（次・序）

①事の続き。事の縁。

②順序。次第。

③機会。特に、よいおり。好機。

【解説】「ついで」は、「つぎ（継）」「て（手）」（関係・縁などの意の名詞）の音便形。よって、「事の縁・順序」などの意の、①・②義をその本義とするものである。なお、③義は、「（順にかなった）よいおり」の意である。

［類］③たより②〔名〕機会。好機。↓P231

【文例】

①これは、あはれなることにはあらねど、御嶽《みたけ》の**ついで**なり。（［訳］これは、しみじみと心深いことでとい

うわけではないが、御嶽の話をした**事の縁**でしるすのである）〈枕119〉
②四季はなほ定まれる**ついで**あり。死期《しご》は**ついで**をまたず。〔訳〕四季の移り変わりにはやはりきまった**順序**がある。しかし、人の死期というものは**順序**を待つことがない）〈徒然155〉
③若宮など生ひ出《い》でたまはゞ、さるべき**ついで**もありなむ。〔訳〕若宮などが成長なさったならば、若宮を皇太子の位につけるべき**よいおり**もきっとありましょう）〈源氏・桐壺〉

つかうまつる〔自・他動四〕（仕うまつる）
①お仕え申し上げる。ご奉仕申し上げる。お供をし申し上げる。
②（上位者に対して）お作り申し上げる。して差し上げる。
③（会話文中で、相手に対して、話者及び第三者に関することを述べて）いたします。おります。

【解説】　奈良時代に行われた四段活用の自・他動詞「つかへまつる（仕奉）」の音便で、平安時代を中心に用いられた。やがて多用される「つかまつる（仕）」は、この語の約である。さて、この語の本義は①であり、また、その意味での用例が大多数を占める。②義は、上位者に対する「奉仕」が、「何かを作り、何かをなす」という形で行われる場合である。

【文例】

①山寺にかきこもりて、仏に**仕うまつる**こそ、つれづれもなく、心の濁りも清まる心地《ここち》すれ。〔〔訳〕山寺にこもり、仏に**お仕え申し上げる**と、無常の思いに従う心のむなしさもなく、心の濁りも清められるような気持ちがすることである〕〈徒然17〉

②「月を弓張《ゆみはり》といふは何の心ぞ。其のよし**つかうまつれ**」とおほせたまうければ、〔〔訳〕「月を弓張と言うのはどういう意味であるか。そのことを歌に**詠み申し上げよ**」と、醍醐《だいご》天皇が躬恒《みつね》にお命じになったので〕〈大和132〉

③「こゝには、若き女などや住み給ふ。かゝる事なむある」とて、見すれば、「狐の、**仕うまつる**なり。（下略）」〔〔訳〕「この屋敷には、若い女などが住んでおられるのかね。こういう不思議なことがあるのだが」と言って、（るすの番の男にその女を）見せると、「これは狐が**いたしました**ことですよ。（下略）」〕〈源氏・手習〉

つかうまつる〔補助動四〕（仕うまつる）

①……して差し上げる。お……申し上げる。

【解説】　前項の、四段活用の自・他動詞「つかうまつる（仕）」、とりわけその②義が補助動詞に転じたもので、謙譲の意を添える。

【文例】

①「やがて、御おくり**仕うまつら**ん」と申し給へば、（〔訳〕「このますぐに、わたくしの屋敷に**お**送り**申し上げ**ましょう」と、左大臣が申し上げなさるので）〈源氏・若紫〉

つかさ〔名〕（阜・官・司）

①高所。丘。

②首長。

③役人。官人。

④役所。官庁。

⑤官職。官位。

【解説】　「つかさ」の本義は①であるが、古代、首長は高所に立ち配下の人々に命を下したことから、②義を生じ、「首長」の印象の拡大化に伴って、順次、③義以下を生ずることになった。

【文例】

①小高る　市の**高処**《つかさ》（〔訳〕小高くなっている、市のある**丘**よ）〈古事記歌謡101〉

②吾が児《こ》の宮の**首**《つかさ》は、（〔訳〕わが子大己貴神《おおなむちのかみ》の宮の**首長**は）〈書紀・神代上〉

③百《もも》の**官**《つかさ》を従へたまへりしそのほど、（〔訳〕後鳥羽院が、あらゆる**官人**たちを従えていらっしゃったそのころは）〈増鏡・新島守〉

④**官**《つかさ》にも許し給へり（〔訳〕**おかみ**でも許しておいでです）〈万葉1659〉

⑤除目《ぢもく》に**司**得ぬ人の家。（〔訳〕県召《あがためし》の儀式で**国守の地位**を得られなかった人の家は）〈枕25〉

つかはす〔他動四〕（①使はす・②―⑤遣はす）

①お使いになる。

②使者としてさしむけられる。派遣なさる。

③（使者に持たせて）お与えになる。

④（自身の行為に対して）使者に託して、手紙や贈り物を人に届ける。

⑤（他人が自分に対して）与える。よこす。

【解説】　四段活用の他動詞「つかふ（使）」に尊敬の意の助動詞「す」が付いたもの、主君が従者に命じて事を行わせなさる、の義で、①をその本義とするが、なお、そうした従者の使い方の重要な領域に、従者に自らの命を託して他に赴かせる、すなわち、使者としてさしむけることがあったところから、②義を生じ、やがて、この義は、「つかはす」の中心的用法となるのである。

〔類〕②③やる〔他動四〕②行かせる④身分の低い者に与える。→P370

〔対〕②めす③〔他動四〕呼び寄せなさる。→P353

【文例】

①諾《うべ》しかも　蘇我《そが》の子らを　大君の　**使はす**らしき（〔訳〕そうですから、ほんとうに、そなた蘇我馬子《そがのうまこ》を、大君である私が**お使いになる**に相違ないのです）〈書紀歌謡103〉

②むかしなかまろをもろこしにものならはしに**つかはし**たりけるに、（〔訳〕昔、安倍仲麿《あべのなかまろ》を、唐土に、学問を修得するために、**派遣なさった**、そのときに）〈古今406左注〉

③かならず、冬ごもる、山風防ぎつべき、綿《わた》・絹など、**つかはしゝ**を、おぼし出《い》でゝ、やり給ふ。（〔訳〕毎年必ず、冬ごもりをする阿闍梨《あじゃり》に、山風を防ぐことのできる、綿や絹などを、父八宮が**お与えになっていらっしゃった**のを、姫君たちは思い出されて、今年も贈りなさる）〈源氏・椎本〉

④藤花ををりて人に**つかはし**ける、（〔訳〕藤の花房を手折って人に**届け**た、そのおりの歌）〈古今133題詞〉

⑤人の螢を包みて**遣はし**たりければ、（〔訳〕人が螢を包んで自分に**よこした**ので）〈新古今1493題詞〉

つきづきし〔形シク〕

①似つかわしい。ふさわしい。

【解説】「ぴったりと添う。同化する」などの意の自動詞「つく（付・着・就）」の連用形「つき」を重ね、それに接尾語「し」の付いた形。

〔関〕つきなし〔形ク〕似つかわしくない。

【文例】

①いと寒きに、火などいそぎおこして、炭もてわたるもいと**つきづきし**。（〔訳〕たいそう寒い冬の早朝に、火などを急いでおこして、赤くおこった炭火を、女官が持って局《つぼね》をまわっているのも、冬の早朝にまことに**似つかわしい**光景である）〈枕1〉

つくよ〔名〕（月夜）

①月の出ている夜。月の出ている暮れ方。

②月。月影。月光。

【解説】　平安時代に入ると、複合語「ゆふづくよ（夕月夜）」などを例外として、ほぼ、この語の音転した「つきよ（月夜）」に、代わられるのである。

【文例】

①月夜《つくよ》には門《かど》に出で立ち夕占《ゆふけ》問ひ足卜《あうら》をそせし（［訳］**月の出ている暮れ方**には門口に出て、夕占をし、足卜をしたことであった）〈万葉736〉

②わたつみの豊旗雲《とよはたぐも》に入日見し今夜《こよひ》の**月夜**さやに照りこそ（［訳］大海原の上に長くたなびく横雲に入り日がさすのを見たことよ。今夜の**月**は、さやかに照ってほしいものだ）〈万葉15〉

つごもり〔名〕（晦・晦日）

①月末。

②月の最後の日。

【解説】　「つきごもり（月籠）」（月の光が隠れて見えなくなるの意）の約。したがって、陰暦の月末のその期間を指す、①義を原義とするものであるが、やがて、限定的に月の最後の日を指す、②義を生むに至る。②義の場合、「つごもりの日」の形で用いられることが多い。
〔類〕②みそか〔名〕月の第三十日目。月の最終日。
〔対〕ついたち〔名〕①月はじめ。②月の第一日目。↓P235

【文例】

①かくて**晦日**《つもごり》になりぬれど、人は卯の花のかげにも見えず、をとだになくて、はてぬ。廿八日にぞ、れいのひもろぎのたよりに「なやましきことありて」などありき。〔訳〕こうして月末になったけれども、夫兼家はほととぎすのように卯の花の垣根隠れにも姿を見せず、手紙さえよこさず、そのまま終わってしまった。二十八日に、例の石清水八幡参詣の出さきから手紙があって、「病気でして」など書いてある）〈蜻蛉・下〉

②みな月の**つごもり**の日よめる（〔訳〕六月**三十日**に詠んだ歌）〈古今168題詞〉

つたなし〔形ク〕（拙し）

①（人品などが）天性劣っている。愚かである。

②（学問・芸術などが）未熟である。下手《へた》である。

③運が悪い。恵まれない。
④みすぼらしい。

【解説】 現代では、もっぱら、②義の、学芸・技術などの未熟であることを指す用法に限定されることの語であるが、古文では、①義のように、人格的に未熟であること、③義のごとく、運命に恵まれないこと、の意の用法も多い。注意せよ。

【文例】

①愚かに**つたなき**人も、家に生れ時にあへば、高き位に登り、奢《おごり》を極むるもあり。〔[訳] 愚かで**人品が天性劣っている**人でも、高い家柄に生まれ良い時節に巡り合えば、高い位に上り、おごりをきわめることもある〕〈徒然38〉
②手など**拙から**ず走りがき、声をかしくて拍子《ひやうし》とり、〔[訳] 字など**下手で**はなくすらすらと書き、良い声で音頭《おんど》をとり〕〈徒然1〉
③我も人も宿世の**つたなかり**ければ、〔[訳] この父もおまえも前世からの**宿縁が悪かった**ので〕〈更級〉
④古く**つたなき**衣を着て、〔[訳] 古くて**みすぼらしい**着物を着て〕〈今昔・九〉

つつまし〔形シク〕（慎まし）

①自然心が慎まれる。

②遠慮される。気がひける。恥ずかしい。

【解説】「慎まずにはいられぬ」という心理状態を表す語。①は、自らの内面における緊張感を示す場合。②は、他を意識して、自らの行動を控え目にせねばならぬ、と感ずる場合である。

【文例】

①夢にや見ゆらんと、空おそろしく、**つゝまし**。（［訳］（空蟬は、その秘密を）夫から夢に見られるであろうかと、何となく恐ろしく、自然**心が慎まれる**ことである）〈源氏・帚木〉

②かねてよりさやうに思ひしかど、ついでなきには**つゝましき**と、（［訳］以前からあなたにお会いしたいと思っていたが、良いおりもないので、つい**遠慮されていた**のだが）〈源氏・若菜上〉

つとめて〔名〕（早朝・翌朝）

①早朝。

②翌早朝。

③翌朝。

【解説】「つとめて」は、「宿直《とのい》」（夜間、殿上人が天皇のご寝所の傍らに控えていて、そのご用命にこたえるもの。↓Ｐ260）を勤めてその果てた時刻を指す語である、と考えられる。その勤務の果てる時刻は早朝であることから、①をその原義とするが、その勤務は前夜から引き続いてのものであるところから、また、②の、「翌早朝」の意も生じてくるのである。③は、②の意がやや拡大されたものである。なお、一般には、この語を「つと（夙）」（早いの意）から生じたものとするのであるが、それでは「つとめて」という語の構成の全体を説明したことにはならず、しかも、①義はともかく、②・③義の生ずる理由をも説明することができぬので、従いがたいのである。

【文例】

①冬は**つとめて**。雪の降りたるは、言ふべきにもあらず。〔訳〕冬は**早朝**が趣深い。雪の降り積った早朝が趣深いものであることは、言うまでもない）〈枕1〉

②**つとめて**は、「ものすべきことのあればなむ。いまあすあさってのほどにも」などあるに、〔訳〕一夜明けて**翌早朝**、夫兼家が「しなければならぬ用むきがあるので失礼しましょう。そのうちに、そう、明日か明後日ごろにはまいりましょう」など言うので）〈蜻蛉・中・東京医科歯科大〉

③**つとめて**、おとど、樋殿《ひどの》におはしけるままに、落窪をさしのぞいて見たまへば、なりのいとあしくて、さすがに髪のいとうつくしげにて、かかりてゐたるを、（〔訳〕**翌朝**、父中納言が、手洗いにお立ちになったそのついでに、落窪をそっとのぞいてごらんになると、姫君は、身なりがたいそうきたなくて、それでいて髪はたいそう美しい様子でその肩に掛かっていたので）〈落窪・北大〉

つま〔名〕（①夫・②妻）

①夫。

②妻。

③（男女どちらかに限定せず）つれあい。

【解説】 現代では、②の意味に限られるこの語であるが、古文では、①の意味に用いられることも多いので注意を要する。「つま」は「つま（端）」（主に対し従に位置するもの）の意であり、公私を問わず祭祀が全生活の基盤をなした古代にあっては、祭祀権を専有する女性が主であり、男性は従たらざるを得なかった。この時期、「妻《め》」に対して「夫《つま》」であるわけだ。が、やがて、祭祀の衰退を契機に、「つま」は「妻」に固定するに至る。

【文例】

①吾《あ》はもよ　女《め》にしあれば　汝《な》を除《き》て　男《を》は無し汝を除て　**夫**《つま》は無し〔訳〕わたくしは女ですから、あなた以外に男はいません。あなた以外に**夫**はおりません）〈古事記歌謡5〉

②八雲立つ　出雲八重垣《いづもやへがき》　**妻籠**《つまご》みに　八重垣作るその八重垣を〔訳〕八重の雲が湧き起こる出雲。その出雲の地に幾重にも巡らした垣よ。その中にわたくしの**妻**が籠るために、幾重にも垣を作るよ。ああ、その幾重にも巡らす垣よ）〈古事記歌謡1〉

③鴨すらも己《おの》が**妻**《つま》どち求食《あさり》して後《おく》るるほどに恋ふといふものを〔訳〕鴨でさえも、その**つれあい**と一緒に海辺で食物をさがし求めていて、相手に先に行かれたわずかな間にも、相手を恋しがるものであるというのに…）〈万葉3091〉

つゆ〔副〕

①ほんの少し。

②（下に否定の語を伴い）いささかも。少しも。全く。

【解説】　名詞「つゆ（露）」に含まれる、「わずかなこと。少しばかりであること」の意から生じた副詞である。古文においては、②義の、下に否定の語を伴って、「いささかも。少しも。全く」の意を表す用法が中心である。
〔類〕①わづかに①〔副〕ほんの少し。

【文例】
①水際はただ一尺ばかりだになきに、（中略）**つゆ**あしうもせば沈みやせんと思ふを、（〔訳〕舟べりから水ぎわまではわずかに一尺くらいもないので、（中略）**ほんの少し**舟の操作を誤ったならば、舟は沈んでしまうであろうと思うのであるが）〈枕306〉
②しらぬ人の中にうち臥して、**つゆ**まどろまれず。（〔訳〕知らぬ人の中に交じって寝るが、**全く**うとうとすることもできない）〈更級・広島大〉

つらし〔形ク〕（辛し）
①思いやりがない。薄情である。冷淡である。
②（他人の）仕打ちが耐えがたい。こらえがたい。
③苦しい。

【解説】 自らに対する他人のしうちをこらえがたく思う、の意。その意味において、外界からの刺激を感覚的に骨身にしみるように受けとめる、形容詞「からし（辛）」（↓Ｐ141）には近く、自らのつたなさを反省しつらく感ずる、形容詞「うし（憂）」（↓Ｐ90）とはやや隔たりのある語である。

【文例】

①から衣《ころも》君がこゝろの**つらけれ**ば袂《たもと》はかくぞそぼちつゝのみ（〔訳〕あなたさまのわたくしに対するお心が**冷たい**ので、わたくしの唐衣のたもとはこのようにしじゅう涙でぬれていることでございます）〈源氏・末摘花〉

②いとは**つらく**みゆれど、こゝろざしはせんとす。（〔訳〕たいそう**ひどい仕打ち**と思われるが、それでもお礼はしようと思う）〈土佐〉

③親の命《めい》を背《そむ》かじと、**つらき**道に赴《おもむ》いて、二度《ふたたび》憂き目を見つる事の心うさよ。（〔訳〕母の言いつけにそむくまいと、**行きにくい**所に行って、二度つらい目にあったことの悲しさよ）〈平家・祇王〉

つれづれなり〔形動ナリ〕（徒然なり）

①単調に事が進行し、また時が経過して、心が満たされぬさま。所在なく、倦怠感をおぼえるさま。

【解説】 語幹の「つれづれ」は「連れ連れ」の意であり、心に求めるものがありながらそれが得られず、事態はいつまでも変わることなく長々しく続く、そうした状態を指す語である。したがって、この語は、常に空虚感・倦怠感を宿すものである。

【文例】

①のゝしりみちて下《くだ》りぬるのち、こよなう**つれづれなれ**ど、いといたうとほきほどならずと聞けば、さき〴〵のやうに、心細くなどはおぼえであるに、〔訳〕あたり一帯に大騒ぎをして、夫たちがその任国に下ってしまったあと、**何をしようという気も起こらずにひどくもの憂い**けれども、このたびの夫の任国はそうひどく遠い所ではないと聞いているので、以前父がその任国に下ったおりのように、心細いなどとは感じないでいると）〈更級〉

つれなし〔形ク〕

①（こちらの働きかけに対して）いっこうに応じてくれない。すげない。薄情である。
②（事態に対して）そしらぬふりをしている。平気で気にもとめない。
③（期待や予想にもかかわらず）事態に何の変化もない。何事もない。

【解説】　「つれ（連）」（連れ立って行くもの、同伴者、などの意の名詞）「なし（無）」の意。①義・③

義がその本義と考えられるが、①義は、その「つれ」の内容が人である場合、③義は、「つれ」の内容が事態である場合であって、いずれの場合も、「つれ」であることを期待する相手が、こちらの予想に反して、いささかもその期待にこたえてくれぬさまを表す用法である。

〔類〕①すげなし〔形ク〕薄情である。

【文例】

①秋の田の穂向《ほむき》の寄れる片よりにわれは物思ふ**つれなき**ものを〔訳〕秋の田の稲穂の向きが一方に片寄るように、わたくしはあなたのことばかりをひたすら思っている。あなたはわたくしの心に**少しもこたえてくれない**というのに…）〈万葉 2247〉

②にごりなき心に任せて、**つれなく**過し侍らむも、いと、はゞかりおほく、〔訳〕もしわたくしが、潔白であるという心にまかせて、**そしらぬふりをして**過ごしたとしても、ひどく気のひけることが多いので）〈源氏・須磨〉

③「この月はさりとも」と、みや人も待ち聞え、うちにも、さる御心まうけどもあるに、**つれなくて**経《た》ちぬ。〔訳〕「そうはいっても、この正月にはご誕生になろう」と、藤壺女御の宮にお仕えする人びとも待ち申し上げ、桐壺帝も、さまざまにそうしたお心づもりなどなさるのに、**何事もなく**正月も過ぎてしま

った）〈源氏・紅葉賀〉

て〔名〕（手）

①人体の部分で、肩から指先までの総称。また、腕。手首。てのひら。指。

②手先の働き。特に、文字を書くこと。筆跡。文字。

③手だて。方法。特に、楽器の奏法。舞の型。

④ひとで。それを担当する人。部下。

⑤方向。方面。種類。

⑥手傷。

【解説】①が本義である。②は、手を働かせてすることの意。③は、手だての意。④は、自らの手に代わって働く者の意。⑤は、手で指すものの意。⑥は、手（攻撃）を加えられたことにより受けた傷の意。

〔関〕②をんなで〔名〕ひらがな。

⑥いたで〔名〕重傷。

【文例】

①**手**を折りてあひ見し事をかぞふれば（［訳］**指**を折り、妻と連れ添ってきたその年月を数えてみると）〈伊勢16〉

②**手**のわろき人の、はゞからず文書《ふみ》きちらすは、よし。（［訳］**字**のうまくない人が、遠慮せずに無造作に手紙を書いていくのは、たいそう良いものである）〈徒然16〉

③舞をも**手**を定めて、大事にして稽古すべし。（［訳］舞をも、その**基本の型**を定めて、厳格にけいこをしなければならない）〈花伝・一〉

④供の人**手**を分《あか》ちてもとめさわぎけり。（［訳］供の人々は、**ひとで**を分けて、逃げた男を捜し求めて大騒ぎをしたことであった）〈大和148〉

⑤山の**手**と申すは鵯越《ひよどりごえ》の麓《ふもと》なり。（［訳］その山の**方面**というのは、鵯越の麓である）〈平家・老馬〉

⑥賤しき奴《やっこ》が**手**を負ひてや死なむ。（［訳］卑賤の者の**手傷**を受けて死ぬのだろうか）〈古事記・神武〉

てうず〔他動サ変〕（調ず）

①こしらえる。作る。

②食物を調理する。薬を調合する。

③ならし和らげる。調伏する。

④からかう。愚弄する。
⑤こらしめる。

【解説】 「てうず（調）」は、漢語「調」にサ変動詞の「す」が付いて生じた語である。したがって、その内容は完全に「調」の内容の支配を受けることになる。①義及び②義は、「調」の「あわせととのえる」の義から、③義は、「調」の「ならし和らげる」の義から、そして、④義は、「調」の「からかう」の義から生じたものである。ただ、⑤の「こらしめる」の義は、「調」自体には含まれておらず、「調（てう）」と「懲（ちよう）」との混同によるもの、と思われる。

【文例】

①かれ方になりにける男の許《もと》に装束**調じ**て送れりけるに、（[訳] 疎遠になってしまった男のところに着物を**作っ**て送ったところ）〈後撰735題詞〉
②大きおとゞ、おほせ言《ごと》賜ひて、**調じ**て御膳《おもの》にまゐる。（[訳] 太政大臣に、冷泉帝がご命令を下しなさって、太政大臣は魚と鳥とを**調理し**て、朱雀院と冷泉帝のご食膳に供える）〈源氏・藤裏葉〉
③験者《げんざ》の物のけ**調ず**とて、いみじうしたりがほに（[訳] 修験者が物の怪《け》を**調伏する**といって、たいそう得意顔で）〈枕25〉

④かやうのものをば、構へて**調ず**まじきなり。〔[訳]こうした狐などのたぐいは、けっして**からかって**はならぬことである〕〈宇治52〉

⑤帰る道にて、くらもちの皇子、血の流るるまで**調ぜ**させ給ふ。〔[訳]帰る途中で、車持皇子《くらもちのみこ》は、職人たちを、血の流れるまで打ちたたかせ**こらしめ**させなさる〕〈竹取〉

ところせし〔形ク〕〔所狭し〕

①(その場所が狭く感じられるほど)いっぱいである。満ち満ちている。

②気づまりである。窮屈である。

③儀式ばっている。ものものしくりっぱである。

④おおげさである。

【解説】　「ところせし」とは、字義どおり「場所が狭い」の意であり、①をその本義とする。②義以下は、それが心理面に転じたものである。すなわち、②義は、自ら「所狭し」と感じられる立場や状態に置かれた人の心理であり、③義は、相手の動作・状態に圧倒され「所狭し」と感ずるがわからの、すなおな賛嘆の情の表明であり、④義は、自らの動作・状態のものものしさを反省し、あるいは、自らが圧倒される相手のものものしさに幾分の批判を禁じえない心理面の表明である。

【文例】

①せばき縁《えん》に、**所せき**御装束《みさうぞく》の下襲《したがさね》ひきちらされたり。〔訳〕狭い縁に、**場所いっぱいに**束帯の下襲のすそが広がっている）〈枕104〉

②**所せき**身こそ、わびしけれ。軽らかなる程の殿上人などにて、しばしあらばや。〔訳〕宮という**気づまりな**身の上が、何ともやりきれずつらいことだ。いっそ身分の重々しくない殿上人くらいの境遇で、しばらくいたいものだ）〈源氏・浮舟〉

③いで給ふ気色《けしき》、**所せき**を、〔訳〕（源氏君が束帯姿で小朝拝に）お出かけになるご様子は、供人も多く満ち満ちて、**ものものしくりっぱである**ので）〈源氏・紅葉賀〉

④とぶらふべきを、わざと物せむも**所せし**。〔訳〕（もしも末摘花が現在もここにわびしく暮らしているならば、当然たずねなければならないが、とはいえ）わざわざたずねるというのも**おおげさである**）〈源氏・蓬生〉

とし〔形ク〕（利し・鋭し・敏し・疾し）

①よく切れる。鋭利である。

②手きびしい。激しい。
③感覚や神経が鋭く働く。理解力・判断力が鋭い。
④動作や進行が速い。速度が速い。
⑤時期が早い。

【解説】「鋭利」の意を有する語根「と」に、状態を表し形容詞を形成する接尾語「し」が付いた語。したがって、刀剣の切れ味の鋭さを表す①義をその本義とするが、一方、その①義の印象が感覚や神経の鋭敏さ及び動作や進行の敏速さという形で連想されるところから、③・④義が生じることになる。

〔類〕③さとし〔形ク〕利発である。

〔関〕①とぐ①〔他動四〕砥石《といし》ですって鋭くする。

【文例】

①剣刀諸刃《つるぎたちもろは》の**利き**《と》に足踏《ふ》みて死なば死ぬとも君に依りなむ（〔訳〕つるぎの、両刃の**切れ味鋭い**のに、足を踏みつけて死ぬように、たとい死ぬなら死んでもよい。それでもわたくしはあなたに寄り添います）〈万葉2498〉

②ぬばたまの夜《よる》さり来《く》れば巻向《まきむく》の川音《かはと》高しも嵐かも**疾き**《と》（〔訳〕夜が訪れると、巻向川の川音が高いこと

よ。嵐が**激しい**のであろうか）〈万葉1101〉
③大蔵卿ばかり耳**とき**人はなし。（〔訳〕大蔵卿くらい耳の**鋭敏な**人はいない）〈枕275〉
④「ふね**とく**こげ。ひのよきに」ともよほせば、（〔訳〕「舟を**速く**こぎ進めよ。天気も良いことであるから」と促すと）〈土佐〉
⑤ひとへなるが**疾《と》く**咲きたるも、かさなりたる紅梅の匂ひめでたきも、みなをかし。（〔訳〕一重《ひとえ》の梅が早く咲いているのも、八重《やえ》の紅梅が色つやも美しく咲いているのも、皆趣深い）〈徒然139〉

とのゐ〔名〕（宿直・侍宿）
①夜間、天皇や宮などの守護奉仕のため、殿上人などが、そのご寝所のかたわらに控えていること。
②貴人の夜のつれづれを慰めるため、その話し相手となること。また、后妃が、天皇のご寝所において、ご奉仕すること。
③天皇が、皇妃の局《つぼね》にお泊まりになること。
【解説】「との（殿）」「ゐ（居）」の義で、①義をその本義とする。律令制では、内舎人《うどねり》を中心にその役に当たり、平安時代には、大臣・納言・蔵人頭・近衛大将などの高官もそのことに当たった。②義は、その守護奉仕の意識がゆるみ、奉仕の意識のみが強く感じられた結果、天皇に対する皇妃の特定の奉仕

のあり方を指す用法として定着したものである。

【文例】

①よそに見し檀《まゆみ》の岡も君ませば常《とこ》つ御門《みかど》と**侍宿**《とのゐ》するかも（［訳］これまでは縁もない所と思っていたこの檀の岡も、今では日並皇子尊《ひなみしのみこのみこと》が永遠の眠りについていらっしゃる所であるから、永久に変わることのない御所として皇子尊の**おそばに奉仕すること**よ）〈万葉174〉

②宮は、やがて御**宿直**《とのゐ》なりけり。（［訳］藤壺女御《ふじつぼのにょうご》は、その夜はそのまま、**桐壺帝のもとにお泊まりになる**）〈源氏・紅葉賀〉

③程経るまゝに、せん方なう悲しうおぼさるゝに、御方〳〵の御**宿直**なども、たえてしたまはず、ただ涙にひぢて、明かし暮らさせ給へば、（［訳］時が経過するにつけても、桐壺帝は、桐壺更衣の死をどう押さえようもなく悲しくお思いにならずにはいられないので、今は**きさき方の局にお泊まりになること**も全くなさらずに、ただもう涙にぬれて、日夜暮らしておられるので）〈源氏・桐壺〉

とぶらふ〔他動四〕（①―③訪ふ・④・⑥弔ふ）

①慰問する。見舞う。また、見舞いの手紙を贈る。

②贈り物を贈る。
③訪問する。
④死をいたみ、遺族に対し弔問する。
⑤死者の冥福を祈る。

【解説】　「とぶらふ（訪・弔）」とは、心をこめて相手を見舞い慰める、の意。したがって、①義及び④義をその本義とする。その「とぶら」われる対象が、①義の場合は、病気にかかりまた災害に見舞われた人などであり、④義の場合は、死者の遺族である、という点に差違が存するだけであるからである。さて、②義及び③義は、見舞い慰めるために贈り物を贈り、また訪問したことが、しだいに印象から薄れ、単に、贈り物を贈り、訪問する、の意に転じたものである。また、④義の、遺族に対し弔問する、という用法は、遺族と共に死者の追善の仏事を営むという習俗を媒介として、やがて、死者の冥福を祈る、という⑤義に転じてゆく。①—③義は、原則的に「訪」字、対して、④・⑤義は、原則的に「弔」字をもってこれに当てる。

【文例】
①国の司まうで**とぶらふ**にも、え起き上り給はで、〔訳〕大伴の大納言は、播磨国の地方官が**お見舞いに**

参上しても、起き上がることもおできにならないで）〈竹取〉

②何くれの御調度など、いかめしう珍しきさまにて、**とぶらひ**聞え給へど、（〔訳〕源氏君は、六条御息所に、あれこれのお道具類などを、格別りっぱに目新しい趣向をこらして、**お贈り**申し上げなさるが）〈源氏・賢木〉

③女の憚る事ある比《ころ》にて、つれ〴〵と籠り居たるを、或人、**とぶらひ**給はんとて、（〔訳〕女が物忌みで宮仕えを遠慮している時分で、所在なくこもっているのを、ある方が、**お訪ねになろ**うとして）〈徒然104〉

④かの御法事などしたまふにも、いかめしう、**とぶらひ**聞え給へり。（〔訳〕尼君のご法事などを僧都が催されるときにも、源氏君は、供物をたくさん贈り、**弔問**申し上げなさる）〈源氏・紅葉賀〉

⑤軈《やが》て後世《ごせ》の御伴《おんとも》仕るべう候へども、（中略）後世**とぶらひ**まゐらすべき人も候はず。（〔訳〕今すぐに（ここで自害して）あの世へのお供をいたすべきでございますが、（中略）この世には僧都様の後世《ごせ》の**ご冥福をお祈り申し上げる**べき人もございません）〈平家・有王〉

とみに〔副〕（頓に）

①（多く、下に否定の語を伴って）急に（は）。にわかに（は）。

②（否定の意を含む語を修飾して）ばったり。とんと。

【解説】　「急。にわか」の意を有する漢語「頓」より生じた副詞。「とにに」の音転。
〔関〕①とんじき②〔名〕す早く食べられる握り飯。

【文例】

①「その人〳〵には、**とみに**知らせじ。有様にぞ、従はむ」と、思せど、（〔訳〕「浮舟の母たちには、（浮舟の存命を）**急に**は知らすまい。適当なその時の情況に、いかにも従おう」と、薫君はお思いになるが）〈源氏・手習〉

②**とみに**はるけき　わたりにて　しらくもばかりありしかば（〔訳〕**とんと**あなたのおいでが遠ざかり、白雲ばかり空に漂うそのように、あなたはそしらぬふりばかりしておられるので）〈蜻蛉・上〉

なかなか〔副〕

①中途はんぱに。なまじ。

②かえって。

③（下に否定の語を伴って）とうてい。とても。

④たいへん。まことに。全く。

【解説】「中途」の意を表す名詞「なか（中）」を重ねた副詞。したがって、「両端のどちらとも定めがたく、中途はんぱである」ことを表す、①義をその本義とする。そこから、「そうした中途はんぱな状態であるくらいなら、一方に徹する方がましである」の気持ちで、「かえって。むしろ」という、②義を生ずることにもなる。なお、鎌倉時代以降、否定表現とともに用いられて、③の「とうてい。とても」、肯定表現とともに用いられて、④の「たいへん。まことに。全く」、といった、物事の程度を表す用法を生み、現代では、むしろ、この用法が中心となっている。

【文例】

①**なか〳〵**ほのかにて、かく、いそぎ渡り給ふを、いと、飽かず口惜しくぞ、おぼされける。〔訳〕**なまじ**わずかに顔を見せただけで、こうして、玉鬘《たまかずら》が急いで帰られるので、たいそうもの足りず残念である、と源氏院は思われた）〈源氏・若菜上〉

②すべて、人に一《いち》に思はれずは、なににかはせん。ただいみじう、**なかなか**にくまれ、あしうせられてあらん。〔訳〕およそ、人に第一に愛されないのなら、何のかいがあるでしょう。それくらいなら、ただもう、**かえって**憎まれたり冷遇されたりする方がましです）〈枕101〉

③あれほどの不覚仁《ふかくじん》あれば、**なか〳〵**軍《いくさ》もせられず。〔訳〕あれほどの憶病者であるから、信頼《のぶより》は**とう**

ていいくさなどをすることはできない）〈平治・待賢門の軍の事〉

④山なども**なかなか**高く、海もことのほか深し。〔訳〕山なども**まことに**高くそびえており、海も格別に深い）〈仮・仕方咄・三〉

ながむ〔他動下二〕

①ぼんやりと物思いに沈む。

②遠方に目を向ける。見渡す。

【解説】　「ながめいみ（長雨忌）」の下略形である名詞「ながめ」から生じた動詞。田の神を迎えて、春の長雨（梅雨）時に行われる「田植え」の神事。それに先立って、この神事に参加する「早乙女《さをとめ》」たちは、女だけの物忌みの生活をする。男女隔てられて過ごすこの期間、主として性的不満足感に起因する倦怠感が人々を支配する。①義は、その状態から生じた。なお、そうした、物思いに沈む人の目の印象が、無限のかなたに目を向ける人のそれと似通っているところから、「遠方に目を向ける」意の、②義を生むことになる。

【文例】

①この女、いとよう仮粧《けさう》じて、うちながめて「風吹けば沖つ白浪たつた山夜半《よは》にや君がひとりこゆらん」とよみけるをきゝて、〔訳〕この妻は、自らの心の悲しみを隠そうとするかのごとく、ふだんより念入りに化粧をして、しかし、**ぼんやりと物思いに沈ん**で、「風が吹くと沖の白浪が立つ。そのたつではないが、竜田の山を、夜ふけてあなたはただ一人で心細い思いをしながら越えてゆかれることでしょうか。お気の毒に…」と詠じた、それを夫は聞いて）〈伊勢23〉

②なごの海の霞のまより**眺むれ**ば入り日をあらふ沖つ白浪（〔訳〕奈古の海に立ちこめている霞の、その切れ間を通して**見渡す**と、おりから赤々と燃えて海に沈もうとしている夕日、それを洗うように立つ沖の白浪よ）〈新古今35〉

ながむ〔他動下二〕（詠む）

①詩歌などを、声を長く引いて吟ずる。朗詠する。

②詩歌などを作って、口ずさむ。

【解説】　「長《なが》む」の意であろう、と思われる。したがって、「詩歌などを、声を長く引いて吟ずる・朗詠する」の意の①を本義とするが、時には、「鹿などが、声を長く引いて鳴く」、などの用例も見える。また、古来、詩歌はこれを作ればまず詠ずるものであったところから、②義の「詩歌などを作って、口ずさむ」の義も生ずるのである。

〔類〕①うそぶく③〔他動四〕詩歌などを、声を長く引いて吟ずる。

①ずんず〔他動サ変〕詩歌などをうたう。

②よむ③〔他動四〕詩歌などを作り、詠ずる。

【文例】

①次なる人、優なる声にて、「螢火《けいくわ》乱れ飛びて」と口ずさびけり。また次なる人、「夕殿《せきでん》に螢飛びて」とうち**ながむ**。〔訳〕次に来た女房が、上品な声で、「螢火乱れ飛びて」と、元稹《げんしん》の詩の一句を口ずさんだ。またその次の女房が、「夕殿に螢飛びて」と、長恨歌の中の一句を朗詠する）〈十訓・一15・熊本大〉

②源氏の中将、須磨の浦にしづめりけるころ、八月十五夜の月に心を澄まして、（中略）「見るほどぞしばしなぐさむめぐりあはん月の都ははるかなれども」と**ながめ**て、〔訳〕源氏の中将光君が、須磨の浦に流離の生活をしていたころ、八月十五夜の名月に心を洗われる思いで、（中略）「月を見ている間は、しばしこの悲しみは慰められる。わたくしの恋い慕う人に巡り逢うかもしれぬその都は、あの空の月のようにはるかに遠いけれども」という一首を**作り口ずさんで**）〈十訓・六14〉

なげく〔自動四〕（嘆く・歎く）

①ため息をつく。嘆息する。

②悲しみや憤りを、その態度や言葉に表す。

③切望する。嘆願する。祈願する。

【解説】 動詞とそれに対応する名詞の関係をうかがうとき、その多くは、動詞の連用形が名詞に転じたものである。が、まれには、「ひとりごと（独言）」と「ひとりごつ（独）」、「さうぞく（装束）」と「さうぞ・く（装束）」（装束をつける。飾りつけ、用意をする）のごとく、名詞を活用させて動詞としたものもある。この「なげく（嘆）」もそうした例の一つであって、「なげき（長息→嘆）」（感に堪えず長い息をつくこと）から生じた動詞である。そう考えれば、この語の本義は①義であり、現代の中心的用法でもある②・③義は、むしろ派生的な語義であったことが理解されよう。

【文例】

①君が行く海辺の宿に霧立たば吾《あ》が立ち**嘆く**息と知りませ（〔訳〕あなたがお出かけになる海辺の宿に、もし霧が立ったなら、それは、あなたを思って**ため息をついている**、わたくしの息とお思いください）〈万葉3580〉

②**歎け**とて月やは物を思はするかこちがほなるわが泪《なみだ》かな〔[訳]**嘆き悲しめ**といって月はわたくしに物思いをさせるのか、いやそうではない。わたくしのこの物思いはつれない人のためなのだ。それなのに、月をながめていると、月に罪を負わせ顔に、あふれ落ちるわが涙よ〕〈千載926〉

③世中《よのなか》にさらぬ別れのなくもがなちよもと**なげく**人のこのため〔[訳]この世の中にまぬがれえぬ別れ、すなわち死別というものが無ければいいのに。自分の親に千年も生きてほしいと**祈っている**、人の子であるわたくしのために〕〈古今901〉

なごり〔名〕（余波・名残）

①潮の引いたあと、海浜に残された水や海藻など。

②風の静まったあと、なお立つ波。余波。また、余震。

③物事が過ぎ去ったあと、また、人と別れたあと、なお心に残る面影や気分。

④故人をしのぶよすが。形見。

⑤子孫。末裔《まつえい》。

【解説】　「な（波）」（現代では「なみ」の語に固定してしまったが、「波」を、古代では、「な」とも称したものである）「のこり（残）」の約。ゆえに、①がその本義であるが、その「本体が過ぎ去ったあと、なお残されたその影響・痕跡」といった印象は、②以下の各義を導くことになる。

［類］④かたみ①［名］死んだ人の遺品。↓P133

⑤すゑ⑧［名］子孫。

⑤のち⑤［名］子孫。↓P293

【文例】

①難波潟《なにはがた》潮干の**余波**《なごり》委曲《よく》見てむ家なる妹《いも》が待ち問はむ為（［訳］難波の海の、**潮が干《ひ》たあと浜に打ち上げられている海藻などの様子**をよく見ておこう。家にいるわたくしの妻が、わたくしの帰るのを待って尋ねるであろうから）〈万葉976〉

②かく、おびたゝしくふる事は、しばしにて止《や》みにしかども、その**余波**《なごり》、しばしは絶えず。（［訳］このように、激しい地震は、しばらくでおさまったが、その**余震**は、しばらくは続いた）〈方丈〉

③をかしかりつる、人の**なごり**恋しく、（［訳］かわいらしかった、あの若紫の**面影**はいつまでも懐かしく心から消えることなく）〈源氏・若紫〉

④昔の御**なごり**におぼしなずらへて、気遠《けどほ》からで、もてなさせ給はゞなん、（［訳］わたくしをあなたの亡き母君を**しのぶよすが**になずらえなさって、親身《しんみ》の者としてお扱いくださるなら）〈源氏・澪標〉

⑤さてかの維時が**なごり**は、ひたすらに民となりて、〔訳〕さて、その維時の**末裔**は、すっかり名も無い民となって）〈増鏡・新島守〉

なさけ〔名〕（情）

①思いやり。
②風流心。
③趣。風情《ふぜい》。
④男女の情愛。恋愛。恋情。

【解説】　「人情の奥底を汲《く》みとる心。美を解する心」の義であり、それゆえ、①「思いやり」・②「風流心」の二義がその中心となるが、①義よりは、互いに相手の心の奥底を汲みとろうとするその心の働きの最も切実な現れとしての、④「男女の情愛・恋情」の義も生じ、また、②義よりは、その心の働きによって捕らえられた美的な状態としての、③「趣。風情」の義も生ずるのである。

【文例】

①人がらのあはれに、**情**ありし御心を、〔訳〕亡き桐壺更衣の人柄がしみじみとして、**思いやり**が深かっ

たそのお心を）〈源氏・桐壺〉

②**なさけ**ある人にて、瓶《かめ》に花をさせり。〔訳〕主人は**風流心**のある人で、かめには花がさしてある）〈伊勢101・玉川大〉

③これに置きて、参らせよ。枝も**なさけ**なげなめる花を。（〔訳〕夕顔の花はこの扇に乗せて差し上げてください。茎《くき》も枝も**風情**がなさそうに見える花でございますから…）〈源氏・夕顔〉

④男女《をとこをんな》の**情**も、ひとへに逢ひ見るをばいふものかは。〔訳〕男と女との**恋愛**においても、ただ二人が関係を結ぶことだけを恋と言うのであろうか。いやそうではない）〈徒然137〉

なつかし〔形シク〕（懐し）

①心がひかれて離れがたい。魅力的である。

②情愛がこまやかである。

③昔のことが思い出されて慕わしい。

【解説】 現代では、もっぱら③義の「昔のことが思い出されて慕わしい」の意に限定的に用いられることの語ではあるが、本来、四段活用の自動詞「なつく（懐）」から生じた形容詞であり、その動詞「なつく」は、「なれ（馴・慣）」「つく（付・着）」の約として、「離れがたく親しんで、まつわりつく」の意であるところから、この形容詞「なつかし」も、①の「心がひかれて離れがたい」を本義とし、②・③両義は、そこから派生した語義である、と考えられるのである。

〔関〕①③なつかしむ〔他動四〕①親しむ。②昔のことを慕わしく思う。

【文例】

①よろしき男《をとこ》を下衆《げす》女などのほめて、「いみじうなつかしうおはします」などいへば、やがて思ひおとされぬべし。（〔訳〕相当な男性のことを召使の女などがほめて、「たいそう**魅力的な**方でいらっしゃいます」などと言うと、さっそく、当の男性に対して軽べつの念がわくというものだ）〈枕311〉

②の給ひ契りしことなど、いと、こまやかに、**なつかしう**言ひて、（〔訳〕かつて、八宮《はちのみや》が姫君たちの将来のことを自分に遺言し約束なさったことなどを、薫君《かおるのきみ》は大君《おおいきみ》に対して、たいそうねんごろに、**情愛こまやかに**お話しして）〈源氏・椎本〉

③昔忘れぬ心とて、さも**懐しく**思ひ出の、時も来にけり静の舞（〔訳〕昔に執心を残しているせいであろうか、（舞の装束を身に着けると）ひとしお昔のことが**慕わしく思い出される**のであるが、今もまた、静の舞う時が来たことだ）〈謡・二人静〉

なのめなり〔形動ナリ〕（斜なり）

①いいかげんであること。おろそかであること。

②並ひととおりであること。平凡であること。

③（「なのめならず」の意で）ひととおりでないこと。

【解説】 形容動詞「ななめなり（斜）」の音転。「ななめなり」は漢文訓読体に、対して、「なのめなり」は平安時代女性の仮名文学に用いられた。さて、古来、日本民族は、「直」を好み「曲」をきらったが、同様な考えから、「水平・垂直」を尊重し「斜め」を低く見た。ゆえに、その「なのめ（斜め）」を語幹に持つ、「なのめなり」は、①・②両義をその本義とする。なお、③義は特殊な用法であるが、注意を要する。

〔類〕おぼろけなり〔形動ナリ〕①並ひととおりであること。②並ひととおりでないこと。

【文例】

①文ことばなめき人こそいとにくけれ。世を**なのめに**書き流したることばのにくきこそ。〔訳〕手紙の用語が無作法である人はたいそういやなものである。世間を**いいかげんに見て**書きなぐった文句が憎いのである）〈枕262・東洋大〉

②この人の御さま、**なのめに**、うち紛れたる程ならば、かく見馴れぬる年頃のしるしに、うちゆるぶ心も、ありぬべきを。〔［訳］この薫君のお人柄が、**平凡であり**、何かに紛れて目にも立たないくらいであったとしたら、わたくしとしても、こうして長年なれ親しんでしまったことからしても、薫君になびく気持ちも、きっとあるに違いないけれど…〕〈源氏・総角〉

③あるじ、**なのめに**喜びて、またなき者と思ひける。〔［訳］主人は、**並ひととおりでなく**喜んで、この者を、またと無いたいせつな者である、と思ったことであった〕〈伽・文正草子〉

なほ〔副〕（尚・猶）

①相変わらず。まだ。もとのとおり。

②やはり何と言っても。

③いっそう。更に。もっと。

【解説】　「なほ（尚・猶）」は、以前の状態や心情あるいは意志などが変化することなく時間的に継続するさまを表す語である。したがって、「相変わらず。まだ。もとのとおり」という、①をその本義とする。②の「やはり何と言っても」は、一つの判断や意志を、それと対立する判断や意志と合わせ比較することにより、強く確認する気持ちを表す用法である。また、③義「いっそう。更に。もっと」は、以前の状態に比べ、あるいは他のものと比較して、程度が進んださまを表す用法であるが、古文においては、もっぱら、①・②義を中心に使用されるのである。

【文例】

①亡き人のくる夜とて玉《たま》まつるわざは、この比《ごろ》都にはなきを、東《あづま》のかたには、**なほ**する事にてありしこそ、あはれなりしか。〔訳〕大みそかの夜は、亡くなった人の魂が訪れて来る夜であるというので、死者の魂をまつる行事は、近年京では行われていないのであるが、関東では、**相変わらず**行われているのを見たのは、感慨深いことであった）〈徒然19〉

②花橘《はなたちばな》は名にこそおへれ、**なほ**、梅の匂にぞ、いにしへの事も立ちかへり恋しう思ひいでらるる。〔訳〕橘の花は（いにしえを思い出させるよすがとして）名高いものであるが、**やはり何と言っても**、梅の匂いをかぐときに、いにしえのことも、その当時に立ちもどって、恋しく思い出されるものである）〈徒然19〉

③霍公鳥《ほととぎす》**なほ**も鳴かなむ〔訳〕ほととぎすよ、**もっと**鳴いておくれ）〈万葉4437〉

なほざりなり〔形動ナリ〕（等閑なり）

①いいかげんであること。本気でないこと。

②適度であること。ほどほどであること。

【解説】 特別な関心を払うことなく、事をなしまた時を過ごすさまを表す語。それゆえ、この語は、「いいかげんであること。本気でないこと」という①義を中心に用いられるのであるが、過度の真剣さはかえって全体の調和をそこなう場合が多いところから、逆に、この何げなく事を行うことが、「適度であること」と考えられ、②義のごとき用法を生むことにもなる。

【文例】
①ゆくての御事は、**なほざりに**も、思ひなされしを、〔訳〕先日お越しのおりに若紫をお望みになったのは、**本気でおっしゃったのではあるまい**と、存じないではいられませんでしたが）〈源氏・若紫〉
②よき人は、ひとへに好けるさまにも見えず、興ずるさまも等閑《なほざり》なり。〔訳〕身分高く教養もある人は、いちずに対象に心を奪われる様子も無く、おもしろがる様子も**適度であっさりとしている**）〈徒然137〉

なほびと〔名〕（直人）
①平凡な家柄の人。

【解説】 類義語「ただびと（只人・徒人・直人）」（↓P219）と混同せぬよう、注意せよ。

【文例】

①父は**なほびと**にて、母なん藤原なりける。さてなんあてなる人にと思ひける。〔訳〕女の父親は**平凡な家柄の人**だったが、母親は藤原氏の出であった。それでまあ、母親は娘を身分の高貴な人にめあわせたいと思っていたのであった）〈伊勢10〉

なまめかし〔形シク〕（生めかし・艶めかし）

①ういういしい。みずみずしい。若々しい。

②奥ゆかしく、しみじみとした趣がある。はでなく、しっとりと美しい。優雅である。

③あだっぽい。色っぽい。つやっぽく美しい。

【解説】　動詞「なまめく（生・艶）」の形容詞化した語。「なま（生）」が「未熟・不十分」の状態を指す語であるところから、一方においては、「完全ならざるがゆえの新鮮さ」の印象に従う①義を生み、他方においては、「表面的には、色・形あるいは様子・人柄などの良さ・美しさの表れ方が不十分と見えながら、実は、内面において十分に心用意があり成熟している状態」を表す②義を生むのである。③義は、平安後期以降、漢文訓読体系の文章を中心に用いられたもので、古文では、この語の中心は①・②両義に置かれている。

【文例】

①御額髪《ひたひがみ》の、やう〳〵濡れゆく御そばめ、あてに**なまめかし**。〔訳〕そのお額髪が、涙のためだんだんとぬれてゆく、（御年十三の）明石女御《あかしのにようご》の御横顔は、上品でしかも**ういういしい**）〈源氏・若菜上〉

②箏《しやう》の琴、つかうまつり給ふ。昨日の事よりも、**なまめかしう**おもしろし。〔訳〕源氏君は、今日は箏の琴を演奏なさる。昨日の花の宴のおりの管弦の遊びに比べ、今日の後宴《ごえん》のそれは、いっそう**優美に奥ゆかしくて**感興がある）〈源氏・花宴〉

③艶《えもいは》ず装《しやう》ぞきたる女会《あひ》たり。濃き打たる上着《うはぎ》に、紅梅・萌黄《もえぎ》など重ね着て、**生《なま》めかしく**歩《あゆ》びたり。〔訳〕舎人《とねり》たちは、とても口では言い表せぬほどみごとに着飾った女がやって来るのに出会った。その女は、濃い紫色の、きぬたで打ってつやを出した上着を着、その下には紅梅・萌黄などの袿《うちぎ》を重ね着て、**色っぽい様子で**歩いていた）〈今昔・二十八〉

なむ〔自動四〕（並む）

①（横に）一列に並ぶ。

【解説】横一列に、でこぼこなく並ぶこと。類義の四段活用の自動詞「つらなる（連）」は、縦一線に並ぶことを表す。

［関］なむ〔他動下二〕（横に）一列に並べる。

なみ〔名〕①並んだもの。②同類。③普通。

【文例】

①御船出でなば　浜も狭《せ》に　後れ**並《な》み**居て　反側《こいまろ》び　恋ひかも居らむ　足摩《あしずり》し　哭《ね》のみや泣かむ（［訳］あなたのお乗りになったみ船が出港したなら、とり残された者たちは、浜いっぱいに**並んで**、地に身を投げてあなたを恋い慕い、足ずりをして泣くことでしょう）〈万葉1780〉

なめげなり〔形動ナリ〕（無礼げなり）

①無礼であること。無作法であること。

【解説】「あなどる。甘く見る」の意を持つ、下二段活用の他動詞「なむ（嘗・舐）」より生じた形容動詞。すなわち、相手をあなどり、無礼な態度をとるさまを表す語である。

［類］こちなし②〔形ク〕無礼である。↓Ｐ171

〔関〕なめし〔形ク〕無作法である。無礼である。

【文例】

①心得ず思《おぼ》しめされつらめど、心強くうけたまはらずなりにし事、**なめげなる**物に思しめし止められぬるなん、心にとゞまり侍りぬる。〔訳〕それにつけても、天皇様には、納得のゆかぬこととおぼしめしたことでしょうが、私といたしましては、かたくなに仰せをお受けいたさずに終わりましたことで、天皇様が、私を、**無礼な**者としていつまでもお心におとどめになりましょうことが、心残りでございます）〈竹取〉

なやむ〔自動四〕（悩む）

①物事を進行させるのに苦労する。難渋する。

②病気にかかる。

③心をいためる。心痛する。

【解説】　現代では、もっぱら、③の意に用いられるが、「なや」は、「手足の力が抜けて正常に働かなくなる」の意の、動詞「なゆ（萎）」と同根であるところより、①・②をその本義とする。なお、①は、進行を表す動詞と複合して用いられることが多く、古文の用法の中心は、②義である。

【文例】

①わたつみの　恐《かしこ》き路を　安けくも　無く**悩み**来て（〔訳〕恐ろしい海路を、不安な思いで、**苦労して**やって来て）〈万葉3694〉

②わらはやみに、久しう**悩み**給ひて、（〔訳〕朧月夜尚侍《おぼろづきよのないし》は、おこりで長らく**病臥《びょうが》**なさって）〈源氏・賢木〉

③世の中を、いたう、おぼし**悩める**気色にて、（〔訳〕藤壺女御《ふじつぼのにょうご》は、世の中をはかないものと、ひどく**心をいためておられる**ご様子で）〈源氏・賢木〉

ならふ〔自動四〕（慣らふ・馴らふ）

①習慣になる。慣れる。

②親しくなる。なじみになる。

【解説】　「ならふ」は、四段活用（のちに下二段活用に転ずる）の自動詞「なる（慣・馴）」の未然形「なら」に、継続の意の助動詞「ふ」の付いたもので、「物事に繰り返し接することにより、それが平常と考えられるようになる」の意を表す語である。

〔関〕ならひ〔名〕①習慣。②風習。習俗。③通例。④練習。

【文例】

①あからさまにきたる子ども・わらはべを、見入れらうたがりて、をかしきものとらせなどするに、**ならひ**て常にきつつ、ゐ入りて調度うちちらしぬる、いとにくし。（〔訳〕ちょっと訪れた子供や童を、目をかけてかわいがり、おもしろい物などを与えたりすると、**なれっこになって**いつもやって来ては、座りこんで手まわりの道具などを散らしてしまう。それはひどく憎らしい）〈枕28〉

②こゝには、かく久しく遊びきこえて、**ならひ**たてまつれり。（〔訳〕この地上の世界では、このように長い間楽しく過ごさせていただいて、すっかり**なじみ**申し上げました）〈竹取〉

ならふ〔他動四〕（習ふ）

①経験する。

②見ならって、繰り返し練習する。学ぶ。

【解説】　前項の自動詞「ならふ（慣・馴）」より生じた他動詞。「慣れ親しむ」の意から「経験する。学ぶ」の意を生じる、その経緯は、「関心や興味の対象となるものをそのままねる」意の他動詞「まねぶ

（真似・学）」（↓Ｐ324）より他動詞「まなぶ（学）」を生ずる、その経緯に相等しい。

【文例】

①まだ、かやうなる事も、**ならは**ざりつるを、〔訳〕わたくしは、いまだに、こうして女を連れ出すなどということも、**経験して**いないことであったが）〈源氏・夕顔〉

②今は我娘、もの**習ひ**つべきほどになりにたり。わが身を捨て**習ひし**琴、この娘に**習は**さむ。〔訳〕今では、わたくしの娘も技芸を**習得する**のにちょうど良い年ごろになった。このうえは、わたくしが命をかけて**習った**琴の奏法を、この娘に**学ば**せよう）〈宇津保・俊蔭〉

にくし〔形ク〕（憎し）

①憎い。

②いやだ。うとましい。気にくわない。

③醜い。

④風変わりである。妙である。

⑤（しゃくにさわるほど）優れている。あっぱれだ。感心だ。

【解説】　現代では、①義「憎い」の意にほぼ限定的に用いられるこの語であるが、古文では、②義「いやだ。気にくわない」の意を中心に用いられる。なお、類義の語に「憎い。いまいましい」などの意を有する形容詞「ねたし（妬）」があるが、それは、自らを優越する相手を意識して耐えがたく思う心情に発するものであり、この「にくし」が、むしろ、優越的な立場から相手を批判する内容を有している点で、大きな相違を見せるものである。

【文例】

①われこそは**憎く**もあらめわが屋前《やど》の花橘を見には来じとや（〔訳〕わたくしのことはまあ、**憎い**とお思いでしょうが、わたくしの家の庭先の橘の花くらい見においでになってもよいでしょうに。おいでにはならないおつもりなのですか）〈万葉1990〉

②蠅こそ**にくき**物のうちに入れつべく、愛敬《あいぎやう》なき物はあれ。（〔訳〕はえはまあ**気にくわぬ**ものの中に入れたいほどで、かわいげのないものだ）〈枕43〉

③年老《おい》、かたちも**にくく**、（〔訳〕左大臣は、年をとり、容貌《ようぼう》も**醜く**）〈宇津保・あて宮〉

④賀茂《かも》の奥に、なにさきとかや、たなばたの渡る橋にはあらで、**にくき**名ぞきこえし、（〔訳〕賀茂の奥に、「某崎」とかいって、七夕の二星が渡る「かささぎ」の橋ではなくて、**一風変わった**地名があった）

〈枕99〉

⑤**にくい**剛の者哉。（〔訳〕**しゃくにさわるほどあっぱれな**勇者であるよ）〈保元・白河殿攻め落す事〉

にほふ〔自動四〕（匂ふ・薫ふ）

①（花や少女の顔などが）赤く美しく映《は》える。

②（木・草また赤土などの）色に染まる。

③美しさがあふれる。

④よい香りがする。

【解説】 現代では、④義に限定的に用いられるこの語ではあるが、本来、この語の基底には、「に（丹）」（赤土の色、転じて赤色の義）「ほ（秀）」（ぬきんでて人の目に立つものの義）の意識が存するものと考えられており、したがって、古文では、①義の「（花や少女の顔などが）赤く美しく映える」、②義の「（木・草また赤土などの）色に染まる」の両義を本義とし、また、中心的用法とするのである。

〔類〕②しむ②〔自動四〕色がしみつく。

④かをる②〔自動四〕においが漂う。

【文例】

①春の苑《その》紅《くれなゐ》**にほふ**桃の花下照る道に出で立つ少女《をとめ》（［訳］春の園は**紅に美しく輝いている。**桃の花が赤く映《は》える道にいで立つ少女の姿よ）〈万葉4139〉

②わが背子《せこ》が白栲衣《しろたへごろも》行き触れば**にほひ**ぬべくももみつ山かも（［訳］わたくしの夫の白栲の着物、それを着て行って触れたなら、**色に染まってしまい**そうに、黄葉している山よ）〈万葉2192〉

③御髪《みぐし》はゆら〳〵と清らにて、まみの、懐しげに**匂ひ**給へる様、（［訳］春宮《とうぐう》様のお髪はふさふさとして美しく、目もとが、いかにも人なつこく**美しさがあふれて**いらっしゃる、そのご様子は）〈源氏・賢木〉

④露にうちしめり給へるかをり、例の、いと、さま殊に**匂ひ**くれば、（［訳］朝の露にしめりなさった薫君の体臭が、例のごとく、全く、格別に**匂って**くるから）〈源氏・宿木〉

ぬすびと〔名〕（盗人）

①人の所有する物をこっそり奪う者。どろぼう。

②人をののしって言うことば。悪党。畜生。

③思いがけぬ才能を持った人に対して、軽い驚きと賞賛の気持ちをこめて言う言葉。くせ者。したたか者。

【解説】　「ぬすみひと（盗人）」の約転。①義がその本義であり、②・③義は、その派生的用法である。すなわち、盗人が他に許されぬ行為をするものであり、罵倒《ばとう》されるべき存在であるところより②義が、一方、その手口の鮮やかさに対する驚嘆の念から③義が、それぞれ生ずるのである。

【文例】

①昔、袴垂《はかまだれ》とて、いみじき**盗人**の大将軍ありけり。（[訳] 昔、袴垂といって、たいへん凶悪な**盗人**の首領がいたということだ）〈宇治28〉

②かぐや姫てふ大**盗人**の奴《やつ》が、人を殺さんとするなりけり。（[訳] これは、あのかぐや姫という大**悪党**めが、人を殺そうとしているのであったわい）〈竹取〉

③いみじき**盗人**を。なほえこそ捨つまじけれ。（[訳] これは大した**くせ者**であるよ。やはり、この清少納言という人は、どうしても見捨てることはできまい）〈枕82〉

ねぶ〔自動上二〕

①年をとる。かなりの年配になる。

②成熟する。おとなびる。

【解説】　「ねぶ」は「相応に年をとる」の意で、類義の上二段動詞「おゆ（老）」のように、「年をとり衰える」の意識は含まれていない。
〔類〕②およずく〔自動下二〕①大人びる。②成長する。成熟する。

【文例】
①ねびにたれど、いときよげによしありて、ありさまもあてはかなり。〔訳〕（横川《よがわ》僧都の妹尼君は、五十歳と）**年をとって**はいるものの、たいそう美しく教養もあって、そのものごしも上品である）〈源氏・手習〉
②御《み》かどは、御年よりは、こよなう、おとな〳〵しうねびさせ給ひて、〔訳〕天皇様は、（十四歳という）お年にしては、格別に大人っぽく**成熟**あそばして）〈源氏・薄雲〉

ねんず〔他動サ変〕（念ず）
①強く心にいだく思いの実現を願って、心中に祈る。経文や呪文を心中に唱える。
②思うことを果たすために、障害や誘惑に耐えて、じっとこらえる。がまんする。
【解説】　「常に思うこと」の意の漢語「念」より生じたサ変動詞。ある事柄の実現を固く心中に期すこ

と、あるいは、信念を貫き通そうと努めることを意味する語である。

〔類〕②たふ②〔自動下〕じっとこらえる。

【文例】

①「常に天照《あまてる》御神を**念じ**申せ」といふ人あり、〔〔訳〕「いつも**心の中に**天照御神を**祈念**申し上げなさい」と言う人がいる〕〈更級・奈良女大〉

②御前《おまへ》なる人々、一人二人づつ失せて、御屏風《みびやうぶ》・御几帳《みきちやう》のうしろなどに、みなかくれ臥しぬれば、ただ一人、ねぶたきを**念じ**てさぶらふに、〔〔訳〕天皇様や中宮様のおそばに伺候していた女房たちも、一人二人と姿を消し、ついに、皆びょうぶや几帳の蔭などに隠れて寝てしまったので、わたくしは、ただ一人、眠いのを**こらえ**て、おそばに伺候していると〕〈枕313・筑波大〉

のたまふ〔他動四〕〔宣ふ〕

①おっしゃる。お話しになる。

②〔身分の高い方の〕お言葉を伝えて言う。

③〔身分の高い方に対するへり下った表現として〕そのお言葉を第三者に申し聞かせる。

【解説】　「のりたまふ（宣給・告給）」の約。この語の基盤をなす「のる（宣・告）」が、本源的には、「神や天皇が、自らの意志を人民に表明すること」の意であったところから、「のたまふ」は、①をその本義とするものである。が、一方、身分の高い方は、それを伝えようとする相手に対して直接お言葉を発することがなく、常に、仲立ちをする人が、そのお言葉を伝えるものであったところから、②義及び③義は生じることになる。が、そうはいっても、やはり、古文においては、①義における用例が最も多出する。

【文例】

①「交野《かたの》を狩りて、天の河のほとりに至るを題にて、歌よみてさか月《づき》はさせ」と**のたまう**ければ、(［訳］（惟喬親王《これたかのみこ》が馬の頭《かみ》に対して）「交野で桜狩りをして、それからこの「天の河」（という趣ある名の地）に行き着いた、それを題にして歌を作って詠じ、そののちに杯に酒を満たせ」と**おっしゃった**ので）〈伊勢82・大阪経済大〉

②女に内侍《ないし》の**のたまふ**、「(中略)」と言へば、(［訳］竹取の翁の妻である媼《おうな》に対して、使者の内侍が、「(中略)」と、天皇の**お言葉を伝えて言う**と)〈竹取〉

③「いとかしこき仰言《おほせごと》に侍るなり。姉なる人に、**の給ひ**てん」と申すも、(［訳］「まことにかたじけない

お言葉でございます。姉にあたる空蟬《うつせみ》に、この**仰せを申し聞かせ**てみましょう」と、(紀伊守が源氏君に)
申し上げるにつけても)〈源氏・帚木〉

のち〔名〕(後)
①それよりあと。後刻。
②将来。行く末。
③のちの時代。後代。
④死後。没後。
⑤子孫。

【解説】 この語の本義は、ある事柄の行われた時を基準として、時間的にそれよりあとであることを表す、①義であるが、その基準となる時が、「現在」に据えられれば、②義「将来」の意が、また、「現代」に据えられれば、②義「後代」の意が、さらに、「現世に生きている時」に据えられれば、④義「死後」の意が、それぞれ生じる。また、⑤は、「ある時に後続する時」の意識が「ある人物に後続する人物」の意に転じて、「子孫」の意を生じたものである。

【文例】

①わが里に大雪降れり大原の古りにし里に落らまくは**後**《のち》（[訳] わしの里には大雪が降ったぞ。そなたの住む大原などという古びた里に雪の降るのは、**これから**だいぶ**後のこと**になるだろう）〈万葉103〉

②あが君や、**のち**の心みにはありといふとも、（[訳] あなた様、これまでのことは**将来**のための試練であるとしても）〈宇津保・藤原の君〉

③其《その》いふ所陋《いやし》とて、**のち**の博士筆を競ふて謗《そし》るは、（[訳] その所説が卑しいとして、**後代**の学者が相次いでこれに対する非難の論を展開したのは）〈読・雨月・貧福論〉

④**後**《のち》の御孝養《ごけうそう》をこそ能々《よくよく》しまゐらせ給はめ。（[訳] 父君の**死後**のご法要を心をこめて営み申し上げなさいませ）〈保元・為義最後の事〉

⑤この世に仲忠をはなちては御**のち**なし。（[訳] この世に仲忠を除いては、ご**子孫**というものはいない）〈宇津保・蔵開上〉

ののしる〔自動四〕

①大声で騒ぎたてる。

②大きな物音がする。動物が大声でほえる。

③世間の評判になる。
④権勢が盛んである。
⑤大げさに、えらそうなことを言う。

【解説】 現代では、もっぱら、次項の四段活用の他動詞「ののしる（罵）」のみ用いられて、本項の四段活用の自動詞「ののしる」の用法は見当たらぬが、古文では、多くの場合が本項の自動詞であり、「大声で非難する」の意の他動詞の用例はむしろ少ない。この点注意を要する。さて、「ののしる」の「のの」は、「大声を立てる。大音を発する」の意。「しる」は、他動詞の「しる（領・占）」で、「物の状態や性質を、すみずみまで自分の思うままにする」の意。よって、①・②をその本義とするものであり、けっして、「非難」の意識は含まれていない。①義の「大声で騒ぎたてる」状況の一つに、「もてはやす」状況も含まれ、ゆえに③義を生じ、一方、「世間の評判になる」人は「時勢を得た」人であるところから、④義の「権勢が盛んである」の意も生じるのである。

〔類〕④ときめく①〔自動四〕時勢を得る。

【文例】
①としごろよくくらべつるひとぐ〳〵なん、わかれがたく思ひて、日しきりにとかくしつゝ、**のゝしる**うち

ちによふけぬ。〔訳〕国司在任のこの数年の間、親しく交わってきた人々は、別れがたく思って、一日中我々の出発の準備をあれこれとしながら、**大声で騒ぎたてている**。そのうちに夜もすっかりふけてしまった）〈土佐〉

②里びたる声したる犬どもの、出で来て、**のゝしる**も、いと恐ろしく、〔訳〕いかにも田舎びた声の犬が何匹も出てきて、**大声でほえたてる**のも、たいそう恐ろしく）〈源氏・浮舟〉

③この世に、**のゝしり**給ふ光源氏。かゝるついでに、見たてまつり給はんや。〔訳〕世間で**評判になっていらっしゃる**光源氏様だ。こうしたおりに、あなたも、そのお姿を拝見なさいませんか）〈源氏・若紫〉

④そののち左の大臣の北の方にてのゝしりたまひける時、〔訳〕そののち、その帥《そち》の大納言の妻が左大臣時平公の北の方となって**時めいて**おられたときに）〈大和63〉

⑤歌よみて道と**のゝしる**輩ならねば、物とへ。〔訳〕わたくしは、和歌を詠み「敷島《しきしま》の道」といって**もったいぶる**連中のたぐいではないから、さあ尋ねなさい）〈読・春雨・海賊〉

ののしる〔他動四〕〔罵る〕

①大声で非難する。口汚く悪口を言う。

【解説】　前項の自動詞「ののしる」より生じた他動詞である。自動詞の③義、「大声で騒ぎたてる」という状況の一つに「大声で他を非難する」という状況もあるのである。よって、本来は、「大声で」という要素は必須のものであるのだが、やがて、それは、「口汚く」の意に転じてゆく。

【文例】

①故右京の大夫《かみ》の、人のむすめをしのびてえたりけるを、親きゝつけて、**のゝしり**てあはせざりければ、わびてかへりにけり。〔訳〕故右京の大夫が、ある人の娘のところに忍んで通い、ついに契りを結んだのであったが、それを、その娘の母親が聞きつけて、男を**口汚く非難し**て、（そののちは二度と）娘に会わせようとしなかったので、右京の大夫は、つらく思って自らの屋敷に帰ったことであった）〈大和63〉

はかなし〔形ク〕（果無し・果敢無し）

①それといった内容が無い。ついちょっとした。本格的でない。

②手ごたえがない。むなしい。

③愚かである。つまらない。

④粗略である。

【解説】　「はかなし」は、「はか（計・量）」（仕上げようと予定した仕事の範囲や量、の意の名詞）「なし（無）」で、努力しても所期の結実の得られぬさまを表す語である。したがって、①をその本義とするが、その無意味であった努力を顧みるとき、②の「むなしい」、③の「愚かである。つまらない」の意識も生じることになる。

〔類〕かりそめなり〔形動ナリ〕①ほんの一時的な状態。②はかないさまである。③いいかげんなさまである。

【文例】

①その年の夏、御息所《みやすどころ》、**はかなき**心ちに患《わづら》ひて、〔訳〕その年の夏、桐壺更衣は、**ついちょっとした**病気にかかったので）〈源氏・桐壺〉

②行く水にかずかくよりも**はかなき**はおもはぬ人をおもふなりけり〔訳〕流れ行く水の上に数取《かずと》りのための線を引くよりも、**むなしい**ものは、自分を愛してくれぬ人を愛することであったよ）〈古今522〉

③万《よろづ》に見ざらん世までを思ひ掟てんこそ、**はかなかる**べけれ。〔訳〕何事につけても、その目で見ることが無いような、死後の世の中のことまで考えて計らっておくということは、まことに**つまらぬ**ことであるに違いない）〈徒然25〉

④桐壺更衣の、あらはに、**はかなく**もてなされし例《ためし》もゆゝしう、と思《おぼ》しつゝみて、〔訳〕母后は、かつ

て、桐壺更衣が、弘徽殿女御から、露骨に、**粗略に**扱われた例も恐ろしい、と用心あそばして）〈源氏・桐壺〉

はかばかし〔形シク〕

①思うように進行する。てきぱきはかどる。
②しっかりして、頼みがいがある。
③行動や判断などが明確である。
④きわだっている。はっきりしている。
⑤りっぱで、社会的に勢力がある。

【解説】　「仕上げようと予定した仕事の範囲や量」の意の名詞「はか（計・量）」を重ねた、一種の強調法に、接尾語「し」の付いた語。よって、①を本義とする。②は、「仕事の進め方、始末のしかた」などにおいて「しっかりして頼みがいがある」の意であるが、多く否定の形で用いられる。①の状態は、「明確な判断や迷いの無い行動」の結果であるところから、③義は生ずる。また、②義「頼みがいのある」人とは、多く「りっぱで社会的に勢力がある」人でもあり、⑤義を生ずる。

【文例】

①かやうの御歩《あり》きには、随身《ずいじん》からこそ、**はかぐしき**ことも、あるべけれ。〔訳〕こうしたお忍び歩きにつけても、お供しだいで、**事がうまく運ぶ**こともあるでしょう〉〈源氏・末摘花〉

②とりたてゝ、**はかぐしき**後見《うしろみ》しなければ、〔訳〕桐壺更衣には、これといって、**頼みがいのある**お世話役がいなかったので）〈源氏・桐壺〉

③「（略）」など、**はかぐしう**も、のたまはせやらず、〔訳〕「（略）」など、桐壺帝は、**はっきりと**はおっしゃりきれないで）〈源氏・桐壺〉

④空のけしき、**はかぐしく**も見えず。〔訳〕空の様子は、うっそうと茂る木立のために**はっきりと**は見えない）〈更級・北大〉

⑤この魚、己《おのれ》ら若かりし世まで、**はかぐしき**人の前へ出づる事侍らざりき。〔訳〕この鰹《かつお》という魚は、我々が若かった時分まで、相当な身分の方の前へ出すことはありませんでした）〈徒然119〉

はしたなし〔形ク〕

①中途半端《ちゅうとはんぱ》である。どっちつかずである。

②体裁《ていさい》が悪い。間《ま》が悪い。

③つれない。無愛想《ぶあいそう》である。
④無作法《ぶさほう》である。ぶしつけである。

【解説】　「どちらつかずであること。半端であること。不足であること」などの意を表す、名詞「はした（端・半端）」に、「程度がはなはだしい」の意を表し、形容詞を形成する接尾語、「なし（甚）」の付いた語。したがって、現代では、④の「無作法である。ぶしつけである」の意に、ほぼ限定的に用いられるこの語ではあるが、①の「中途半端である。どっちつかずである」を本義とするのである。そうした状態は、古来、日本人の愛好せぬところであったから、不快で気まずい感じを表す諸義を生むに至る。②は、そうした自らの状態を意識しての気まずさ、③・④は、他人のそうした状態に対する不快感を表す用法である。

【文例】

①年月にそへて、**はしたなき**交らひのつきなくなり行く身を思ひなやみて、〔訳〕右近は、年月がたつにつれ、**中途半端な**奉公が不似合いとなってゆくわが身の将来を思い悩んで〈源氏・玉鬘〉

②**はしたなき**もの　こと人を呼ぶに、我ぞとてさし出《い》でたる。物などとらするをりはいとど。〔訳〕**間《ま》の悪い**もの。他人を呼んだのに、自分が呼ばれたと思って顔を出したもの。それが何かをくれる場合なら、

なおさら**間が悪い**)〈枕127〉

③朔日《ついたち》の御よそひとて、わざと侍るめるを。**はしたなう**は、え返し侍らず。(〔訳〕源氏様の元旦のお召しものにと、姫君がわざわざお贈りになったものでございましょうよ。それを、わたくしは、**つれなく**お返しはできません)〈源氏・末摘花〉

④南面《みなみおもて》の格子《かうし》あけたるに、よせたれば、「いとゞ**はしたなし**」と、おぼしたれど、(〔訳〕南面のこうしを上げた一間《ひとま》に(叔母が牛車をかってに)寄せたので、末摘花は、「ひどく**ぶしつけである**」とお思いになるが)〈源氏・蓬生〉

はづかし〔形シク〕(恥づかし)

①気おくれする。てれくさい。

②こちらが気おくれするほどりっぱである。優れている。

【解説】 自らの能力や状態、行為などに対する劣等意識を表す語である。したがって、①がこの語の本義であり、現代におけるこの語の用例も、もっぱら①義に集中しているのであるが、古文においては、①義と並んで、そうした劣等意識を自らにいだかせるほど優れた相手を賛美する、②義の用例も少なくない。この点注意を要する。

〔関〕①はぢ〔名〕①過失。失敗。②侮辱。③不名誉。④弱点。

【文例】

①夜居《よゐ》の僧は、いと**はづかしき**ものなり。わかき人々集まりゐて、人の上をいひわらひ、そしりにくみもするを、つくづくと聞き集むらん、心のうち**はづかし**。〔訳〕加持《かじ》のため夜の間つめている僧は、たいそう**気が引ける**ものである。若い女房たちが集まって、他人のことをうわさして笑い、けなしたり憎んだりするのを、じっと耳を澄まして全部聞いていることであろう。その心の中を思うと**気おくれすることである**）〈枕124〉

②**はづかしき**人の、歌の本末問ひたるに、ふとおぼえたる、我ながらうれし。〔訳〕**こちらが気おくれするほどりっぱな**方が、歌の上《かみ》・下《しも》の句を尋ねたとき、すぐ思い出した場合、それは、我ながらうれしいことである）〈枕276〉

はべり〔自動ラ変〕（侍り）

①（天皇や貴人の）おそばにお仕え申し上げる。伺候する。

②（「有り」「居り」の丁寧語）ございます。おります。

【解説】　「はひ（這）」「あり（有）」の約転か、と言われる。ゆえに、そうしたへりくだった気持ちで、天皇や貴人のおそばに伺候する、の意の①が本義であるが、やがて、その行為自体よりも心理面に比重が置かれて、自分自身や事物の存在を卑下して表現する、②義を生むことになる。

【文例】
①御前のかたにむかひて、うしろざまに、「誰々か**侍る**」と問ふこそをかしけれ。（〔訳〕蔵人《くろうど》が、天皇のご寝所の方に向かってひざまずいて、後方の滝口《たきぐち》たちに、「誰々が**伺候しているか**」と尋ねるのは趣深いことである）〈枕56〉
②むかし見給へし女房の、尼にて**侍る**ひんがし山の辺《へん》に、移したてまつらん。（〔訳〕かつてわたくしが世話をいたしました女房が、今は尼となって**住んでおります**東山のあたりに、（夕顔様のなきがらを）お移し申し上げましょう）〈源氏・夕顔〉

はべり〔補助動ラ変〕（侍り）
①（会話や手紙の文面に用いられる丁寧語）……ございます。……ます。
②（雅文的表現として、文語に用いられる丁寧語）……ます。

【解説】　前項の自動詞の補助動詞に転じたものであるが、平安時代末を境に、徐々に、補助動詞「さふらふ（侍・候）」（↓Ｐ192）に移ってゆく。

【文例】

①「（略）きこえさせむも、中〱に**侍る**べければ、そなたにも参り**侍らぬ**」とあれば、〔訳〕（源氏君からのお手紙に）「（略）なまじお目にかかりおいとまの言葉を申し上げると、かえって（悲嘆に耐えぬこと）で**ございましょう**から、そちらへは参上し**ません**」とあるので）〈源氏・葵〉

②五月五日、賀茂の競《くら》べ馬を見**侍り**しに、〔訳〕五月五日、上賀茂神社の馬場で行われた競馬を見物し**ました**が）〈徒然41・阪大〉

ひがひがし〔形シク〕（僻々し）

①ひがんでいる。ひねくれている。

②無風流である。物の趣を解しない。

【解説】　この語の基底をなす接頭語「ひが（僻）」は、「道理に合わぬ。間違える」などの意を持つが、それが、「自然の間違い」ではなく「偏った思い込みなどによる間違い」であるところから、「ひがひがし（僻々）」も、心がねじけていてすなおでないさまを表す語である。また、それは、真の風趣を解し得ぬ心のさまをも表すものである。

〔関〕①ひがむ〔自動四〕ひねくれる。

【文例】

①君の、かう、まめやかにの給ふに、聞き入れざらんも、**ひが〳〵しかる**べし、（〔訳〕源氏君が、このように、誠意をこめて（姫君への手引きをしてほしい）とおっしゃるのに、もし、聞き入れないとすれば、それも、**ひがんでいるようであろう**）〈源氏・末摘花〉

②この雪いかゞ見ると、一筆のたまはせぬほどの、**ひが〳〵しからん**人のおほせらるゝ事、聞きいるべきかは。（〔訳〕この美しい雪景色をどのように見ているか、という一言さえも仰せにならぬような、**物の趣も解せぬ**かたのおっしゃることを、とても聞き入れるわけにはまいりません）〈徒然31〉

ひごろ〔名〕（日頃）

①幾日か。何日もの間。

②このところ。数日来。近ごろ。

③常々。平生《へいぜい》。

【解説】　「頃」が、一時点に限定される「時」と異なり、緩やかな幅を持つ時間を指す語であるところから、「ひごろ（日頃）」は、「ある状態の継続する数日間」を指す、①を本義とするのである。それが、「ある状態が連続して今日に至る数日間」である場合、②義となる。現代では、③義「平生」の意のみに用いられるのであるが、古文では、むしろ、この用例は少ない。

〔関〕としごろ〔名〕①幾年か。②数年来。③多年。

【文例】

①さぶらひ馴《な》れ、**日ごろ**過ぐれば、（〔訳〕中宮様のおそばにお仕え申し上げることにも慣れ、幾日かたつうちに）〈枕184・清泉女大〉

②**日頃**、おこたり難くものせらるゝを、やすからず嘆き渡りつるに、（〔訳〕**近ごろ**、思わしくない容体でいらっしゃるというので、心配してため息をつき続けていたが）〈源氏・夕顔〉

③**日頃**も、又、あひ給ふまじきことを、きこえ知らせつれば、（〔訳〕**常々**も、宮様には、お互いにお顔を合わせなさらぬがよろしゅうございましょうと、ご納得のゆくように申し上げてあるくらいですから）〈源氏・椎本〉

ひたぶるなり〔形動ナリ〕（頓なり・一向なり）

①いちずであること。むやみであること。

②（下に否定の語を伴い、副詞的に）いっこうに。全然。全く。

【解説】「ひた」（「ひと（一）」の音転）「ぶる」（態度・動作を示す、上二段活用の接尾語「ぶ」の連体形）を根幹とする語であるから、態度がいちずで、周囲を顧みず、積極的に行うさまを表す語である。

〔関〕ひたすら〔副〕①いちずに。②全く。

【文例】

①親のの給ふことを、**ひたぶるに**辞《いな》び申さん事のいとほしさに、取りがたき物を。（〔訳〕養い親であるあなた様のお言いつけになることを、**むやみに**拒み申し上げることはお気の毒なことと思われたので、手に入れることのむずかしい物を（ほしいと言いましたのに……）。）〈竹取〉

②あさましう物つゝみし給ふ心にて、**ひたぶるに**、見も入れ給はぬなりけり。（〔訳〕常陸宮《ひたちのみや》の姫君は、あきれるほどご遠慮なさるたちで、**いっこうに**（源氏君からのお手紙を）ごらんになることもなさらぬのであった）〈源氏・末摘花〉

ひとのくに〔名〕（人の国）

①地方。

【解説】 この場合の「人」は、「社会的に対立関係にある人間」の意。また、「国」は、「本来、豪族により支配され、のち天皇の支配下に置かれた地域」の意。天皇の「宮」の営まれる「都」（宮処《みやこ》の意）に対する「地方」の意である。

【文例】

①すさまじきもの（中略）**人の国**よりおこせたるふみの物なき。京のをもさこそ思ふらめ。〔訳〕興ざめであるもの。（中略）**地方**から京へ送ってよこした手紙で、それに贈り物の添えてないもの（それは興ざめなものである）。京から地方へ送る手紙でもそれに贈り物の添えてない場合は、地方の人もまた興ざめであると思うに違いない）〈枕25〉

ひとみな〔名〕（人皆）

①すべての人。

【解説】 本来は、「ひとみな（人皆）」は、「一般的にすべての人」の意であり、「ある事柄に関係した人たちすべて」の意を表す、「みなひと（皆人）」とは区別して用いられたものであったが、平安時代中期以降、「人皆」は用いられなくなり、「皆人」が、一般的にも部分的にも、「すべての人」の意で用いられるようになった。

【文例】

①このうたどもをひとのなにかといふを、あるひとき〻ふけりてよめり。そのうた、よめるもじ、みそじあまりななもじ。**ひとみな**、えあらでわらふやうなり。〔訳〕この歌々を人々があれこれと批評するのを、ある人がじっと聞き耳を立てて、自分も詠んだ。その歌は、なんと文字が三七文字もあった。**誰も皆**、おかしさをがまんしようにも、とてもこらえきれずに笑うようである）〈土佐〉

ひとわろし〔形ク〕（人悪し）

①体裁が悪い。みっともない。

【解説】 古文における「人」は、概して「他人」の意に用いられる。この場合も、「他人に見られ、また聞かれて、あまりぐあいが良くない」の意で、「人間性が良くない」の意ではない。注意せよ。

【文例】

①さま〴〵に、**人わろき**事どもを憂へあへるを、聞き給ふも、かたはら痛ければ、たち退《の》きて、〔訳〕（常陸宮《ひたちのみや》の姫君にお仕えする女房たちが）あれやこれやと、**体裁の悪い**ことなどを互いに心配し嘆きあっているのを、こっそり盗み聞きなさるにつけても、心苦しいので、源氏君は、いったんその場を立ちのいて）〈源氏・末摘花〉

ひねもす（に）〔副〕（終日（に））

①朝から晩まで。日のある間中。終日。

【解説】「ひめもす」とも。「一日中」と訳すこともあるが、正確には、夜を含まず、「日のある間中」の意である。

〔対〕よもすがら〔副〕一晩中。

【文例】

①これに添へて、懺法《せんばふ》のいとなみ怠らず。御堂の勤め、**ひねもす**よもすがら怠らせ給はず。〔訳〕道長公

は、これらの供養に重ねて、懺法の儀式を怠らない。また、法成寺《ほうじようじ》における勤行《ごんぎよう》は、**終日**終夜休みなく行いなさる）〈栄花・うたがひ〉

びんなし〔形ク〕（便無し）

①ぐあいが悪い。

②けしからぬ。不都合である。

【解説】「びん（便）」は、「都合。機会」などの意。したがって、「びんなし」は、「都合が悪い。好機に恵まれない」の意で、①をその本義とする。が、人は皆、「都合や好機に恵まれること」を願う性情を有するものであるところから、しだいに、そうした状態を「不都合である」と考えるに至る。

【文例】

①もとありける池・山をも、**便なき**所なるをばくづしかへて、（〔訳〕源氏君は、この六条院にもともとあった池や山でも、**ぐあいの悪い**所にあったものは崩して造り変え）〈源氏・乙女〉

②「人目、しげからん所に、**便なき**振舞や現はれん。人のためもいとほし」と、思《おぼ》しわづらふ。（〔訳〕「あんな人目の多い所で、**不都合な**行動が露見したならば、あの空蟬《うつせみ》のためにも気の毒なことである」と、源

氏君は、思案にくれていらっしゃる）〈源氏・帚木〉

ふつつかなり〔形動ナリ〕

①（体格や声の質が）太くどっしりとしている。

②（体格や声の質が）太くてぶかっこうである。

③ぶかっこうである。やぼったい。

④おおまかで雑である。軽々しい。

【解説】 語幹「ふつつか」は、「ふつ」（「ふと（太）」の音転）「つか（束）」（「あはつか」の「つか」で、「おろそか」の「そか」も同様、形容の接尾語である）の意と思われ、したがって、①の「（体格や声の質が）太くどっしりとしている」を本義とするものである。が、日本人は、古来、どちらかと言えば、繊細なものを愛好する性情を有していたところから、しだいに、そうした「太いどっしりした」状態を「太くぶかっこうな」状態と考えるようになり、②義を生み、ついには、「太い」の意識さえ失い、ただ、洗練されていないやぼったい感じを表す、③義以下の諸義を順次派生するに至る。

〔類〕②③こちごちし〔形シク〕①ごつごつしていて洗練を欠く。②気がきかない。

【文例】

①院も、時〲、扇うち鳴らして、くはへ給ふ御声、むかしよりも、いみじくおもしろく、少し**ふつゝかに**、物〲しきけ添ひてきこゆ。（［訳］源氏院も、時々扇を打ち鳴らして、七絃琴に声を合わせなさる、そのお声は、昔よりもはるかに趣深く、いくらか**太く**、重みが加わった気がする）〈源氏・若菜下〉

②竹の中に、家鳩《いへばと》といふ鳥の、**ふつゝかに**鳴くを、きゝ給ひて、（［訳］竹の中で、家鳩という鳥が、**太い声でいかにもぶきっちょに**鳴くのを、源氏君はお聞きになって）〈源氏・夕顔〉

③船路《ふなみち》のしわざとて、少し黒みやつれたる旅姿、いと、**ふつつかに**、心づきなし。（［訳］船旅のせいで、少し日焼けしてやつれた伊予の介の旅姿は、たいそう**ぶかっこうで**、気にくわない）〈源氏・夕顔〉

④不幸に愁《うれへ》に沈める人の、頭《かしら》おろしなど、**ふつゝかに**思ひとりたるにはあらで、（［訳］不幸に会って悲しみに沈んでいる人が、剃髪《ていはつ》し出家することを一時の興奮などで**軽々しく**決心したのではなく）〈徒然5〉

ふみ〔名〕（文・書）

①手紙。

②漢字。漢籍。漢詩。

【解説】　本来、「ふみ」とは、文字・図絵のごとく、書きしるし、描きしるしたもののすべてを表す語であったが、しだいに、「文字によりしるされたもの」を指すようになる。古文におけるこの語の中心的用法は、日常生活においてやりとりされた、①の「手紙」、そして、その「文字」をさえもたらし、知的源泉と考えられた、中国伝来の、②の「漢学。漢籍。漢詩」の二つであった。

【文例】

①人のもとにわざときよげに書きてやりつる**ふみ**の返りごと、いまはもてきぬらんかし、あやしうおそき、とまつほどに、〔訳〕人のところに、格別ていねいにしたためて持たせてやった**手紙**の返事を、もうそろそろ（使いの者が）持って帰って来るころであろうよ、それにしては不思議に遅いことよ、と待っているとし）〈枕25〉

②ありたき事は、まことしき**文**の道、作文、（中略）人の鏡ならんこそいみじかるべけれ。〔訳〕望ましいことは、本格的な**漢学**を修めること、漢詩を作ること、（中略）そうした方面で人の手本になることはすばらしいことであろう）〈徒然1〉

ふりはふ〔自動下二〕（振り延ふ）

①ことさらに物事をする。わざわざする。

【解説】「ふり（振）」（ふるまい、挙動、の意の名詞）「はふ（延）」（心情や言葉などを相手に届かせるようにする、の意の他動詞）の意。困難をあえてする、の意の用例が多い。また、「ふりはへて」の形で、副詞的に用いられることも多い。

【文例】

①くすし**ふりはへて**、とうそ、白散《びやくさん》、さけくはへてもてきたり。こころざしあるににたり。〔訳〕国司庁の職員である医師が、**わざわざ**、（元旦のための）屠蘇《とそ》や白散、それに酒を添えて持って来てくれた。我々に対する厚意があるように思われる）〈土佐〉

ふるさと〔名〕（古里・故郷）

①古びて荒れた土地。特に、かつて都のあった土地。旧都。古都。

②自分の生まれ育った家。また、その家のある土地。故郷《こきよう》。

③かつて自分の通い慣れた土地。

【解説】「ふる（古）」（形容詞「ふるし（古）」の語幹。古くなる、長い年月を経ている、の意）「さと（里）」（自然の山野に対し、人家の集落地を指す名詞）の意。そうした「里」の指し示す内容の中に、

「帝都の市街地」の意もあり、そこから①義が、また、「里」に、「自身及び自身の所属する一族の生活の本拠の地」の意の存するところから②・③義が生するのである。現代では、もっぱら、②義に限定的に用いられるのであるが、古文では、むしろ、①義の用例が多出する。注意せよ。

【文例】

①おもほえず**ふるさと**に、いとはしたなくてありければ、心地《ここち》まどひにけり。〔訳〕思いがけず、**旧都**（の、それも郊外の草深い地）に、（こうした現代的な感じの美しい姉妹が）たいそう不調和なさまで住んでいたので、（それを見て、男は）気持ちがぼうっとしてしまった）〈伊勢1〉

②いとかく、品定まりぬる、身のおぼえならで、過ぎにし親の、御けはひとまれる**故郷**ながら、たまさかにも、待ちつけたてまつらば、をかしくもやあらまし。〔訳〕ほんとうに、こうして受領《ずりよう》の妻と身分が定まってしまった境遇ではなくて、今は亡き親の面影が残っている**実家**にいたままで、ごくまれにでも、源氏君のおいでをお待ち申し上げるのであったなら、恐らくは楽しいことであったろう）〈源氏・帚木〉

③**古里**は花ぞ昔の香に匂ひける〔訳〕**かつて通い慣れたこの里**の花はまあ、昔と変わることなく薫《かお》って、わたくしを迎えてくれることよ）〈古今42〉

ほいなし〔形ク〕（本意無し）

①残念である。心外である。不本意である。

【解説】　「ほい（本意）」（「ほんい」であるが、撥音《はつおん》「ん」の表記法が定着していなかったため、「ほい」とかな表記された。本来の意向・趣意の意）が実現されぬ不満足感を表す語である。

【文例】

①かたち・心ざまよき人も、才《ざえ》なく成りぬれば、しなくだり、顔憎さげなる人にも立ちまじりて、かけずけおさるゝこそ、**本意なき**わざなれ。（〔訳〕容貌や気立ての良い人でも、教養が無いということになってしまうと、身分も低く、容貌も醜い人の間にたち交じったとき、問題にもされず圧倒されてしまうのは、まことに**残念な**ことだ）〈徒然1〉

まうけ〔名〕（設け・儲け）

①したく。準備。用意。

②食事の用意。ごちそう。

③食物。

【解説】　「まうく（設・儲）」（将来の事態を見込み、それに応じた準備をする、の意の他動詞）の連用形の名詞に転じた語。よって、①をその原義とするが、そうした「準備」の主要な場合に、②の、「饗応《きようおう》」があったのであり、古文では、この①・②両義が、この語の中心的用法となっている。

〔類〕①いそぎ〔名〕準備。用意。

〔関〕②あるじまうけ〔名〕饗応。ごちそう。


【文例】
①かぐや姫をかならずあはん**設け**して、ひとり明かし暮し給ふ。（〔訳〕（大伴の大納言は）かぐや姫をきっと妻に迎えるための**準備**をして、一人で暮らしておられる）〈竹取〉
②親王《みこ》よろこびたまうて、夜の御座《おまし》の**まうけ**せさせ給ふ。（〔訳〕親王はお喜びになって、夜のご座所に**饗宴の準備**を整えさせなさる）〈伊勢78〉
③一鉢の**まうけ**、藜《あかざ》のあつ物、いくばくか人の費《つひえ》をなさん。（〔訳〕たくはつ用のはち一杯だけの**食物**、あかざの熱い吸い物、（それらを得るため）人はどれほど出費をするというのだろう）〈徒然58〉

まかる〔自動四〕（罷る）

①（天皇や主君などの命を受けて）地方などへ行き、あるいは、もどる。
②（許しを得て、身分の高い人の前から）退き下がる。退出する。
③（多く会話文中において、「行く」「来《く》」の謙譲もしくは丁寧の表現として）伺う。参る。
④（雅文的表現において、「行く」「来《く》」の改まった表現として）参る。
⑤（他の動詞の上に位置し、謙譲の意を表す、補助動詞的用法として）……申し上げる。

【解説】 本来は、①の「天皇や主君などの命ずるままに、行ったり来たりする」の意で、「任命する」の意を有し、下二段に活用する他動詞「まく（任）」とも同系の語であったものが、しだいに、自分に命を下した尊貴者や主君を意識しての、「行く」あるいは「来る」の謙譲表現に転じてゆくのであり、とりわけ、②の「退出する」の意における用法が、この語の中心的用法となった。

【文例】
①勅旨《おほみこと》　戴《いただ》き持ちて　唐《もろこし》の　遠き境に　遣《つかは》され　**罷り**坐《いま》せ（［訳］あなたは、その天皇様のご命令を奉じて、大唐という遠い国に使いとして差し向けられ、ご**出発**になる）〈万葉894〉
②憶良らは今は**罷ら**む子泣くらむその彼《か》の母も吾《わ》を待つらむぞ（［訳］この憶良はもうこのあたりで**失礼**いたしましょう。今ごろ（家では）子供が（わたくしの帰りを待って）泣いていることでしょうし、その

子の母であるわたくしの妻も、わたくしの帰りを待っているでしょうから）〈万葉339〉

③いと久しく**まからざ**りしに、ものゝ便りに立ち寄りて待れば、（［訳］わたくしが、たいそう長く女のところへ**参ら**なかったころ、何かのおりに、女のもとに立ち寄りましたところ）〈源氏・帚木〉

④雁《かり》のこゑをきゝて、こしに**まかり**ける人をおもひてよめる（［訳］かり、かりの鳴く声を聞いて、越《こし》の国へ**参り**ました人を思って詠んだ歌）〈古今30題詞〉

⑤ある博士のもとに、「学問などし侍る」とて、**まかり**通ひし程に、（［訳］ある博士のもとに、「漢学の勉強などいたしましょう」ということで、わたくしが、通い**申し上げ**ていた、その時分に）〈源氏・帚木〉

まさなし〔形ク〕（正無し）

①期待どおりにゆかぬ。良くない。

②（予想もしないほど）行儀が悪い。

③ひきょうである。見苦しい。

【解説】　「まさ（正）」「なし（無）」の意。「まさ」が、「予定どおりの事態が実現するさま。当然の期待に合致するさま」の意であるところから、「期待どおりにゆかず望ましくない。良くない」の意の、①を本義とするものである。②義は、こちらが予想しました期待する、秩序立った起居動作から逸脱している状態、③義は、こちらが予想しまた期待する、道徳的にふさわしい行為から逸脱している状態、をそれぞれ表すものである。

〔類〕びんなし〔形ク〕①ぐあいが悪い。

②けしからぬ。不都合である。↓P312

〔関〕まさなごと〔名〕たわいも無いこと。

【文例】

①何をか奉らむ、まめ〴〵しき物は、**まさなかり**なむ、ゆかしくし給ふなるものを奉らむ。（〔訳〕何を差し上げましょう。実用的なものは**良くない**でしょう。あなたが見たいと思っていらっしゃるというものを差し上げましょう）〈更級〉

②太郎君は福足君《ふくたりぎみ》と申しを、をさなき人はさのみこそはとおもへど、いとあさましう**まさなう**あしくぞおはせし。（〔訳〕そのご長男は福足君と申し上げたが、一般に、子供というものは皆そんなものだとは思うが、それにしても、たいそうあきれかえった**わんぱくで**始末が悪くいらっしゃった）〈大鏡・道兼伝・東大〉

③「いかに妹尾《せのを》殿、**まさなう**も敵《かたき》にうしろをば見する物かな。返せやかへせ」といはれて、（〔訳〕「なん

と妹尾殿、**ひきょうに**も敵に背を向けて逃げることよ。引き返して勝負せよ」と言われて）〈平家・妹尾最期〉

またし〔形ク〕（全し）

①欠けたところが無い。完全である。完璧《かんぺき》である。

【解説】 事物の状態において、また、性格などにおいて、欠けたところが無く完全であるさまを表す語。「機が熟さない。不十分である。未熟である」の意の形容詞「まだし（未）」と混同せぬよう、注意すること。

【文例】

①女のひとりすむ所は、いたくあばれて築土《ついひぢ》なども**またから**ず、池などあるところも水草《みくさ》ゐ、庭なども蓬《よもぎ》にしげりなどこそせねども、〔訳〕女が一人で住んでいる所は、ひどく荒れ果てて、土べいなども**完全ではなく**（そこここくずれ破れて）池などがある所にも水草が生え、庭などもよもぎに埋もれなどこそしないが）〈枕178〉

まな〔名〕（真名・真字）

①漢字。

【解説】「ま（真）」（完全であることを表す接頭語）「な（字）」（文字を指す名詞）の意。かたかなやひらがなが、漢字の部分的字画から、また漢字の全体を崩したところより生じたものであるに対し、「完全な文字」の意で、「漢字」を指す。

【文例】

①清少納言こそ、したり顔にいみじう侍りける人。さばかりさかしだち、**真字**《まな》書きちらして侍るほども、よく見れば、まだいとたへぬことおほかり。（〔訳〕清少納言はまあ、高慢ちきな顔をして、実にたいへんな女です。あれほどりこうぶって、**漢字**を書き散らし（漢学の才をひけらかし）ておりますが、よく見ると、まだたいそう十分でない点が多いことです）〈紫式部〉

まねぶ〔他動上二（四）〕（真似ぶ・学ぶ）

①（相手の言葉や動作を）そっくりそのまま再現する。まねをする。

②自分の見聞した事柄を、そっくりそのまま他人に語り伝える。

③教えを受けて習う。学ぶ。

【解説】 名詞「まね（真似）」に、「そのような振る舞いをする」の意を有し、上二段動詞を形成する接尾語「ぶ」の付いた語。よって、①をその本義とする。③は、模範とすべき優れた言動をそのまままねることを通じ、徐々にそれが体得されるものであることを表している。なお、この動詞は、平安中期以降、四段活用に転じた。

［類］①③まなぶ〔他動上二（四）〕①（相手の言葉や動作を）そっくりまねる。②学ぶ。

③ならふ②〔他動四〕学ぶ。↓P284

【文例】

①こと所の物なれど、鸚鵡《あうむ》、いとあはれなり。人のいふらんことを**まねぶ**らんよ。（［訳］異国の鳥であるが、おうむは実に情趣深いものであるよ。人の言葉を**まねる**ということだ）〈枕41・筑波大〉

②僧都、うちに入り給ひて、かの、聞え給ひしこと、**まねび**聞え給へど、（［訳］僧都は、奥にお入りになって、あの、源氏君のおっしゃったことを、（尼君に対して）**そのお言葉のままにお伝え**になるが）〈源氏・若紫〉

③何事も、広き心を知らぬほどは、文《ふみ》の才《ざえ》を**まねぶ**にも、琴・笛の調べにも、功足らず、及ばぬところの

多くなん侍りける。〔訳〕何事につけても、広い知識を体得しない間は、（例えば）漢学を**学ぶ**につけても、琴や笛の調べ（を学ぶ）につけても、長い間の修練とか年功が十分でなく、行き届かぬところが多いことでございました）〈源氏・乙女〉

まほなり〔形動ナリ〕（真秀なり・真面なり）

①完全であること。りっぱであること。

②正式であること。

③真正面であること。まともであること。

【解説】　「まほ」は、「ま（真）」（完全であること、の意の接頭語）「ほ（秀）」（形・色・質などにおいて、他から抜きん出て目に立つ優れた点の意の名詞）。したがって、①「完全であること。りっぱであること」を、その本義とするものである。②「正式であること」とは、物事が行われる形式や方法などにおいて、崩し簡略化するところの無い状態を表すものであり、③「真正面である。まともであること」とは、物を見る位置や物の見え方において、不完全さの無い状態を表すものである。

〔対〕①かたはなり①〔形動ナリ〕不完全なさま。

【文例】

①かたほなるをだに、乳母《めのと》などやうの、おもふべき人は、あさましう、まほに見なすものを、〔訳〕たとい、普通以下の子であってさえ、乳母《めのと》などのような、かわいく思うに違いない人は、（その子を）あきれるくらい、**りっぱな**者と思い込むものであるのだが）〈源氏・夕顔〉

②草の手に、仮名《かむな》の、所〳〵に書きまぜて、**まほ**の、くはしき日記《にき》にはあらず、〔訳〕その日記は、変体がなにひらがなを所々に書き混ぜて、（漢文で書いた）**正式な**、詳しい日記ではなくて）〈源氏・絵合〉

③かく、思ひかけざりし御住《すま》ひにて、**まほなら**ねど、ほのかにも見たてまつり、〔訳〕明石上は、こうして、かつては考えてもみなかった（事の成り行きから）源氏君のおすまいで、**まともに**ではないが、（源氏君のお姿を）ほのかに拝見申し上げて）〈源氏・明石〉

まめなり〔形動ナリ〕（真実なり）

①誠実であること。本気であること。まじめであること。

②勤勉であること。忠実であること。

③健康であること。

④（趣味的・装飾的でなく）実用的であること。

【解説】 「誠実であること。まじめであること」を表す語であるが、①の用法は、そうした状態の中でも、特に、恋愛関係において、「浮《うわ》ついたところが無い。好色でない」の意を表すものであるが、こうした用法は、平安時代に集中している。③は、肉体の諸機能が怠りなく働いている状態である。

〔対〕①あだなり〔形動ナリ〕③いいかげんであること。④浮気っぽいこと。↓P34

〔関〕①②④まめまめし〔形シク〕①本気である。真剣である。②実用的である。

【文例】

①いと**まめに**じちようにて、あだなる心なかりけり。〔訳〕その男は、たいそう**誠実で**律気《りちぎ》であって、いささかの浮気心もなかった）〈伊勢103〉

②宿直所《とのゐ》をだに賜《たま》はりたらば、いみじう**まめに**さぶらひなん。〔訳〕せめて宿直《とのい》する場所だけでも頂けたなら、たいそう**忠実に**お仕え申し上げましょう）〈枕162〉

③心、身の苦しみを知れれば、苦しむ時は休めつ、**まめなれ**ば使ふ。〔訳〕自分の心は、自分の体の苦しみを知っているから、体が苦しいときには体を休ませ、**元気である**ときには体を使うのである）〈方丈〉

④少将起きて、小舎人童《ことねりわらは》を走らせて、すなはち車にて**まめなる**ものさまぐにもてきたり。〔訳〕少将は起きて、召し使いの少年を自分の家に走らせ、召し使いの少年は、すぐに車で**実用的な**物をいろいろ運

んできた）〈大和173〉

まもる〔他動四〕（守る・護る）

①目を放さずにじっと見る。注視する。見守る。

②看視する。見張る。

③傍らを離れず守護する。

④たいせつにする。遵守《じゅんしゅ》する。

【解説】　「まもる（守・護）」は、「ま（目）」「もる（守・護）」の意。したがって、①・②義のごとき、目の働きに重点を置く用法を基本とするものである。③義にしたところで、たとえば、下例のごとく、武器を携行し、敵の侵入を阻み、守護するという場合であっても、外敵の動静を看視することを基本としていることは、否定できない。④義は、規範とすべきものを熟視し、そこからいささかも外れぬよう心掛ける態度を指すものである。なお、この語は、奈良時代の四段活用の他動詞「もる（守・護）」を引き継ぐものである。

【文例】

①花の本《もと》には、ねぢより立ち寄り、あからめもせず**まもり**て、（[訳] 桜の花の下には、（人を押し分け）身をねじるようにして近寄り、わき目もふらずに（花を）**見守って**）〈徒然137〉

②人の娘にいと忍びて通ひ侍りけるにけしきを見て親の**まもり**ければ（[訳] ある人の娘のもとに、ひどく人目を忍んで通いましたが、けはいを察知して、女の親が**看視して**いたので）〈後撰855題詞〉

③この**守る**人々も弓矢を帯《たい》して、母屋《おもや》の内には、女どもを番にをりて**守らす**。（[訳] この竹取りの家を**守護する**人々も弓矢を持ち、母屋の内では、女たちを番にいさせて**守護させる**）〈竹取〉

④必ず禁戒を**守る**としもなくとも、境界《きやうがい》なければ何につけてか破らん。（[訳] 必ず仏道修行者の守るべき戒めを**遵守《じゅんしゅ》し**ようと心がけなくとも、ここでは、禁戒を破る縁となるものが無いので、何につけて禁戒を破ることがあろうか）〈方丈〉

まらうど〔名〕（客人）

①客。

【解説】 「まれひと（稀人）」の音転。「稀人《まれひと》」は、本源において、「稀人神《まれひとがみ》」（古代、一年に一度収穫祭の場を訪れ、歓待を受け、教訓と祝福を与えて去って行く、祖先神（に紛した人））の意であった。それが、そうした信仰生活が薄れ、一方、「稀《まれ》」の語義も「唯一であること」から「めったに無いこと」の意に緩むにつれ、「めったに訪れることの無い、尊重すべき客人」の意となり、ついには、単なる「客人」の意に固定するのである。

【文例】

①にくきもの　いそぐ事あるをりにきてながごとする**まらうど**。あなづりやすき人ならば、「後に」とてもやりつべけれど、さすがに心はづかしき人、いとにくくむつかし。〔訳〕しゃくにさわるもの。急ぎの用があるときにやって来て、長話をする**客**。粗略に扱ってもよい人ならば、「あとでまた」と帰してもしまえようが、さすがに、遠慮せねばならぬような人の場合には粗略に扱うわけにもゆかず、最後までつきあわざるをえないので、ひどくしゃくにさわり不快である）〈枕28〉

まゐる〔自動四〕（参る・詣る）
①宮中へ伺う。参内《さんだい》する。
②神社・仏閣へ参詣する。墓参する。
③（貴人のもとへ）参上する。

【解説】 「まゐ（参）」（奈良時代に用いられた、「宮廷・神社・貴人の邸宅のごとき尊貴な場合に参上する」意の自動詞であるが、現在、その連用形「まゐ」以外の活用形が文献に残されていないため、活用の種類は不明である）「いる（入）」の約。

【文例】

①七月になりて、**参り**給ふ。〔訳〕朧月夜《おぼろづくよ》は、七月になって、再び**参内**なさる）〈源氏・須磨〉

②そも、**参り**たる人ごとに山へ登りしは、何事かありけん、〔訳〕それにしても、**参詣**の人々が皆山へ登ったのは、いったい何事があったのだろう）〈徒然52〉

③誰もあやしき御長居《ながゐ》とこそ侍《はべ》るめれ。などかは**まゐらせ**給はぬ。〔訳〕誰も皆、不思議に長いあなた様のお里住みであると思っておられるようです。どうして（中宮様の御もとに）**参上**あそばさないのですか）〈枕143・横浜国大〉

まゐる〔他動四〕（参る）

①（貴人に物を）差し上げる。たてまつる。

②（貴人に何かの仕事を）して差し上げる。

③召し上がる。

【解説】 前項の自動詞「まゐる（参・詣）」より生じた他動詞。すなわち、尊貴な場所へ参上するおりの尊貴者に対するへ、り、下、っ、た、気持ちが、そこへ赴くという行為にもまして強く意識され、謙譲の意識を伴う諸義を生ぜしむるのである。

【文例】
①親王《みこ》にうまの頭《かみ》、大御酒《おほみき》**まゐる**。〔［訳］惟喬《これたか》親王に馬の頭は、お酒を**たてまつる**。〕〈伊勢82・大阪経済大〉

②あな、暗《くら》や。まだ大殿油《おほとなぶら》も、**まゐら**ざりけり。〔［訳］ああ暗い。ここは、み燈火もまだ**つけて差し上げ**ていないのだったっけ〕〈源氏・東屋〉

③御くだもの**まゐり**などとりはやして、〔［訳］大納言様は、ご自身、水菓子《みずがし》を**召し上がり**などして座を取り持ち〕〈枕184・清泉女大〉

みいだす〔他動四〕

①（室内などから）外を見る。

②尋ね出す。発見する。見つけ出す。

【解説】 現代では、「みいだす」は、もっぱら、②の「尋ね出す。発見する。見つけ出す」の意で用いられるのであるが、古文では、その意味で用いられることは少なく、もっぱら、①の「(室内などから)外を見る」の意で用いられるのである。この点、注意が望まれる。

〔類〕②みいづ〔他動下二〕発見する。見いだす。

【文例】

①端《はし》近き御座所《おましどころ》なりければ、遣戸《やりど》を引きあけ給ひて、もろともに**見出だし**給ふ。〔訳〕家屋の端に近いご座所であったので、(源氏君は、ご自身手を伸ばして)引き戸をお引き開けになり、夕顔ともども、**外に目をお向けになる**〈源氏・夕顔〉

②この地蔵納めて置き奉りたりけるを思ひ出して、**見出し**たりけり。〔訳〕この地蔵様を櫃《ひっ》の中に納め申し上げていたことを思い出して、櫃の中から**尋ね出し**たことであった〉〈宇治70〉

みいる〔他動下二〕(見入る)

①外から内部を見る。

②気をつけて見る。目をかける。

③（執念を込めて）取りつく。（神や精霊などが）のり移る。

【解説】 「みいる（見入）」の本義は、①の「外から内部を見る」の意である。ところで、一般的に、通常の対象については、表面的一瞥《いちべつ》で終わるとしても、尊重し愛護しようと思う対象については、その心の奥底まで見きわめたいと思うものである。その意において、②義は理解されよう。③義は、神や精霊などが人の心の内部を熟視し、霊魂の本質を熟知することにより、その人を完全に支配してしまう状態を表すものである。

【文例】

①荒れたる門《かど》にたち隠れて**みいるれ**ば、五間《けん》ばかりなる檜皮《ひはだ》屋のしもに土屋倉などあれど、〔訳〕少将は、傍らの荒れた門の陰に身を寄せ雨を避けて、**門内の様子をうかがう**と、（門内には）五間《けん》四方ほどの檜《ひのき》の皮をふいた家があり、その向こうには土蔵などもあるが）〈大和173〉

②あからさまにきたる子ども・わらはべを、**見入れ**らうたがりて、をかしきものとらせなどするに、〔訳〕ついちょっと訪れた子供や童を、**目をかけ**てかわいがり、おもしろい物などを与えたりすると）〈枕28〉

③海《うみ》の中の竜王《りうわう》の、いたく物めでするにて、**見いれ**たりけるなり。〔訳〕海中の竜王が、ひどく、美しい

物に心を引かれる者であるので、自分に**執念を込めて取りついた**のであるよ）〈源氏・須磨〉

みおこす〔他動下二〕（見遣す）

①視線をこちらへ向ける。離れた所からこちらを見る。

【解説】「み（見）」（見ること）「おこす（遣）」（こちらへ送ってくる）の意。

〔対〕みやる〔他動四〕遠方を望み見る。見渡す。

【文例】

①黒戸の前などわたるにも、声などするをりは、袖をふたぎてつゆ**見おこせ**ず、いみじうにくみ給へば、

〔訳〕頭《とうの》中将は、清涼殿《せいりようでん》の黒戸の間《ま》の前をお通りになるにつけても、わたくしの声などが聞こえるときには、そでで顔を覆って全く**こちらに視線をお向けになる**こともなく、ひどくわたくしをけぎらいしていらっしゃるので）〈枕82〉

みかど〔名〕（御門・帝・朝廷）

①門の尊称。また、特に、皇居の門。宮門。

②皇居。
③天皇。
④宮廷。朝廷。
⑤天皇が治める国。国家。

【解説】「み（御）」（尊敬の意を添える接頭語）「かど（門）」の意。よって、「門の尊称」という、①を本義とするが、特に、わが国において最もりっぱなご門という意識で、「宮門」を指すようになる。その意を生ずれば、門により家全体を代表させるならわしの存したところから、②「皇居」の意が、次いで、人を指す場合、直接に表現することを避け、その人の居住する家などにより間接的に指すならわしの存したところから、③の「天皇」の意も生ずることになる。

【文例】
①**御門**《みかど》のわたり、所なく立ち込みたりし馬・車、うすらぎて、（[訳] かっては、二条院の**ご門**のあたりに、透き間もないくらいにたて込んでいた馬も牛車も、今では少なくなって）〈源氏・賢木〉
②天雲《あまくも》の 向伏《むか》す国の 武士《もののふ》と いはゆる人は 皇祖《すめろき》の 神の**御門**《みかど》の 外の重《とへ》に 立ち候《さもら》ひ（[訳] 天の雲がかなたに伏す遠い国の武士といわれる人は、天皇の**宮殿**の外に立って警護し）〈万葉443〉

③**帝**《みかど》、おりゐ給ひてまたのとしのあき、御《み》ぐしおろし給ひて、〔［訳］宇多**天皇**は、譲位なさった翌年の秋、出家剃髪なさって〕〈大和2〉

④万代《よろづよ》に坐《いま》し給ひて天《あめ》の下申《まを》し給はね**朝廷**《みかど》去らずて〔［訳］万年の後までも長寿をお保ちになって、天下の政治をおとりください。**朝廷**をけっしてお去りにならずに〕〈万葉879〉

⑤時に、新羅《しらぎ》、**中国**《みかど》に事《つか》へず。〔［訳］当時、新羅は、**日本**に服属していなかった〕〈書紀・雄略〉

みそかなり〔形動ナリ〕（密かなり）

①人目を避けて、こっそりと行うさま。

【解説】 連用形「みそかに」の形で、副詞的に用いられることが多い。同義の形容動詞「ひそかなり（密）」が漢文訓読体に用いられるに対し、この語は、平安女流文学に多く用いられるのである。

【文例】

①**密**《みそか》**なる**所なれば、門《かど》よりもえ入らで、童《わらは》べの踏みあけたる築地《ついひぢ》のくづれより通ひけり。〔［訳］**人目を避けて通う**所であったから、男は、門から入ることもできずに、子供たちが踏みあけた土《ど》べいのくずれた穴から通ったことであった〕〈伊勢5〉

みや〔名〕（宮）

①皇居。御所《ごしょ》。

②皇居・中宮・皇子・皇子並びに皇族の御殿《ごてん》。

③皇后・中宮・皇子・皇女などの尊称。

【解説】　「み（御）」（尊敬の接頭語）「や（屋）」（建物）の意。その本源は、神の住む御殿《ごてん》の意であるが、順次、その対象が拡大され、①の「皇居」、更に、②の「皇族の御殿」の意を生じ、最後に、②の御屋《みや》（宮）のあるじの尊称、③義を生ずる。

【文例】

①うち日《ひ》さす**宮**のわが背《せ》は（〔訳〕**宮中**にお仕えするあなたは）〈万葉3457〉

②**宮**にはじめてまゐりたるころ、ものはづかしき事の数知らず、（〔訳〕**中宮様の御所**に初めて参上したころ、何となく恥ずかしいことが数多くあって）〈枕184・清泉女大〉

③「いみじきをりのことかな」と、上《うへ》も**宮**も興《きよう》ぜさせ給ふ。（〔訳〕「実にうまく時機を得た文句《もんく》だな」と、天皇様も**中宮様**もおもしろがりなさる）〈枕313・筑波大〉

みやび〔名〕（雅び）

①優雅なふるまい。

【解説】　上二段活用の自動詞「みやぶ（宮→雅）」の連用形「みやび」の名詞に転じた語。「みやぶ」は、本来、「宮ぶ」の意で、「宮廷ふうの振る舞いをする」ことであったが、「宮」（宮廷）の文化は「鄙《ひな》」（地方）のそれに比し、洗練されて優雅なものと考えられたところから、「みやび」も、「優雅な振る舞い」の意を有するに至る。

【文例】

①「みちのくの忍ぶもぢずり誰《たれ》ゆゑにみだれそめにし我ならなくに」といふ歌の心ばへなり。昔人は、かくいちはやき**みやび**をなんしける。〔訳〕（その歌は、あの河原左大臣《かわらの》の）「みちのくの忍ぶもぢずり誰ゆゑにみだれそめにし我ならなくに（和歌訳省略）」という歌の心持ちを踏まえて詠んだものであった。昔の人は、このように情熱的な、しかし、**優雅な振る舞い**をしたものだ）〈伊勢1〉

みゆ〔自動下二〕（見ゆ）

①見える。目にはいる。
②見られる。見せる。
③思われる。
④世話を受ける。妻となる。
⑤顔を合わせる。会う。
⑥顔を見せる。来る。

【解説】 「み（見）」（上一段活用の他動詞「みる（見）」の未然形）「ゆ」（奈良時代の助動詞で、未然形に接続し下二段活用、受身・可能・自発の意味を有し、平安時代の助動詞「る」に代わられる）の意。①は、「ゆ」が自発の意で用いられた場合。②は、「ゆ」が受身の意に働いた場合。「見られる」の意が基本であるが、相手から「見られる」ことは、視点を移せば、こちらが相手に「見せる」ことでもあるわけだ。③は、「見る」の有する諸義の中、「判断する」の意に、自発の「ゆ」の付いた形。④は、「見る」の、「世話をする」という意に、受身の「ゆ」の付いたもの。⑤及び⑥は、「（顔を）見られる」、「（顔を）見せる」の意において、それぞれ、「会う」、「来る」の意に働くのである。

【文例】

①つきあかければ、いとよくありさま**みゆ**。（〔訳〕（十六夜のことゆえ）月が明るいので、門内のありさまはたいそうはっきりと**見える**）〈土佐〉

②おなじ所に住む人の、かたみに恥ぢかはし、いささかのひまなく用意したりと思ふが、つひに**見え**ぬこそ難《かた》けれ。（〔訳〕同じ所に住む人で、互いに慎み合い、少しのすきも無く気を配っていると思う人が、最後まで自分の本性を相手に**見せ**ない、それこそめったに無いことだ）〈枕75〉

③たゞ、かの惑《まど》ひのひとつ止《や》めがたきのみぞ、老いたるも若きも、智《ち》あるも愚かなるも、かはる所なしと**みゆる**。（〔訳〕ただ、あの色欲という迷い一つが断ち切りがたいのは、老人も青年も、知者も愚者も、変わりないものと**思われる**）〈徒然9〉

④かゝる異様《ことやう》のもの、人に**見ゆ**べきにあらず。（〔訳〕このような変わり者は、他人に**とつぐ**わけにはいかない）〈徒然40〉

⑤世の中の、いと憂《う》く思《おぼ》ゆるほど過《すぐ》してなむ、人にも**見え**たてまつるべき。（〔訳〕（妻に先だたれ）浮き世がたいそうつらく思われる、その間を過ごしてから**お目にかかり**ましょう）〈源氏・葵〉

⑥所〴〵になりなどして、誰も**見ゆる**ことかたうあるに、（〔訳〕おいたちも皆あちこちに別れ住むようになったりして、誰も**顔を見せる**ことがめったに無かったのに）〈更級〉

むくつけし〔形ク〕

①恐ろしい。気味が悪い。

②無骨である。むさくるしい。

【解説】　「むくつけし」は、不気味に動く状態を表す、擬態語「むく（むくむく）」を基底とし、そうした不気味なさまであること、形状や性質などが異様で不気味であることを表す語である。したがって、①を本義とするのであるが、その不気味さをうとましく思う心情から、②義を生ずる。

〔類〕むつかし〔形シク〕③見苦しい。むさくるしい。④気味が悪い。↓P348

〔関〕①むくむくし〔形シク〕気味が悪い。

【文例】

①たゞこの枕上《まくらがみ》に、夢に見えつるかたちしたる女、面影に見えて、ふと消え失せぬ。（中略）いと珍らかに、**むくつけゝれ**ど、〔訳〕ちょうど夕顔の枕もとのあたりに、先刻夢に現れた顔だちの女が、一瞬幻のように見え、すぐ消え失せてしまった。（中略）源氏君は、ひどく不思議な気持ちで、また、**気味が悪い**ので）〈源氏・夕顔〉

②**むくつけき**心の中に、いさゝか好きたる心まじりて、〔訳〕大夫《たいふ》の監《げん》は、**無骨な**田舎者《いなかもの》の気性の中に、

多少好色めいた性分《しょうぶん》も混じっていて）〈源氏・玉鬘〉

むげに〔副〕（無碍に・無下に）

①問題無く。

②ひたすら。ひどく。むやみに。

③すっかり。残らず。

④（下に否定の語を伴い）少しも。全然。全く。

【解説】　「無下」はあて字。正しくは「無碍」の字が当たり、「碍」が「妨げる。とどめる」の意であるところから、さしさわり、滞ることの無い状態を表す語である。よって、①がその本義であると考えられる。②は、何物にも妨げとどめられること無く、また、何事をも意に介さず、事態が進行し、また、事が行われる状態を表す用法。③は、何物にも妨げとどめられることの無い状態で事が行われてしまった、その度合。④は、③の否定の形であるが、古文におけるこの語の用法の中心は、この④の語義である。

〔類〕②④ひたぶるなり〔形動ナリ〕①いちずであること。むやみであること。②（下に否定の語を伴い、副詞的に）全然。↓P308

【文例】

①射をとさむ事は**無下に**安けれ共《ども》、是ほどの剛《かう》の者を念なううしなはん事情《なさけ》なかるべし。〔訳〕家忠を射落とすことは**問題無く**たやすいことではあるが、これほど武勇に優れた者をいとも簡単に死なせるということは、残念なことであろう）〈保元・白河殿攻め落とす事〉

②世をすてたる人の、万《よろづ》にするすみなるが、なべてほだし多かる人の、万にへつらひ、望《のぞみ》ふかきを見て、**無下に**思ひくたすは僻事《ひがごと》なり。〔訳〕世を捨てた人で、資産も係累《けいるい》も無く無一物である人が、総じて係累の多い世間の人が、何かにつけ他人にへつらい、また、欲望が深いのを見て、**むやみに**軽べつするのは、道理に合わぬことである）〈徒然142〉

③あさましく、心憂くおはしけり。聞えしさまをも、**むげに**忘れ給ひけること。〔訳〕あきれるほどに、あなたは情け無くつらくいらっしゃることだ。かつて、私が申し上げたことをまあ、**すっかり**お忘れになったとは）〈源氏・総角〉

④法師の**無下に**能なきは、檀那《だんな》すさましく思ふべしと、〔訳〕法師が**全く**無芸であるのは、施主《せしゅ》が殺風景に思うに違いないと）〈徒然188〉

むすぶ〔自動四〕（結ぶ）

①露・氷などが凝固する。あわなどが生ずる。

【解説】「むすぶ（結）」は、「生ずる」の意の四段活用の自動詞「むす（生・産）」と同系の語か。

〔関〕むすぼほる〔自動下二〕①結ばれる。②露などができる。③気がふさぐ。

【文例】

①淀《よど》みに浮ぶうたかたは、かつ消えかつ**結び**て、久しくとゞまりたる例《ためし》なし。〔訳〕流れの滞っているよどみに浮かんでいるあわは、一方では消えたかと思うと一方では**生じ**て、久しく同じ姿をとどめていることが無い）〈方丈〉

むすぶ〔他動四〕（結ぶ・掬ぶ）

①（多く、呪的な作法として）糸・ひもなどをゆわえる。また、結び目を作る。

②（長寿や多幸を祈願する呪術として）木の枝や草をゆわえ、また、結び目を作る。

③両手のてのひらを組み合わせて、水をすくい飲む。

④両手または片手の指を組み合わせて、印《いん》の形を組む。

⑤木などを組み合わせ、ひもなどをゆわえて、物を作る。
⑥約束する。

【解説】 ひもの端や手の指などを固くからみ合わせて、離れぬようにすることを表す語。①・②及び④義は、通じて呪術《じゅじゅつ》的な性格を有している。古代の日本には、霊魂を結び目に封じ込めるという呪法が存在したようである。また、「玉箱（霊篋《たまばこ》）」と呼ばれる、霊魂のシンボルとしての玉を収めておく箱があり、その箱にも、蓋《ふた》が開かぬよう、独特のひも結びが施されていたことも、文献の伝えにより知られる。祝儀袋《しゅうぎぶくろ》のみずひきや和服の帯の多様な結び方の存在も、このことと無縁ではないようだ。⑥義も、約束に際して、そうした結びの呪術が行われたことによるのであろう。子供の約束の遊戯「指切り」も思い合わされる。

【文例】
①初秋風涼しき夕《ゆふべ》解かむとぞ紐《ひも》は**結び**し妹《いも》に逢はむため（[訳] 初秋の風も涼しい七月七日の夕べに解こうと思って、わたくしの下ひもは**結ん**だのであった。恋しい人に会って解くために）〈万葉4306〉
②磐代《いはしろ》の浜松が枝《え》を引き**結び**真幸《まさき》くあらばまた還り見む（[訳] 磐代の浜に立つ松の枝を今**結ん**で幸せを祈るのであるが、もし幸いにして命があったときには、再びこの地に帰りきたって、これを見よう）〈万

葉141〉
③袖ひぢて**むすびし**水のこほれるを春立つけふの風やとくらん〔訳〕（夏の日盛《ひざか》りに）袖をぬらして両の**てのひらですくい飲ん**だ水が（冬の厳しい寒さのために）氷っていたのを、立春の今日の風が、きっと解かしていることであろうよ）〈古今2〉
④定印《ぢやういん》を**結び**て、居ながら終りにけり。〔訳〕一乗院大僧都《いちじよういんだいそうず》は、印を**結ん**で、座ったままで往生《おうじよう》を遂げたことであった）〈著聞49〉
⑤こゝに六十《むそぢ》の露消えがたに及びて、更に末葉《すゑは》の宿りを**結べ**る事あり。〔訳〕さて、六十という、露のごとき命の、今にも消えんとするころになって、あらためて、残りの命を宿すべきすみかを**作っ**たことである）〈方丈〉
⑥わが黒髪の　ま白髪《しらが》に　成りなむ　極《きは》み　新世《あらたよ》に共に在《あ》らむと　玉の緒《を》の　絶えじい妹《いも》と　**結び**てし言《こと》は果さず〔訳〕わが黒髪が真白になってしまうまで、常に新たになって行く世と共に生きてゆこうと、二人の仲はけっして絶えまいと、互いに**約束し**たその言葉を果たすこと無く）〈万葉481〉

むつかし〔形シク〕（難し）
①心が晴れ晴れしない。不快である。

②うっとうしい。
③見苦しい。むさくるしい。
④気味が悪い。
⑤うるさくてめんどうである。困る。やっかいである。煩わしい。
⑥重体である。

【解説】 現代では、時に、「気むずかしい」の意に用いられることもあるものの、大多数の場合、「困難である」の意に用いられるこの語であるが、古文では、まだこうした語義はほとんど現れておらず、その用法は、「ごたごたしていて煩わしく、気がつまるような感じだ。不快である」といった心理的な内容を表す場合が大多数である。時には、「不気味である」の意に用いられることもある。

〔類〕①いぶせし〔形ク〕気が晴れない。↓P85
④むくつけし①〔形ク〕気味が悪い。↓P343
〔対〕①こころよし①〔形ク〕気分が良い。↓P168
〔関〕①②むつかる〔自動四〕不愉快がる。

【文例】

①世の中の腹立たしう、**むつかしう**、片時あるべき心地《ここち》もせで、（〔訳〕世の中が腹だたしく、**心も晴れず**、片時も生きていられそうになく）〈枕277・東大〉

②女ぎみは、「暑く、**むつかし**」とて、御髪《みぐし》すまして、（〔訳〕紫上《むらさきのうえ》は、「暑くて**うっとうしい**」といって、おぐしを洗って）〈源氏・若菜下〉

③竜胆《りんだう》は、枝ざしなども**むつかしけれ**ど、（〔訳〕りんどうは、枝のぐあいなども**むさくるしい**が）〈枕67・東京医科歯科大〉

④右近《うこん》は、たゞ、「あな**むつかし**」と、思ひける心地《ここち》、皆さめて、（〔訳〕右近は、それまで、「ああ**気味が悪い**」とばかり思っていたが、今はその気持ちもすっかり冷め果てて）〈源氏・夕顔〉

⑤暮れゆくに、まらうどは帰り給はず。ひめ宮、「いと、**むつかし**」とおぼす。（〔訳〕日は暮れてゆくが、薫君はお帰りにならない。大君《おおきみ》は、「実に困ったこと」と思っておられる）〈源氏・総角〉

⑥法皇夜前《やぜん》より又**むつかしく**おはします。（〔訳〕後白河法皇は、昨夜からまた**重体で**いらっしゃる）〈明月記・建久三年〉

むとくなり〔形動ナリ〕（無徳なり）

①貧乏である。

②役に立たないこと。
③ぶかっこうであること。

【解説】「むとく」は「無徳（無得）」。したがって、「徳（得）」の「財力・財産」の意からは、①「貧乏」の義が、また、「利益。利得。恩恵」の意からは、②「役に立たないこと」の義が、更に、「すぐれた人格。品格」の意からは、③「ぶかっこう」の義が、それぞれ生ずるのである。

〔類〕①まづし〔形シク〕貧乏である。

【文例】
①**無徳に**侍れば従う下人《げにん》も侍らねば、〔訳〕**貧乏で**ございまして、従うしもべもおりませんので）〈宇津保・俊蔭〉
②水のうへ**無徳なる**、今日の暑かはしさかな。〔訳〕（ここは釣殿《つりどの》であるから、水の上にいるのと同じことであるが、その）水の上にいても**効果の無い**、今日の暑苦しさですよ）〈源氏・常夏〉
③**むとくなる**もの（中略）おほきなる木の風に吹き倒されて、根をささげ横たはれ臥せる。〔訳〕**ぶかっこうな**もの。（中略）大きな樹木が風に吹き倒されて、根を上にして横ざまに転がっているもの）〈枕125〉

めざまし〔形シク〕（目覚まし・目醒まし）

①思いの外《ほか》にすばらしい。実にすばらしい。

②意外でしゃくにさわる。不愉快である。

【解説】　「目覚（醒）まし」の意で、目を覚まし目を見張るような状態を表す語である。①義には、（1）つまらぬ者と思っていた相手が思いの外の力を発揮した、（2）相当なものとは思っていたが、相手がこれほど優れているとは思わなかった、の二つの場合が、そして、②義には、（1）自分に対する扱い方が予想外に不当で不愉快である、（2）見下していた相手に越えられて不愉快である、の二つの場合が、それぞれ存するのである。

【文例】

①なほ和謌は**めざましき**ことなりかしと、おぼえ侍《はべり》しか。〔訳〕何と言ってもやはり、和歌というものは**実にすばらしい**ものであるよ、と思われたことでございました）〈大鏡・師輔伝〉

②はじめより、「われは」と、思ひあがり給へる御かた〴〵、**めざましき**者におとしめそねみたまふ。〔訳〕入内《じゆだい》した当初から、「我こそは」と自負していらっしゃった女御や更衣方は、（桐壺帝のご寵愛《ちようあい》を一身に集めていらっしゃるこの桐壺更衣を）**思いの外《ほか》に目ざわりな**者として、軽べつし、また、ねたみなさる）

〈源氏・桐壺〉

めす〔他動四〕（見す・免す）

①ごらんになる。

②お治めになる。

③お呼び寄せになる。

④結婚の相手となさる。

⑤お取り寄せになる。

⑥「飲む」「食ふ」「着る」「乗る」などの尊敬語。

【解説】「め（見）」（上一段活用の他動詞「みる（見）」の未然形「み」の音転）「す」（尊敬の助動詞「す」の終止形）の意。①がその本義であるが、相手の霊魂の本質を見きわめなさり、その結果、相手を支配し自由になさる、の意において②・④両義が、また、お呼び寄せになり、その人物の顔をごらんになるの意で、③義が、更に、お取り寄せになり、その物をごらんになるの意で、⑤義が、それぞれ生ずる。⑥義は、⑤義よりの派生である。

〔類〕②しろしめす②〔他動四〕お治めになる。

【文例】

①埴安《はにやす》の　堤の上に　あり立たし　**見《め》し**給へば（[訳]埴安の堤の上に、いつもお立ちになって**ごらんになる**と）〈万葉52〉

②やすみしし　わが大王《おほきみ》　高照らす　日の皇子《みこ》　荒栲《あらたへ》の　藤原がうへに　食《を》す国を　**見《め》し**給はむと（[訳]わが大君、日の皇子は、藤原の地で国を**お治めになろ**うと）〈万葉50〉

③随身《ずいじん》を**召させ**給ひて、御車引きいれさせ給ふ。（[訳]（源氏君は、右近《うこん》に命じて）お供の舎人《とねり》を**呼び出させなさって**、牛車《ぎっしゃ》を邸内に引き入れさせなさる）〈源氏・夕顔〉

④汝《な》は夫《を》に嫁《あ》はざれ。今**喚《め》し**てむ。（[訳]おまえは夫を持つな。そのうちにわたしがおまえを**きさきとして迎え**てやろう）〈古事記・雄略〉

⑤楽所《がくそ》とほくて、おぼつかなければ、御前に、御琴ども**召す**。（[訳]奏楽所が遠くて、音楽の音《ね》が分明に聴き取れないから、冷泉《れいぜい》帝は御前に絃楽器を**お取り寄せになる**）〈源氏・乙女〉

⑥戯奴《わけ》がためわが手もすまに春の野に抜ける茅花《つばな》そ**食《め》し**て肥《こ》えませ（[訳]おまえさんのために、一生懸命手を働かせて春の野で抜いたつばなです。**召し上って**お太りなさいませ）〈万葉1460〉

めでたし〔形ク〕

①賛嘆せずにはいられない。実にすばらしい。

②けっこうなことである。慶賀すべきである。

【解説】 現代では、②の「慶賀すべきである」の意を中心に、時に、「お人よしでだまされやすい」の意に用いられるこの語であるが、本来、「めで（愛・賞）・いたし（甚）」の約であるところから、「賛嘆せずにはいられない。実にすばらしい」の意の①は、この語の本義であると共に、古文における中心的用法でもある。「お人よしでだまされやすい」の意は、近世に入り生じた語義である。

【文例】

①いひ知らずをかしげに、**めでたく**書き給へるを見て、〔訳〕（今は亡き行成大納言の姫君が）言いようも無いくらい趣深く、**実にすばらしく**書いていらっしゃるのを見て）〈更級〉

②「**めでた**のことや」とぞ、心にもあらでうちいはれぬ。〔訳〕（夫は気分がすぐれぬと言いながら逍遙に出かけたと聞いて、わたくしは、心中では、そんな余裕があるのなら訪ねてくれれば良いのに、と思いながら、表面は）心にも無く、「**けっこうな**ことですわ」と、つい言ってしまった）〈蜻蛉・下〉

めのと〔名〕（乳母）

①母親に代わり、乳を飲ませて子を育てる女。

【解説】「め（妻）のをと（妹）」の約。古代、姉夫婦の間に生まれた子を、妹が母代わりとなって養育する習慣が存したところから、この語が生じた。これは、夫からその女性を見ての称であり、対して、養育される子供からその女性を見ての称としては、「うば」（「をば（叔母）」の音転）が存する。この女性は、その子の監督者という立場にあり、一般の女房たちとは別格であった。

【文例】

①**乳母**《めのと》なる人は、をとこなどもなくなして、境にて子産《う》みたりしかば、はなれて別《べち》にのぼる。いと恋しければ、行かまほしく思ふに、せうとなる人抱きてゐて行きたり。〔訳〕わたくしの**乳母**は、すでに夫を亡くしており、（今また、この下総《しもふさ》・武蔵《むさし》両国の）国境いで出産し（汚れてい）たので、我我一行と離れて別に京へ上ることになった。わたくしは、乳母がたいそう恋しいので、乳母の所に行きたいと思っていると、兄が、わたくしを抱くようにして、乳母の所へ連れて行ってくれた）〈更級〉

めやすし〔形ク〕（目安し）

①相当の容貌である。
②無難だ。見苦しくはない。

【解説】「め（目）」は、「見ること」また、そこから転じて「顔」の意。よって、安らかな心持ちで見ていられるような「顔のさま」あるいは「事象・状態」を表す語である。

〔対〕みにくし〔形ク〕①見苦しい状態である。②不器量である。

【文例】

①髪ゆるゝかにいと長く、**めやすき**人なめり。少納言の乳母とぞ、人いふめるは、此の子の後見《うしろみ》なるべし。（〔訳〕その人は、髪がゆったりとたいそう長く、**相当の容貌の**持ち主である。少納言の乳母と女房たちが呼んでいたようであるから、この少女のお世話役であるに違いない）〈源氏・若紫〉

②長くとも、四十《よそぢ》にたらぬほどにて死なんこそ、**めやすかる**べけれ。（〔訳〕いかに長生きしたとしても、（老年に達する）四十歳にならぬうちに死ぬのが、無難であるに違いない）〈徒然7〉

もしは〔接〕（若しは）

①あるいは。または。もしくは。

【解説】　不確定・不確実な内容を示す、副詞の「もし（若）」に、係助詞「は」の合した形であり、一つの事態として確定されず、他に可能性の存する場合に用いるものである。なお、この語は、主として、平安時代の女流文学に用いられ、漢文訓読体においては、「もしくは（若）」の語が用いられるのである。

【文例】

①十日・廿日過ぎにしかば、やう〳〵間遠《まどほ》になりて、或は四五度、二三度、**若《も》は**一日まぜ、二三日に一度など、おほかたその余波《なごり》、三月ばかりや侍《はべ》りけむ。（〔訳〕（本震から）一〇日、二〇日経過したので、しだいに、余震も間遠になって、あるいは、日に四・五度、二・三度、**または**一日おき、二・三日に一度など、およそ、その余震は、三月《みつき》ほども続きましたでしょうか）〈方丈〉

ものし〔形シク〕（物し）

①怪しい感じがする。何となく不気味である。

②気障《きざわ》りである。心に抵抗を感じさせるものがある。不愉快である。

【解説】　「もの（物＝霊）」（鬼・怨霊《おんりよう》・魔物）などが出現しそうなさま、の意に発する語であり、不安感・不快感を表す語である。

【文例】

①「夢に**ものしく**みえし」などいひて、〔訳〕「夢の諭《さと》しでは、その場所は**不吉に**思われた」などと言って）〈蜻蛉・上〉

②いざ、もろともにかへりなん、または**ものしかる**べし。〔訳〕さあ、わたしもあなたといっしょにあなたの屋敷へ帰ってしまおう。あなたも、またここへわたしを見舞いに来るのは、きっと**不愉快である**に違いないから）〈蜻蛉・上〉

ものす〔自動サ変〕（物す）

①「あり」「居り」「来」「行く」などの動作を婉曲《えんきょく》に言う語。

【解説】　「もの（物）」は、対象となる動作・行為及び状態を個々に具体的に示す代わりに、一般的に指し示す語である。したがって、直接的表現に対し、婉曲的な表現となるのである。平安時代の女流文学を中心に用いられるものであり、特に、「代動詞」と称されることもある。

【文例】

①いはけなき人も、いかに、と思ひやりつゝ、もろともに、はぐゝまぬおぼつかなさを。今は猶、昔のかたみになずらへて、**ものし**たまへ。〔訳〕（あなたのお手もとで）若宮もどのように過ごしているか、と思いをはせながら、あなたと共に若宮を育てぬ心もとなさよ。今となってはやはり、若宮を亡き桐壺更衣を思い出すよすがと見なして、若宮とごいっしょに**参内なさい**）〈源氏・桐壺〉

ものす〔他動サ変〕（物す）

【解説】 ①「言ふ」「書く」「食ふ」「す」などの動作を婉曲に表す語。
自動詞「ものす（物）」に対応する他動詞。

【文例】

①なほもあらぬことありて、春夏、なやみくらして、八月《はつき》つごもりに、とかう**ものし**つ。〔訳〕（その除目で夫が紀伊権介《きいのごんのすけ》を兼ねるという）普通でないこともあり、春夏と苦しみ続け、八月末になって、ようやく道綱を**出産した**）〈蜻蛉・上〉

やうやう〔副〕

①しだいに。だんだんと。
②おもむろに。静かに。しずしずと。
③かろうじて。やっと。

【解説】　「やや（稍）」の音転。また、「やうやく（漸）」のウ音便であるとも言われる。事の度合いが徐々にしかし確実に進行してつのるさま、を表す語である。その意味において、①義が本義であり、また、その義における用法が中心であるが、その事の進行が急激ではなく、徐々に行われるものであるところから、②義及び③義も生ずるのである。③義は、逆接の表現を伴うことも多い。

【文例】
①**やうやう**しろくなり行く山ぎはすこしあかりて、（〔訳〕しだいに白んでゆく、その山に接した空のあたりがやがて明るくなって）〈枕1〉
②見れば、普賢菩薩《ふげんぼさつ》象に乗《のり》て、**やう〳〵**おはして、坊の前にたち給へり。（〔訳〕聖《ひじり》が見ると、普賢菩薩が、象に乗って、**しずしずと**おいでになって、僧坊の前に立っていらっしゃる）〈宇治104〉
③**やう〳〵**として、穴の口までは出《い》でたれども、え出でずして、（〔訳〕**かろうじて**、穴の口までは行き着いたが、それを抜け出ることはできず）〈宇治171〉

やがて〔副〕（軈て）

①（ある事柄について）すなわち。とりもなおさず。外ならぬ。

②（ある状態について）さながら。そのまま。

③（時間に）すぐに。……するやいなや。即座に。直ちに。

④まもなく。

【解説】 二つの動作や状態の間に何の変化も時間的な隔たりも存在しないことを表す語である。①義は「事柄」について、②義は「状態」についての用法であるが、「時間」的に連続して隔たりの無いこと、すなわち、「すぐに。直ちに」の意の、③の用法が中心となるのである。とりわけ、現代では、この語が、「そのうちに。まもなく」といった意で、きわめて隔たっているというわけではないが、といって引き続いてというわけでもない「時間」的内容を表すものとして用いられることが通常であるだけに、注意が望まれる。

〔類〕①③すなはち〔副〕①即座に。②そのまま。

【文例】

①いまふたりは、女院《にようゐん》・淑景舎《しげいさ》の人、やがてはらからどちなり。〔訳〕あとの二人《ふたり》は、女院の女房と淑景舎の女房で、（その二人は）**すなわち**姉妹同士である）〈枕90〉

②ある時には、大殿ごもり過ぐして、やがてさぶらはせ給ひなど、〔訳〕あるときなどは、（桐壺帝は桐壺更衣と）寝過ごしなさり、**そのまま**更衣をおそばにお仕え申し上げさせなさるなど）〈源氏・桐壺・東教大〉

③名を聞くより、**やがて**面影は推しはかるゝ心地《ここち》するを、見る時は、また、かねて思ひつるまゝの顔したる人こそなけれ。〔訳〕名前を**聞くやいなや**その人の顔だちは思い浮かべられるような気がするのであるが、実際にその人に合うとき、また、前に思っていたとおりの顔をした人はいないことだ）〈徒然71・東教大〉

④閏《うるふ》四月廿五日、后宣旨かぶらせ給、御年卅九。**やがて**みかどうみたてまつり給。〔訳〕閏四月二十五日、穏子《おんし》女御は、中宮に立てるという醍醐《だいご》天皇のご命令をお受けあそばす。お年は三十九歳でいらっしゃる。**まもなく**朱雀《すざく》天皇（寛明《ゆたあきら》親王）を産み申し上げなさる）〈大鏡・村上天皇紀〉

やさし〔形シク〕

①身も細る思いである。

②恥ずかしい。
③遠慮がちで控え目である。気を使ってつつましい。
④優雅である。
⑤けなげで感心である。殊勝《しゆしよう》である。
⑥暖かく思いやりが深い。

【解説】 「やさし」の語幹「やさ」は、下二段活用の自動詞「やす（瘦）」と同根。よって、①の「身も細る思いである」が、この語の本義である。そうした思いを抱く場合の最も典型的な例が、「恥ずかしさ」を感じている場合であり、②義を生む。「恥ずかしさ」を感じている人の状態の迷想から、③の「遠慮がちで控え目である」の義も、更に、その③義の連想から、④の「優雅である」の意も生まれるのである。現代における。この語の中心的用法でもある、⑥の「暖かくて思いやりが深い」の意は、中世に生じた義であり、古文の用法の中心は、あくまでも、②—④義である。

【文例】
①世間《よのなか》を憂しと**やさし**と思へども〔訳〕この世の中を、つらいと思い**身も細るような気持ちがする**と思うけれども）〈万葉893〉

②人聞《ぎ》き、**やさしかる**べし。（［訳］それも外聞《がいぶん》は**恥ずかしい**ことであろう）〈源氏・真木柱〉
③しげきは百八十におよびてこそさぶらふらめど、**やさしく**申《まうす》なり。（［訳］繁樹は百八十歳になってはおりましょうが、**遠慮がちに**（何歳であるかを覚えていないと）申したのです）〈大鏡・序〉
④おそろしき猪のしゝも、「ふす猪の床《とこ》」といへば、**やさしく**なりぬ。（［訳］恐ろしい猪《いのしし》なども、（和歌で）「ふす猪の床」などと言うと、**優雅な感じに**なってしまうことだ）〈徒然14〉
⑤為朝が矢はおしけれど、己《おのれ》が振舞**やさしけれ**ば、一筋取らするぞ。（［訳］この為朝の矢（でおまえのような下賤の者を射ること）は惜しいが、おまえのしわざが**殊勝である**から、一筋くれてやるぞ）〈保元・白河殿へ義朝夜討ちに寄せらるる事〉
⑥さるにても御身は**やさしき**心を持ち給へる人かな。（［訳］それにしてもあなたは**暖かく思いやり深い**心をお持ちの方ですね）〈伽・梅津かもむ物語〉

やつす〔他動四〕（俏す・窶す）
①目立たぬように、姿や様子を変える。
②特に、出家姿となる。

【解説】　「人の容姿やその服装などが、以前とは変わって地味《じみ》な目立たぬ様子になる」また、「以前とは一変して、荒れはて、落ちぶれ、衰弱している」の意の下二段活用の自動詞「やつる（俏・窶）」に対応する他動詞である。①が本義であり、中心であることは、言うまでもないが、特殊な用法としての②義についても注意を要する。

〔類〕①ことそぐ〔他動四〕簡素にする。

【文例】

①御車《みくるま》も、いたく**やつし**給へり。さきもおはせ給はず。〔訳〕（源氏君は、お忍びのお出かけであるので）牛車《ぎっしゃ》も、ひどく**目立たぬように簡素にして**いらっしゃる。また、先払いもさせなさらない）〈源氏・夕顔〉

②額《ひたひ》は、僧都ぞ剃《そ》ぎ給ふ。「かゝる御かたち、**やつし**給ひて、悔い給ふな」など、尊き事ども、説き聞かせ給ふ。〔訳〕もちろん浮舟の額髪《ひたいがみ》は、僧都がおそぎなさる。「このように美しいご容姿を**尼姿にお変えになって**、後悔なさいますなよ」などおっしゃり、得度《とくど》の際のいろいろありがたいことを説明してお聞かせになる）〈源氏・浮舟〉

やまがは〔名〕

①山中を流れる川。

【解説】　「やまがは（山川）」は、「山中を流れる川」の意であり、「山と川。山や川」の意の「やまかは（山川）」とは相異なるものである。これがかなで表記されている場合は問題が無いのであるが、漢字表記の場合には、外見的区別が付けがたいものであるゆえ、文脈の展開に即した確実な読み取りが要求されるのである。

【文例】
①山川《やまがは》に　鴛鴦《おし》二つ居て　偶《たぐひ》よく　偶《たぐ》へる妹《いも》を　誰か率《ゐ》にけむ〔訳〕**山中の川の流れ**に、（雌雄の）おしどりが二羽（いかにも仲良くつり合いもとれて）並んでいる。そのように（皇子《みこ》様と媛《ひめ》様ご夫妻で）いかにも仲良くつり合いもとれて並んでいらっしゃった、その媛様を、いったいだれが（無情にも死者の世界へ）連れていってしまったのであろうか）〈書紀歌謡113〉

やまのは〔名〕（山の端）
①山の稜線《りようせん》。山の輪郭。
【解説】　「やまのは（山端）」は、空に接している山の部分、すなわち、「山の稜線。山の輪郭」の意である。これと区別されねばならず、また紛らわしいものに、「山の稜線に近い空の部分」を指す「やまぎ

は（山際）」が存する。注意が望まれる。

【文例】

①夕日のさして**山のは**いとちかうなりたるに、からすのねどころへ行くとて、みつよつ、ふたつみつなどとびいそぐさへあはれなり。（［訳］夕日が（赤赤と）さして、（その夕日を背後に受け）**山の輪郭**がくっきりと浮き立ち迫って見えるころに、からすがそのねぐらへ帰ろうとして、三羽また四羽、そして二羽また三羽と、急いで飛んで行く姿さえしみじみと心深いものである）〈枕1〉

やむごとなし（やんごとなし）〔形ク〕

①捨てておくことができない。

②格別である。ひととおりでない。

③重々しい。高貴である。尊い。

【解説】「やむ（止）」（この場合は、「気持ちが治まる」の意を表す、四段活用の自動詞「やむ（止）」の連体形）「こと（事）」「なし（無）」の意。よって、「（そのまま打ち捨てておくのでは）どうにも気持ちが治まらない」の意の、①を本義とする。そして、自分にそうした気持ちをいだかせる対象は、並ひととおりのものではなく、また、重々しい、尊い事柄であり、人であるところから、②・③義を生ずることになる。

〔類〕③たふとし③〔形ク〕高貴である。

【文例】

①**やむごとなき**ことによりて遠き所にまかりて、〔訳〕**捨てておくわけにゆかぬ**ことがあって、遠い所に参りまして）〈後撰747題詞〉

②身に**やむごとなく**思ふ人のなやむを聞きて、いかにいかにと、おぼつかなきことをなげくに、おこたりたる由《よし》、消息《せうそく》聞くも、いとうれし。〔訳〕自分にとって**大事な**方と思っている人が病んでいると聞き、どんなぐあいであろうと、様子の知れぬ気がかりを嘆いているとき、快癒《かいゆ》したということを便りに聞くのも、たいそううれしい）〈枕276〉

③御門《みかど》の御位《みくらゐ》はいともかしこし。竹の園生《そのふ》の末葉《すゑば》まで、人間の種ならぬぞ**やんごとなき**。〔訳〕天皇のみ位はまことにおそれおおいことだ。親王やそのみ子に至るまで、人間の筋でないことは、きわめて**尊いことである**）〈徒然1〉

やる〔他動四〕（遣る）

①思い切って行かせる。事の成り行きに任せて行かせる。

②命じて行かせる。差し向ける。

③（かまわずに）先へ進める。どんどん行かせる。

④（物などを）送る。届ける。

⑤思いを晴らす。

⑥（水を）流れて行かせる。

⑦思いのままに行かせる。逃がす。

【解説】 本来は、「先行きどうなるかにかまわずに人を行かせ、物事を進める」の意であり、よって、①・③両義をその本義とするものである。が、そうした不確定な状況のもとに他人を動かすことは、対等の関係では行いがたいところであり、そこに、「上位者が下位者に命じて行かせる」の、②義の生ずるゆえんもあるのである。④義も、「下位者に対して物を送りつける」場合であることが多い。対して、⑦義は、「事の成り行きに任せて、相手の心のままに行かせる」の義で、そこから「逃がす」の意を生ずるものである。

〔対〕④おこす①〔他動四〕送ってよこす。↓P102

【文例】

①わが背子《せこ》を大和《やまと》へ**遣《や》る**と（［訳］弟を（帰したくない）大和へ**心ならずも帰そ**うとして）〈万葉105〉

②かかるべしとだに知りたらば、今井を勢田《せた》へは**やら**ざらましを。（［訳］万一、こんなことになろうと知っていたなら、今井を勢田へ**差し向け**などはしなかっただろうに……）〈平家・河原合戦〉

③車を**やれ**といふと心得て、（［訳］（牛飼いは、中納言が）牛車《ぎっしゃ》を**どんどん走らせよ**と命じたのだと思って）〈平家・猫間〉

④買ふ人、明日《あす》その値《あたひ》を**やり**て牛を取らんと言ふ。（［訳］牛を買おうとする人が、明日その代金を牛商人に**届け**て、引き換えに牛を受け取ろう、と言う）〈徒然93〉

⑤その恨み、ましてや**ら**むかたなし。（［訳］その（お部屋をよそに移された更衣の桐壺更衣に対する）恨みは、他のおきさき方にもまして（深く）どう**晴らし**ようも無いことである）〈源氏・桐壺〉

⑥水深う**遣り**なし、植木どもなどして、（［訳］（須磨のお住まいのお庭には）遣水《やりみず》を深く**流れる**ようにし、植木なども植えて）〈源氏・須磨〉

⑦やれ、いたづら者め、**やる**まいぞ、**やる**まいぞ。［訳］やい、この役立たずめ、**逃がす**まいぞ、**逃がす**まいぞ）〈狂言・居杭〉

やる〔補助動四（接尾四）〕（遣る）

①（動詞の連用形に「て」の合した形に付き）ある動作を進んで行う。……してやる。

②（動詞の連用形に付き、多く、下に否定の語を伴って）……し遂げる（ことができない）。

③（動詞の連用形に付き）動作を遠方に及ぼす。

【解説】 前項の他動詞「やる（遣）」の補助動詞（③は接尾語）に転じたもの。①義は、多く、目下に対する動作の意で用いられる。

【文例】

①機嫌《きげん》を直すはやし物を教へて**やら**う。〔[訳]（きげんを直す囃子《はやし》を教えて**やろ**う）〈狂言・張蛸〉

②言《こと》にいでゝも、きこえ**やら**ず、〔[訳]（桐壺更衣は心中の思いを）言葉に出して**すべて申し上げることができないで**）〈源氏・桐壺〉

③おぼし**やり**つゝ、ともし火をかゝげつくして起きおはします。〔[訳]桐壺帝は、亡き桐壺更衣の里に**はるかに**思いを**はせ**なさりながら、燈火をかき上げ尽くして、それが消えてしまってもまだ起きていらっしゃる）〈源氏・桐壺〉

やをら〔副〕

①おもむろに。静かに。そっと。

【解説】 静かに、物音をたてぬように動作するさまを表す語である。類義の語に、副詞「みそかに〈密〉」が存するが、この「みそかに」が、「人目につかぬように、隠れて、こっそりと行うさま」を表すに対し、「やをら」は、「人目に関係無く、静かでゆったりとした行動をなすさま」を表す語であり、この点に差違を存するのである。

〔類〕やはら〔副〕静かに。そっと。ゆっくりと。

【文例】

①みちびくまゝに、母屋《もや》の几帳《きちやう》の帷子《かたびら》引き上げて、いと、**やをら**入り給ふとすれど、皆しづまれる夜の、御衣《おほんぞ》のけはひ、やはらかなるしも、いとしるかりけり。〔訳〕小君《こぎみ》の手引きに任せて、源氏君は、母屋《おもや》の几帳《きちよう》の垂れ布を引き上げて、**そっと**入ろうとなさるのだが、あたりのすっかり静まった夜の、柔らかなお召し物の音は、(生地《きじ》が柔らかなだけ)かえってはっきりと聞こえるのであった)〈源氏・空蟬〉

ゆかし〔形シク〕（床し）
①聞きたい。知りたい。見たい。
②何となく慕わしい。

【解説】「ゆか（行）」（「そちらへ向かう。気が進む」の意の、四段活用の他動詞「ゆく（行）」の未然形）に、状態を表し、形容詞を形成する接尾語「し」が付いた語。心が引かれるさまを表す語である。「床し」はあて字。

［関］①ゆかしがる〔他動四〕聞きたがる。知りたがる。見たがる。
おくゆかし〔形シク〕①聞きたい。知りたい。見たい。②何となく慕わしい。

【文例】
①やう〱夜中などにもなりやしぬらんとおもふほどにたちのきたまふを、「いづかたへか」と**ゆかしう**て、人をつけたてまつりてみせければ、（［訳］そろそろ夜半などにもなったであろうかと思うころに〈義孝少将は、細殿《ほそどの》の女官の局《つぼね》から〉お帰りになるので、「いったいどちらへおいでになるのであろうか」と**知りたく**て、人に命じて少将のあとをつけ申し上げて、様子をうかがわせたところ）〈大鏡・伊尹伝〉
②やま路《ぢ》来てなにやら**ゆかし**すみれ草《ぐさ》（［訳］ただ一人、山路をたどって来て、ふと目に触れた一もとの

すみれ草よ。**何となく慕わしい**ことだ）〈俳・野ざらし〉

ゆめ〔副〕（勤・謹・忌）

①必ず。気を付けて。つとめて。

②（禁止の「な」を伴い）けっして（……するな）。

【解説】 神聖・不浄の存在に一定の距離を保ち身を清め謹む（斎《ゆ》）態度で接する（目《め》）の意で、①「気を付けて」の義もある一方、「触れてはならぬ」という禁忌《きんき》の意識から、②義も生じるのである。

【文例】

①霍公鳥夜鳴《ほととぎすよなき》をしつつわが背子を安眠《やすい》な寝《ね》しめ**ゆめ**情《こころ》あれ（［訳］ほととぎすよ、夜鳴きを続けて、どうかわが君を安眠させるなよ。**つとめて**、心して鳴き立て（て、わが君をわたくしと同じように悩ませてくれ）よ）〈万葉4179〉

②**ゆめ**、御宮仕へのほどに、人ときしろひそねむ心、つかひ給ふな。（［訳］**けっして**、御宮仕えの間に、帝のご寵愛を人と争い競ってねたむ心を起こしなさいますな）〈源氏・若菜下〉

ゆゆし〔形シク〕（忌々し・由々し）

①忌まわしい。気味が悪い。

②たいへんな。はなはだしい。

③優れている。良い。

【解説】「ゆゆし」の基幹をなす「ゆ」は、「斎《ゆ》つ真椿《まつばき》」などの「ゆ（斎）」で、神聖また不浄の存在に対し、触れてはならぬと畏怖《いふ》する気持ちを表す語。その「畏怖」の心情の、「触れてはならぬ」という禁忌の意識は①義を、そして、「超越的存在」に対する賛仰の念は③義を生ずるが、その過程で、程度のはなはだしさを表す②義も生まれる。

【文例】

①思へば、船に乗りてありく人ばかり、あさましく**ゆゆしき**ものこそなけれ。（〔訳〕考えてみると、船に乗ってこぎ回る人くらい、あきれて**気味の悪い**ものは無い）〈枕306〉

②**ゆゆしき**螢かな。集めたらんやうにこそ見ゆれ。（〔訳〕まあ、**ずいぶん多くの**螢ですこと。まるで集めたように見えるわ）〈十訓・一・熊本大〉

③たゞ人《びと》も、舎人《とねり》など給はるきはは**ゆゝし**と見ゆ。（〔訳〕摂関家以外の貴族でも、随身《ずいじん》などを賜る身分の

方は、**すばらしい**と思われる）〈徒然1〉

ゆゑ〔名〕（故）

①重大な深い理由。確かな原因。

②正しい由緒《ゆいしょ》・来歴。

③一流の家系・血統。

④一流の趣味・風流。

⑤一流の雅趣・風情《ふぜい》。

⑥（体言を受けて、接続助詞のように用いて）……が原因で。……のために。……が理由で。

⑦（体言を受けて、接続助詞のように用いて）……なのに。……なのに、それがもとで。

【解説】　「ゆゑ（故）」は、「基づくところ」の意で、本質的・根源的な原因・理由・由来を表す語。①・②を本義とするが、平安時代の家系・血統を重んずる宮廷社会の体質は、③義を生み、次いで、その一流の家系・血統に属する人々の共通の属性としての一流の趣味・風流といった、教養の方面に転じて、④・⑤義を生むに至る。なお、この「ゆゑ」の指し示す「家系」「趣味」「風情」は第一流のものであり、第二流のものである「よし（由）」のそれと区別されねばならぬ。

【文例】

①絶えずゆく明日香《あすか》の川の淀めらば**故**しもあるごと人の見まくに〔訳〕絶えず流れる明日香川がもし淀んだままでいたら、**何か深いわけ**があるのだろうと、人は思うことであろうに〈万葉1379〉

②**ゆゑ**ある、古き家《いへ》の集《しふ》の歌などを、(中略)選《え》り出で給ふに、〔訳〕いかにも**由緒《ゆいしょ》正しい**、古い家集の歌などを、(中略)源氏君が、選び出しなさるときに〈源氏・梅枝〉

③母こそ、**ゆゑ**あるべけれ。〔訳〕その姫の母親はまあ、いかにも**由緒正しい家系の人で**あるのだろう〈源氏・若紫〉

④**ゆゑ**は飽くまでつき給へるものを。〔訳〕六条御息所《みやすどころ》は、**風流**がどこまでも徹底していらっしゃることであるよ〈源氏・葵〉

⑤前栽《せんざい》もをかしく、**故**を尽くしたり。〔訳〕庭先の植え込みなども趣深く、**雅趣**の限りを見せていた〈源氏・手習〉

⑥おのれ**ゆゑ**罾《の》らえて居《を》れば〔訳〕このわたしが、おまえさん**のために**しかられているというのに〈万葉3089〉

⑦ただ一目相見し児**ゆゑ**千遍《ちたび》嘆きつ〔訳〕たった一目見ただけの娘**であるというのに**、わたしは一〇〇

○回も嘆いたことだ）〈万葉2565〉

ようし〔名〕（用意）
①深い心づかい。配慮。
②したく。準備。

【解説】 現代におけるこの語の用法は、もっぱら、②の「したく。準備」の意に限定されるのであるが、本来、この語は、「意（心）を用ふ」という漢文訓読より生じたものであるゆえ、①義の「深い心づかい。配慮」を本義とするものである。「したく。準備」は、そうした「深い心づかい」のもとに進められるところから、②義を生ずる。

【文例】
①院も、いと清らにねびまさらせ給ひて、御さま・**用意**、なまめきたる方に進ませ給へり。（〔訳〕朱雀院《すざく》も、たいそりごりっぱにお年もお取りになって、ご容姿も**お心づかい**も、（むしろ以前よりも）ずっと優美におなりになった）〈源氏・乙女〉
②さるご**用意**はならはせたまへれば、（中略）つくろひなどして、〔訳〕道隆公《みちたか》は、そうしたおりの**準備**

は慣れていらっしゃったから、(中略) 乱れたおぐしを整えなどなさり)〈大鏡・道隆伝〉

よし〔形ク〕(吉し・善し・好し・宜し・良し)

①心がけや性質などがりっぱである。善良である。

②容姿が優れている。美しい。

③身分・家柄が高い。身分が高く教養もある。

④技術的に優れている。上手である。巧みである。

⑤物の形状や品質が優れている。上等である。

⑥縁起・めぐり合わせなどが好ましい状態である。時宜《じぎ》を得ている。

⑦自然の状況に恵まれている。天気が良い。

【解説】「よし」は、物事の本性・本質が好ましい状態にあることを表す語である。①は、人の性質など、②は、人の容貌など、③は、人の家系など主として先天的な要件において優れている場合、④は、人の後天的に獲得した技術などにおいて優れている場合である。⑤は、物の属性において優れている場合であり、⑥・⑦は、時や自然の状況において望ましい場合である。なお、「まあ悪くはない、普通だ」の意の形容詞「よろし(宜)」との区別を明確につけておく必要がある。

【文例】

①かの、親なりし人は、心なん、有りがたきまで**よかりし**。（［訳］玉鬘の母であった人は、性質が珍しいまでに**優れていた**ことだ）〈源氏・玉鬘〉

②当代の御母きさきと聞えしと、この姫君の御かたちとなむ、**よき**人とは、これをいふにやあらむ、とおぼゆる。（［訳］今上陛下《きんじょうへいか》の御母后《おんははきさき》と申し上げた方（藤壺）と、この明石姫君のご容貌とは、**美人**とはこんな人を言うのであろうと、自然思われることだ）〈源氏・玉鬘〉

③**よき**人は、ひとへに好けるさまにも見えず、（［訳］**身分も高く教養もある**人は、いちずに対象に心を奪われる様子も無く）〈徒然137〉

④**よき**細工《さいく》は、少しにぶき刀をつかふといふ。（［訳］**優れた**細工師は、少し切れ味の鈍い細工小刀を用いるという）〈徒然229〉

⑤**よき**車に乗りて、（中略）ゆくりもなく走り来て、（［訳］叔母《おば》は、**りっぱな**女車《おんなぐるま》に乗って、（中略）だしぬけに車を飛ばしてきて）〈源氏・蓬生〉

⑥久しう、そぎ給はざめるを。今日は、**よき**日ならむかし。（［訳］長らくおぐしをそぎなさらぬようですね。今日は髪そぎに**縁起の良い**日でしょうよ）〈源氏・葵〉

⑦ふねとくこげ。ひの**よき**に。〔[訳] 舟を急いでこぎ進めよ。**天気が良い**のだから〕〈土佐〉

よし〔名〕(由・因)

①口実。

②わけ。

③手段。てだて。

④(伝えられた)事情・内容。いきさつ。事の次第。

⑤相当程度の家系・血統。

⑥相当程度の趣味・風流。風情《ふぜい》。

⑦かっこう。体裁。ふり。

【解説】 「よし(由)」は、四段活用の他動詞「よす(寄)」と同根。あるものを事物・事態の本質や根源に近寄せて関係づける、の意。類義の「ゆゑ(故)」(↓P377)が、それ自体、本質的・根元的な深い原因・理由・由来であったのに対し、この「よし」は、あくまでも、それに近寄せ関係づけたものにとどまるのであり、したがって、①「口実」、②「理由づけ」、⑦「かっこう。体裁。ふり」のごとき意を有するのであり、「ゆゑ」の場合と同様の経緯で生ずる、⑤・⑥両義にしても、「ゆゑ」のごとき、「一流」の

「家系・血統。趣味・風流。風情《ふぜい》」といった内容を表すものではなく、いわば、「二流」・「相当程度」のそれにとどまるものである点に注意したい。

〔関〕②よしなしごと〔名〕①根拠の無いこと。②つまらぬこと。③たわいないおしゃべり。

【文例】

①妹《いも》が門《かど》行き過ぎかねつひさかたの雨も降らぬか其《そ》を**因**《よし》にせむ（〔訳〕いとしい人の門の前を行き過ぎかねていることだ。雨でも降らぬかなあ、降ればそれを**口実**にして立ち寄ろうものを）〈万葉2685〉

②**由**ありげなる言葉の種《たね》取り上げ見れば、（〔訳〕何か**わけ**のありそうな和歌（をしたために短冊）を取り上げて見ると）〈謡・熊野〉

③現《うつつ》には逢ふ**よし**も無し（〔訳〕現実にはあなたにお目にかかるその**てだて**もありません）〈万葉807〉

④それのとしのしはすのはつかあまりひとひのひのいぬのときに、かどです。その**よし**、いさゝかにものにかきつく。（〔訳〕某年の十二月二十一日の午後八時ごろに出発する。その**事の次第**を、いささか物に書きしるしておく）〈土佐〉

⑤母北の方なむ、いにしへの人の、**由**あるにて、（〔訳〕桐壺更衣の母である故大納言の奥方は、昔かたぎの人で、それも**相当の家柄の出**であるので）〈源氏・桐壺〉

⑥木立いと**由**あるは、何人《なんびと》の住むにか。〔訳〕庭の木立が非常に**趣**あるさまであるのは、いったいだれの住む家であるのだろう）〈源氏・若紫〉

⑦中納言召さでもさすがあしかるべければ、箸《はし》とって召す**よし**しけり。〔訳〕猫間《ねこま》中納言は、それを召し上がらないでいるのもさすがにぐあいが悪いことであるに違い無いので、はしを取って召し上がる**ふり**をなさった）〈平家・猫間〉

よに〔副〕（世に）

①（下に否定の語を伴い）けっして。断じて。

②いかにも。ほんとうに。

【解説】「世間。世の中」の意の名詞「よ（世）」に格助詞の「に」が付いて、「世間で。世の中で」の表を表す、「世に」の用法と混同せぬこと。

【文例】

①わが妻はいたく恋ひらし飲む水に影《かご》さへ見えて**世に**忘られず（〔訳〕妻はわたしをひどく恋うているらしい。飲む水にその妻の面影さえ映って見えて、**どうしても**妻を忘れることができない）〈万葉4322〉

②されば、**世に**恥づかしきかたもあれど、〔訳〕だから、**いかにも、**こちらが恥ずかしく思われるほど優れた点もあるにはあるが）〈徒然79〉

よのなか〔名〕（世の中）

①人の一生。人生。

②社会。世間。

③俗世。

④世事。雑事。

⑤俗世間での栄枯。世間での境遇。

⑥世間普通であること。

⑦男女の仲。夫婦関係。

⑧国の政治。また、その国の政治をとる人。皇位。

⑨自然界の様子。特に、気候。時候。天候。

【解説】　「よ（世）」は、基本的には、「人の一生」を、「なか（中）」は、「間。関係」を、表す。よって、①「人の一生。人生」をその本義とするものであるが、人がその「一生」において結ぶさまざまなかかわり合いにより、②義以下の各義を生ずることになる。この中で中心的な意義としてあげられるその最初のものは、②「社会。世間」の義である。これに関連して、④・⑤・⑥の各義が派生する。次に、中心的意義と考えられるものに、③の「俗世」の義がある。信仰が人々の生活に絶大な力を有した、主として中世以前、「現世」の中に身を置きながらも、切実に「来世」を希求する、「出家」という生き方がまれではなかった時代にあって、出家者の生きる「世」とは相異なる「世」としての「俗世」の意の存したことも理解されよう。次には、⑦の「男女の仲」の義が重要である。これは、主として、平安時代の女流文学を中心に多出する。そして、⑧。古文が、概して、「天皇」を中核に形成される「宮廷」の場で生みなされ享受された事実を考える必要がある。そして、⑨義も特殊な義であるが注意が望ましい。

【文例】

①古《いにしへ》ゆ　言ひ継ぎ来らし　**世の中**は　数なきものぞ（[訳]昔から言い伝えているようですが、**人の一生**は短いものなのです）〈万葉3973〉

②**世の中**の物がたり、（中略）聞きよきほどに語りたる、（[訳]**世間**のよもやま話を、（中略）聞きにくくない程度に語ったのは）〈枕31〉

③かたくなしく、心弱き惑ひにて、**世の中**をなむ、背《そむ》きにける。（[訳]醜くも愚かしく、（紫上に死別し

たための）気の弱い悲嘆によって、**俗世**を捨てて（出家して）しまったことよ）〈源氏・御法〉
④**世間**《よのなか》の繁き仮廬《かりほ》に住み住みて〔訳〕**世事**多端な仮のすみかのごとき人の世に生き続けて）〈万葉3850〉
⑤たかき家の子として、官《つかさ》・かうぶり、心にかなひ、**世の中**の栄えに驕りならひぬれば、〔訳〕高貴な家の子として、官職と位階との昇進が望みのままで、**権勢**が盛んであるということに思い上がる習性が身に付いてしまうと）〈源氏・乙女〉
⑥**世の中**の人の言葉と思ほすなまことそ恋ひし逢はぬ日を多み〔訳〕**世間一般の**言葉とお考えなさいますな。ほんとに恋しかったのです。お目にかからぬ日が多くて）〈万葉2888〉
⑦継母なりし人は、宮仕へせしが下りしなれば、思ひしにあらぬことどもなどありて、**世の中**うらめしげにて、〔訳〕継母であったその人は、かつて宮仕えしていたのが（父と結婚し、父に伴われて上総《かずさ》の国に）下って来たのであったから、（単調な上総の国での生活の中で、継母がかつて京にいたときには考えもしなかったようなことが幾つも重なり、**夫婦関係**も疎遠な様子で）〈更級〉
⑧**世の中**あらたまりて、ひきかへ、今めかしき事ども多かり、〔訳〕**御代**《みよ》が改まり、今までに比べて珍しいことが数多く行われた）〈源氏・澪標〉
⑨秋待ちつけて、**世の中**、すこし涼しくなりては、〔訳〕待ちかねた秋がようやく訪れて、**陽気**もようやく涼しくなってくるにつれて）〈源氏・御法〉

よろこび〔名〕（喜び・悦び・慶び）

①うれしく思う気持ち。

②喜ばしい事柄。特に、任官。官位昇進。

③お礼を述べること。謝礼。特に、任官や官位昇進の謝礼。

④祝宴。賀宴。

【解説】「喜ばしい気持ち」また「喜ばしい事柄」の意であるが、本来的には、その「喜ばしい気持ち」及び「喜ばしい事柄」は、個人に結び付いたものであるので、①義「うれしく思う気持ち」また、②義の「喜ばしい事柄」の意を、その本義とするものである。が、宮廷生活を営む貴族たちにとっては、「任官。官位昇進」は何よりの「喜ばしい事柄」であったわけで、平安時代を中心に、この意における用法、また、③義も多出する。④は、個人を越えた「喜びごと」の例であり、「年賀」や「年の賀の宴」など、この種の用法も多い。

【文例】

①わがくににかかるうたをなむ、（中略）かうやうにわかれをしみ、**よろこび**もあり、かなしびもあると

きにはよむ。〔訳〕日本では、このような和歌を、（中略）こうして別離を惜しみ、**うれしく思う気持ち**もあり、また、悲しむ気持ちがあるときには詠《よ》みます）〈土佐・成蹊大〉

②頼む人の**喜びの**ほどを心もとなく待ち歎かるゝに、〔訳〕頼りにする夫の**任官**のことが、いつかいつかと不安の思いで待たれたが）〈更級〉

③**よろこび**に、所〳〵ありき給ひて、〔訳〕**権大納言《ごんだいなごん》に昇進したお礼の挨拶**に、薫大将はあちらこちらお回りになって）〈源氏・宿木〉

④まゐり集《つど》ひ給ふめる人の、おとなしきほどのは、七日の**御よろこび**などし給ふ、ひきつれ給へり。〔訳〕（二条院に年賀のため）参集なさるような多くの方々の中にも、年配の方々は、七日の**お祝い**などもなさるために、車を引き連ねていらっしゃる）〈源氏・薄雲〉

らうがはし〔形シク〕（乱がはし）

①混乱している。むさくるしい。

②うるさい。騒々しい。

③無作法である。ふしだらである。

【解説】「らんがはし（乱）」のウ音便形。よって、「乱れた状態である」の意を表す語である。①は、そうした状態に対する視覚的印象に従う語義であると言えよう。秩序を失い混乱した状態、それは、視覚的に言えば、「むさくるしい」の意となろう。対して、②の場合は、そうした状態についての聴覚に従う印象であると言える。「うるさ」く「騒々しい」のである。そして、③義の場合は、そうした、①・②両義の「感覚的印象」が、「道徳的批判」に転じたものである。

【文例】

①うしろの方なる、大炊殿《おほいどの》とおぼしき屋に、うつしたてまつりて、上下《かみしも》となくたちこみて、いと、**らうがはしく**、〔訳〕寝殿の後方の調理場と思われる建物に、源氏君のご座所を移し申し上げて、そこには、身分の上下の別無く多数の人々が群集していて、ひどく**むさくるしく**）〈源氏・明石〉

②よからぬ人は、（中略）見ることのやうに語りなせば、皆同じく笑ひのゝしる、いと**らうがはし**。〔訳〕無教養で趣味を解せぬ人は、（中略）まるで見たことのようにこしらえて話すと、皆いっせいに笑い騒ぐのが、ひどく**騒々しい**）〈徒然56〉

③此寺の地は、人にすぐれてめでたけれど、僧なん、**らうがはしかる**べき。〔訳〕この寺が所在する所は他の場所に比べて優れているが、その寺の僧はひどく**ふしだらな感じがする**）〈宇治168〉

らうたし〔形ク〕

①かばい、いたわってやりたい。

②（打ち捨てておけないような気持ちで）かわいい。いじらしい。可憐《かれん》である。

【解説】「らう（労）」（通常、「苦労。骨折り」の意であるが、この場合は、「心を働かすこと」の意に用いられる名詞）「いたし（甚）」（「はなはだしい」の意の形容詞）の約。したがって、弱少のもの・劣性のものに対して、しきりに気が使われる。そうしたものを、かばい、いたわってやりたいと思う、愛護の情を表す語である。

〔類〕いとほし③〔形シク〕いじらしい。

うつくし①〔形シク〕いとしい。↓Ｐ94

【文例】

①この妻《め》にしたがふにやありけむ、**らうたし**とおもひながらえとゞめず。〔訳〕この妻に頭が上がらなかったのだろうか、（中中《へいちゅう》は妻に追い出された女を）**かばい、いたわってやりたい**と思いつつも、結局引き止めることができなかった）〈大和64〉

②なみだぐまるゝが、さすがに恥づかしければ、扇《あふぎ》を紛らはしておはするを、心のうちの、**らうたく**推

し量らるれど、（［訳］ひとりでに涙がにじんできたのであったが、中君《なかのきみ》は、それがさすがに恥ずかしく、扇で顔を隠しておられる、匂宮《におうのみや》は、その中君のお心の中も、**いじらしく**思いやらずにはいらっしゃれないのであるが）〈源氏・宿木〉

らうらうじ〔形シク〕

①いかにも巧みである。いかにも物慣れている。

②気品があって美しい。洗練されている。

【解説】「らう（労）」（「経験すること。熟練すること」の意を表す名詞）を重ね、それに、状態を表し、形容詞を形成する接尾語「し」の付いたもの、ゆえに、①を本義とするが、熟達した人特有のあぶなげない振る舞いの見せる「洗練された美しさ」の印象は、②を生ぜしめることとなる。

【文例】

①すこしいたらぬことにも、御たましひのふかくおはして、**らう〱じう**しなしたまひける御根性《みこんじやう》にて、（［訳］行成大納言は、少々得意でない方面でも、知恵才幹《ちえさいかん》が深くいらっしゃり、**いかにも巧みに**やってのけられるご本性《ほんせい》であって）〈大鏡・伊尹伝〉

②髪なども常よりつくろひまして、やうだいもてなし、**らう〳〵じく**をかし。（〔訳〕髪などもふだんよりもいっそう手入れをして、姿や振る舞いは、気品があって美しく趣深い）〈紫式部〉

わざと〔副〕

①わざわざ。

②改まって。正式に。

【解説】　古文では、概して、「正式に」といった内容で用いられ、「故意に」という悪い意味での用法は、ほとんど見られない。「故意に」の意を表す場合には、「ことさら」の語が用いられた。

〔関〕ふりはふ〔自動下二〕わざわざする。→P315

【文例】

①あぢきなきもの　**わざと**思ひ立ちて宮仕《みやづかへ》に出《い》で立ちたる人の、物憂がり、うるさげに思ひたる。（〔訳〕つまらないもの。**わざわざ**自分から決心して宮仕えに出仕した人が、その宮仕えをおっくうがり、やっかいそうに思っている場合）〈枕79〉

②**わざと**、かう御文《おんふみ》あるを、僧都も、かしこまり聞え給ふ。（〔訳〕源氏君から、**改まって**このようなお便

りがあったので、僧都もお礼を申し上げなさる）〈源氏・若紫〉

わたくし〔名〕（私）

①（公的な立場に対して）個人的な立場。

【解説】 現代では、第一人称の代名詞として用いられることが多いが、こうした用法は中世以降のもので、古文にはほとんど見あたらない。古文では、もっぱら、「公的な立場」たる「おほやけ（公）」（↓P115）に対しての、「個人的な立場」の意に用いられるのである。この場合、単に、私人としての立場の意にとどまる場合が多いが、まれに、他を顧みない個人的な立場、すなわち、「私心」といった悪い意味で用いられることもある。

【文例】

①くれ惑《まど》ふ心のやみも、たへがたき片はしをだに晴るくばかりに、聞えまほしう侍るを、**わたくし**にも、心のどかにまかで給へ。〔訳〕（今は亡き娘桐壺更衣を思う嘆きのために）目の前もまっくらになり、とても堪えきれません気持ちの、せめてその一端だけでも晴らすことができるくらいに、お話し申し上げとうございますので、（なにとぞこの次には、天皇様のお使いとしてではなく）**個人のお立場**で、ゆっく

りとお立ち寄りください）〈源氏・桐壺〉

わづらはし〔形シク〕（煩はし）

①事態を簡単に解決できず、やっかいである。

②入り組んでいて、複雑である。煩雑《はんざつ》である。めんどうである。

③気がねされる。気を使わせられる。

④体のぐあいが悪い。病気である。

【解説】 四段活用の自動詞「わづらふ（煩）」の未然形「わづらは」に、状態を表し形容詞を形成する、接尾語の「し」の付いたもの。「事態が入り組んでいて複雑であ」り、したがって、「簡単に解決できず、やっかいであ」り、ゆえに、「気を使わせられる」という、①―③の各義は、現代も通常用いられるものであり、格別注意の要も無いが、④義「病気である」の用法は、現代全く用いられぬものであり、格段の注意が望まれる。

〔類〕①むつかし⑤〔形シク〕うるさくてめんどうである。やっかいである。↓P348

④なやまし①〔形シク〕病気のような感じである。気分がすぐれない。

〔関〕①④わづらひ〔名〕①煩わしいこと。②病気。

①このたびはいとにがにがしう、牒状《てうじやう》とかや持ちてまゐれる人などありて、**わづらはしう**きこゆれば、上下思ひまどふことかぎりなし。〔訳〕今回は、実に不愉快なことに、国書《こくしよ》とやらを持って参来した（蒙古の）使者などもいて、**やっかいな**（ことになりそうだとの）うわさであるので、それにつけても、身分の高い方々から低い者どもに至るまで、はなはだしく思案にくれたことである）〈増鏡・老のなみ〉

②多くの調べ、**わづらはしき**曲《こく》、おほかるを、〔訳〕（七絃琴には）さまざまな調子や、**めんどうな**曲が多いのを）〈源氏・若菜下〉

③黒木《くろき》の鳥居《とりゐ》どもは、さすがに、神〻《かうがう》しう見渡されて、**わづらはしき**景色《けしき》なるに、〔訳〕野宮《ののみや》の、樹皮をはいでない黒木の鳥居《とりい》などが立っているさまは、何と言ってもやはり、こうごうしく、ながめやらずにはいられない感じで、（このような恋の訪問などは）**気を使わせられるような**様子であるその上に）〈源氏・賢木〉

④年久しくありて、なほ**わづらはしく**なりて死ににけり。〔訳〕そうした状態で長年を過ごしたのちに、行雅《ぎやうが》僧都の**病い**はいっそう重くなって、とうとう亡くなってしまったということだ）〈徒然42〉

わびし〔形シク〕（侘し・侘し）

①貧しい。みすぼらしい。
②気力が失せて、やるせない。
③心寂しい。心細い。
④苦しい。つらい。
⑤たまらない。やりきれない。
⑥おもしろくない。つまらない。

【解説】 失意のさま、気落ちするさま、を表す語であるが、貧困で苦しい気持ちを表すのが、その本来的な用法である。したがって、①を本義とし、②・④・⑤義をその中心的用法とする語である。③義は、類義の形容詞「さびし（寂・淋）」（↓P188）に接近した用法であるが、それでも、「心細い」という気分は抜けきれぬのである。「さびし」は、これに対して、本来存在した生気や活力が失せて、荒涼たる感をいだかせる、また、本来の望ましい状態を求める気持ちである、の意を表す語であり、この点に、いささかの相違を見せている。

〔関〕①②わび〔名〕①気落ち。落胆。②（茶道や俳諧などで）閑寂質素な風趣。

【文例】

①さすがに下種《げす》にしあらねば、人に雇はれ使はれもせず、いと**わびしかり**けるまゝに、〔訳〕さすがに、女も男も素姓の卑しい人ではなかったから、人に雇われ使われるということも無く、たいそう**貧しかっ**たにつけ）〈大和148〉

②君は来ずわれは故《ゆゑ》無く立つ波のしくしく**わびし**〔訳〕あなたは来ず、わたくしはわけも無しに、立つ波のように、しきりに**やるせない気持ち**に襲われます）〈万葉3026〉

③山里は秋こそことに**わびしけれ**〔訳〕山里の生活は、秋がまあ特に**心寂しいことである**）〈古今214〉

④いとわりなくてみたてまつる程さへ、うつゝとは思《おぼ》えぬぞ、**わびしき**や。〔訳〕ひどく無理をして藤壺女御《ふじつぼにょうご》にお会い申し上げているその間さえ、源氏君には、それが現実のことと思われぬのが**つらいことであるよ**）〈源氏・若紫〉

⑤所せき身こそ、**わびしけれ**。〔訳〕宮という気づまりな身の上が、何とも**やりきれずつらいことだ**）〈源氏・浮丹〉

⑥童《わらはべ》の名は例のやうなるは**わびし**とて、〔訳〕子供の名は、ありきたりのものは**つまらない**、と言って）〈堤中納言・虫めづる姫君〉

わりなし〔形ク〕（理無し）

①筋道が立たない。分別もつかない。
②耐え難く苦しい。
③〔連用形「わりなく」の形で、副詞的に〕この上無く。はなはだしく。むやみに。

【解説】　「わり（割）」（「一定の基準に従って区分する」、転じて、「筋道を立て処理する」の意の名詞）「なし（無）」の意。よって、「どう処置しようとしても筋道が立たぬ」の意の、①を本義とするものであるが、②義の用例も多出する。

〔類〕①あやなし①〔形ク〕筋が通らない。→P57

【文例】

①いと、**わりなき**御程を、いかにおぼすにか。〔訳〕若紫がまだ、たいそう**分別もつかぬ**お年であるというのに、源氏君は、どのようにお考えになっていらっしゃるのだろうか〉〈源氏・若紫〉
②ちかく侍《さぶら》ふかぎりは、男《をとこ》・女《をんな》、「いと**わりなき**わざかな」と言ひ合はせつゝ嘆く。〔訳〕桐壺帝のおそばに伺候《しこう》する者は皆、男も女も、「おそばに伺候するのも**耐え難く苦しい**ことだ」と語り合いながらため息をついている）〈源氏・桐壺〉
③わりなくもねてもさめても恋しきか〔訳〕**この上も無く**寝ても覚《さ》めても恋しいことよ）〈古今570〉

ゐる〔自動上一〕（居る）

①座る。腰を下ろす。

②（雲・霞・人・舟などが）じっと動かずに、同じ場所にいる。

③（鳥や虫などが）とまる。

④滞在する。

⑤居住する。

⑥地位についている。

⑦（動詞の連用形、または、それに助詞「て」の付いた形を受けて）……し続ける。ずっと……している。

【解説】 一定の場所にとどまって、じっと動かぬさまを表す語である。したがって、それが人にかかわる場合は、①の「座る。腰を下ろす」の意で用いられる場合が最も多く、④・⑤両義は、その延長線上に存在するわけである。⑥義は、そうした物理的空間内での動作性に関する用法が、「地位。立場」といった、抽象的な対象に結び付いての類推の結果生じた用法である。②・③両義は、前者は主として無生物の、後者は生物の、「一定の場所を動かぬ」状態を表す用法である。

【文例】

①立ちてみ、**ゐて**見れど、（［訳］男は、立ったり**座っ**たりして見るけれども）〈伊勢4〉

②滝《たぎ》の上《へ》の三船の山に**居る**雲の（［訳］吉野の川の激流のほとりにそびえる三船山に、**動かずにかかっている**雲のように）〈万葉242〉

③後徳大寺大臣《ごとくだいじのおとど》の寝殿《しんでん》に、鳶《とび》**ゐ**させじとて縄をはられたりけるを、（［訳］後徳大寺左大臣実定公が、正殿の屋根に、とびを**とまら**せまいと、縄をお張りになったのを見て）〈徒然10〉

④二三日ばかり、母君も**居**たり。（［訳］二・三日ほど、（二条院に、浮舟の）母君も**滞在して**いる）〈源氏・東屋〉

⑤人の身に、止むことを得ずして営む所、第一に食ふ物、第二に着る物、第三に**居る**所なり。（［訳］人間の身にとって、やむを得ず、つとめて行うことは、第一に食物、第二に衣服、そして、第三に**住む**家である）〈徒然123〉

⑥前坊《ぜむばう》の姫宮、斎宮に**居**給ひにしかば、（［訳］前皇太子の姫君が、伊勢斎宮に**おつきになっ**ていたので）〈源氏・葵〉

⑦籠《こも》り**居て**思ひ嘆かひ（［訳］**ずっと**引きこもって**いて**、あれこれと思い嘆き）〈万葉3969〉

ゐる〔他動上二〕（率る）
①連れて行く。同行する。
②携える。持って行く。

【解説】 相手に対していわば強制的に、自分と共に移動するという結果を生ぜしむることを表す語。その相手が人である場合には、①の「連れて行く。同行する」の意、相手が物体であれば、②の「携える。携行する」の意、となるわけである。この語がかな表記である場合、前項の「ゐる（居）」と同活用であるので、混同せぬよう、注意せよ。

【文例】

①芥川といふ河を**率**《ゐ》ていきければ、草の上におきたりける露を、「かれは何ぞ」となんをとこに問ひける。〔訳〕芥川という川のほとりを**連れて**行ったところ、草の上に置いていた夜露を見て、女は、「あれは何ですか」と男に尋ねたことであった）〈伊勢6〉

②内侍所《ないしどころ》・神璽《しんじ》・宝剣は、譲位の時必ず渡ることなれど、先帝筑紫に**ゐ**ておはしにければ、〔訳〕神鏡・神玉・宝剣は、譲位に際して必ず新帝に渡ることになっているが、先帝・安徳天皇が九州へ**携行あそばし**

たので）〈増鏡・おどろの下〉

をかし〔形シク〕

①興趣《きょうしゅ》深い。

②こっけいで、つい笑いが漏れる感じである。

【解説】 本来、「ばかげていること」の意を表す、名詞「をこ（烏滸）」とは同系の語であり、こっけいな感じを表す語であったもので、ために、②義も存するのである。ただ、この語が最も多用された、平安時代における用法が、そうしたこっけい感とは遠い、一の美的な気分を指すものであったことを考えれば、①義を中心に理解を進めねばならぬ、「をかし」は、知的反省の結果得られた気分であり、類義の「あはれなり」（→P48）の直接的感動とは、いささか趣を異にする。

【文例】

①夏はよる。月の頃はさらなり、やみもなほ、ほたるの多く飛びちがひたる。また、ただひとつふたつなど、ほのかにうちひかりて行くも**をかし**。〔訳〕夏は夜が趣深い。月の出た夜が興趣深いことは言うまでもない。やみの夜でもやはり、螢が数多く飛びかっているのは趣深い。また、ただ一・二匹の螢が

かすかに光って飛んでゆくのも興趣深い）〈枕1〉
②など、おどしいふも、いと**をかし**。（[訳] などと、（いかにも時代遅れの学者たちが、ことごとに）脅すようにしかって言うのも、**こっけいで、つい笑いが漏れてくる感じである**）〈源氏・乙女〉

をこがまし 〔形シク〕

①ばかげていて、みっともない。

【解説】 いかにもばかげているさまを表す語である。この語の基幹をなす「をこ（烏滸）」を、中国南方の小国名とし、その国の人の言葉の通じぬこっけい感より生じたもの、とする説もあるが、柳田国男氏に、「未熟であるさま」を指す「わかし（若）」との関係を説いた論があり、注目される。

【文例】

①人の物を問ひたるに、知らずしもあらじ、ありのまゝに言はんは**をこがまし**とにや、心まどはすやうに返事《かへりごと》したる、よからぬ事なり。（[訳] 人が何かものを尋ねたときに、「（まさかあの人がそれをほんとうに）知らないというわけでもあるまい。それをありのままに答えるというのでは、いかにも**ばかげて見られる**のではあるまいか」とでも考えたのか、相手の心を惑わすように返事をするのは、良くないこ

とである）〈徒然234〉

をさをさ〔副〕

①きちんと。はかばかしく。はっきりと。

②（下に否定の語を伴って）あまり。ほとんど。めったに。

【解説】 いかにも「をさ（長）」（ある区域の行政や団体の仕事などを取りしきる能力を持った人）のようなさまである、の意を表す語。その意味で①義は本義であるが、②義の用例はきわめて多出する。注意を要する。

【文例】

①よろづの人の「婿《むこ》になり給へ」と**をさをさ**聞え給へども、（［訳］多くの人々が、「むこ君になりなさいませ」と、（口々に）**あからさまに**（勧めて）申し上げなさるけれども）〈宇津保・藤原の君〉

②とて、**をさ〳〵**心弱くおはしまさぬ六条殿も、酔《ゑ》ひ泣きにや、うちしをれ給ふ。（［訳］とおっしゃって、**あまり**気が弱くいらっしゃるというわけでもない源氏様も、酔い泣きというのであろうか、涙にくれなさる）〈源氏・行幸〉

をし〔形シク〕（惜し・愛し）

①（失ったり、損われたりすることが）心残りである。もったいない。

②手放しがたく、いとしい。

【解説】「失ったり、損われたりすることが心残りである。もったいない」と、愛惜する気持ちに発する語である。よって、①義を本義とし、②義はその転義である。これに対し、類義の形容詞「かなし（愛・悲・哀）」（→Ｐ139）は、切なさを伴い、どうにもならぬ気持ち、また、「はし（愛）」は、賛美の気持ち、を中心にするものであり、いささかその内容の差違を見せている。

【文例】

①お前のふぢの花、いとおもしろう咲きみだれて、世の常の色ならず、たゞに見過ぐさむこと、**惜しき**さかりなるに、（〔訳〕内大臣のお屋敷のお庭の藤の花が、実にみごとに咲き乱れで、それは、ちょっと世間にはありそうもないくらいな良い色をしていて、このまま見過ごしてしまうのも**もったいない**ほどの盛りであるので）〈源氏・藤裏葉〉

②香具山《かぐ》は　畝火《うねび》を**愛し**《を》と　耳梨《みみなし》と　あひ争ひき（〔訳〕香具山は、畝火山が**いとしい**といって、（同じく

その畝火山をいとしいとする）耳梨山と闘ったのであった）〈万葉13〉

をとこ〔名〕（男）

①結婚適齢期にある若い男性。

②（一人前の、りっぱな）男性。

③夫。

④男の子。男児。

⑤従者。下男《げなん》。

⑥在俗の男。

【解説】　「若々しい活力が回復する。生命が若返る」の意を表す、上二段活用の自動詞「をつ（復・変若）」とは同系の語である。「をとこ」の本義は、①の「結婚適齢期にある若い男性」の意であり、それが転ずれば、②・③義を生むことになる。④義は、「を（男）」「つ」（連体修飾格の格助詞）「こ（子）」の転と思われ、やや性格を異にするものである。さて、これに対する類義語に「をのこ（男）」があるが、それは、平安時代以降、意識して「をとこ」よりは低い対象、たとえば、軍卒・従者などに集中して用いられ、結婚の対象となるような男性には用いられぬのである。

【文例】

①昔津《つ》の国にすむ女ありけり。それをよばふ**男**二人なむありける。（［訳］昔、摂津《せっつ》の国に住む若い女がいた。そして、その女に求婚する**若い男**が二人いたということだ）〈大和147〉

②**をとこ**もすなる日記《にき》といふものを、をむなもしてみんとてするなり。（［訳］**男**も書くとか聞いている日記というものを、女であるわたくしも書いてみようと思って書きしるすのである）〈土佐〉

③乳母なる人は、**をとこ**などもなくなして、（［訳］わたくしの乳母は、（上総《かずさ》の国において）既にその**夫**を亡くしており）〈更級〉

④**男**にてさへおはすれば、そのほどの作法《さはふ》、賑《にぎは》はしく、めでたし。（［訳］（お生まれになったのは）**男児**でさえおありであったので、（その祝いとして行われる）産養《うぶやしない》の作法は、にぎやかでもあり、みごとでもある）〈源氏・葵〉

⑤この**男**を召して、（中略）など物宣《のたま》ふやうなれど、（［訳］源氏君は、この**従者**をお寄び寄せになって、（中略）など言葉をおかけになる様子であるが）〈源氏・夕顔〉

⑥そのやすら殿《どの》は、**男**か法師か。（［訳］やすら殿というのは**在俗の男**かそれとも法師か）〈徒然90〉

古典の四季

春

春立つ日　立春。

淡雪（あはゆき）　柔らかで消えやすい春の雪。

雪消（ゆきげ）　雪解け。

東風（こち）　春になると吹く東風。春風。

梅

うぐひす

霞

桃

花（桜）　本来は、春、農耕の開始の時にあたり、その年の秋の稲の実りの多寡を占う花として、農耕生活と深いかかわりを有するものであったが、のちに、文芸の場において、雪そして月と並んで、日本の自然美の典型と考えられるに至る。「さくら」とは、「咲く・ら（接尾語）」の意で、まさに、咲く花の典型としての称であったわけで、日本人の生活にきわめて密着した花であるゆえ、単に、「花」という称でこれを表すことが多い。

睦月（むつき）　一月の異称。（以下旧暦）

四方拝（しはうはい）　元日の早朝、宮中で、天皇が、天地四方の神を拝み、国家一年の平安と年穀の豊穣を祈る儀式。

人日（じんじつ）　五節句の一。一月七日、七種（ななくさ）の粥（かゆ）を祝う。「人の日」とも称される。

白馬の節会（あをうまのせちゑ）　一月七日、宮中で「あおうま」を庭上に引き出し、天皇がこれを見ることにより、年中の邪気払いとなし、次いで、群臣に宴を賜った儀式。中国の儀式に倣って、春の色は「青」、春の気は「陽」であるところから、陽獣である「馬」、それも「青馬」を引いたもので、本来は、灰色の馬で「青馬」と書かれていたものが、のちに、純白の馬が用いられるに至り、用字も「白馬」に転じたものである。

県召し（あがためし）　除目（じもく）の一。一月九日より三日間にわたり催された、地方官任命の儀式。

子の日の遊び（ねのびのあそび）　一月最初の「子（ね）」の日、野外で、小松を根ごと引き抜き、若菜を摘んで、長寿を祝る儀式。「子の日」と「根延び」を掛けたもので、根が延び、若菜の生ずる盛んな生命力にあやかろうとしたものである。

如月（きさらぎ）　二月の異称。

涅槃会（ねはんゑ）　二月十五日、釈迦入滅（しゃかにゅうめつ）の日に行われる仏会（ぶつえ）。

弥生（やよひ）　三月の異称。

上巳（じやうし）　五節句の一。本来は、三月最初の「巳（み）」の日、のちは、三月三日、主として女児の祝う節句で、ひな祭りをする。宮中では、水辺で祓（はら）えをし、次いで、「曲水（ごくすい）の宴」（廷臣が、曲水に臨んで、上流から流される杯が自分の前を過ぎぬうちに詩歌を詠じて杯を取り上げ酒を飲み、終わって宴となる）が催された。

夏

卯の花

時鳥（ほととぎす）

橘の花（花橘）

五月雨（さみだれ）　梅雨。

五月晴れ（さつきばれ）　梅雨の晴れ間。

若葉

青葉　「若葉」の茂って、青みを深めたもの。

卯月（うづき）　四月の異称。

更衣（ころもがへ）　四月一日、夏の装束に改めること。また、その日。

灌仏会（くわんぶつゑ）　四月八日、釈迦の誕生を祝う仏会。釈迦の像に甘茶をそそぎかけるところから、この称がある。

賀茂の祭り　四月第二の「酉（とり）」の日に行われる、京都の下賀茂・上賀茂両社の祭り。当日、冠や牛車（ぎっしゃ）などを賀茂葵（ふたばあおい）で飾ったところから、「葵祭り」の称もあり、単に、「祭り」の称で古典に登場することも多い。

皐月（さつき）　五月の異称。

端午の節句（たんごのせつく）　五節句の一。五月五日、男児の祝う節句で、家々の軒に菖蒲（しょうぶ）や蓬（よもぎ）を飾り、粽（ちまき）や柏餅を食べて、邪気払いとした。「あやめの節句」とも言う。

水無月（みなづき）　六月の異称。

水無月祓へ（みなづきばらへ）　六月の晦日（みそか）に、宮中や民間で行った大祓えの行事。菅や茅で作った輪をくぐり、また、人形（ひとがた）を作り、身体をなで、それを川に流したりして、清めた。「夏越（なごし）の祓へ」とも称する。

秋

野分（のわき）　秋に吹く暴風。台風。

雁（かり）　秋に渡来し、春に帰る。

鹿

萩（はぎ）

霧

夜長（よなが）

紅葉・黄葉（もみぢ）　現代では、特に、「かえでの紅葉したもの」を指すことが多いが、古文では、「植物一般の黄葉また紅葉したもの」を指すのであり、奈良時代には、「もみち」と清音で発音され、その表記も万葉集では、ほとんどが「黄葉」である。

司召し（つかさめし）　除目（じもく）の一。秋に行われるのが原則であるが、日取りは一定せず、ごくまれには、冬に行われることもあった。春の「県召し」に対し京官（きょうかん）の任命を行う儀式である。

衣打つ（ころもうつ）　冬季に着用するために仕立てた衣服を、砧（きぬた）で打ち柔らげ、また光沢（こうたく）を出す。

文月（ふづき・ふみづき）　七月の異称。

七夕祭り（たなばたまつり）　五節句の一。七月七日、牽牛（けんぎゅう＝彦星）・織女（しょくじょ＝織姫）の二星が一年に一度「天の川」を渡って巡り合うという中国の伝説の、日本古来の民間習俗に重ねて行われた、星祭りの行事。平安時代は、特に、織女を祭れば裁縫が巧みになり、字も巧みになるとした。貴族たちも、二星の伝説を題材として、詩歌を作る宴を催した。「星合ひ」とも、「乞巧奠（きつかうでん）」とも称される。

葉月（はづき）　八月の異称。

十五夜（じふごや）　仲秋の名月。八月十五夜の月は、雪・花と並んで、日本の自然美の典型として、人々に愛好され、「月見」の風習を生み、現代に至っている。

長月（ながつき）　九月の異称。

重陽（ちょうやう）　五節句の一。宮中で、中国伝来の花である菊を観賞する、観菊の宴が催された。「重陽」とは、中国で「陽」の数とされた奇数のうち、十までの基本数中最大の「陽数」である「九」

が重なる、九月九日に行われたための称で、他に、「重九（ちようきう）」・「菊の節会（せちゑ）」・「菊花（きつか）の宴」などの称もある。

冬

時雨（しぐれ）　晩秋から初冬にかけて降る通り雨。「しぐれ」の称は、「過ぐ」とも同系の下二段動詞「しぐる」の連用形の名詞に転じたものである。

木枯・凩（こがらし）

雪

神無月（かみなづき・かむなづき）　十月の異称。出雲（いずも）では、「神有月（かみありづき）」とも言う。

更衣（ころもがへ）　十月一日、冬装束となる。

霜月（しもつき）　十一月の異称。

師走（しはす）　十二月の異称。

大祓へ（おほばらへ）　十二月の晦日（みそか）に、宮中や民間で行われた、年間の罪過を消除する祓えの儀式。

追儺（ついな）　十二月の晦日の夜、宮中で行われる、悪鬼を払い、疫癘（えきれい）を除く儀式。「鬼やらひ」とも言う。

古典の一月

上の十日（かみのとをか）　月の上旬。

一日（ついたち）　本来は、「月頭ち（つきたち）」の音便形で、月の初めのころ。のちに、月の第一日目。（↓P235）

三日月（みかづき）　三日の夜の月。

中の十日（なかのとをか）　月の中旬。

望月（もちづき）　十五夜の月。特に、八月十五夜の月を指すこともある。「もちづき」の称は、「満月（みちづき）」の転。

十六夜の月（いさよひのつき）　十六夜の月。「いさよひ」の称は、「動かず停滞している」の意の、四段活用の自動詞「いさよふ」の連用形の名詞に転じたもので、この時分から月の出が遅くなり、山の端から月がなかなか姿を見せぬことにより、この称がある。

立待の月（たちまちのつき）　十七夜の月。月の出は更に遅くなり、それでも、月の出を「立って待っている」うちに姿を見せるので、この称がある。

居待の月（ゐまちのつき）　十八夜の月。なおさら月の出は遅くなり、この夜には「座りこんで待っている」とようやく月が姿を見せるので、この称がある。「居る」は「座る」の意。

臥待の月（ふしまちのつき）　十九夜の月。いよいよ月の出る時刻は遅くなり、ついに「臥して待っている」とかろうじて月が姿を見せるので、この称がある。なお、他に、「寝待の月（ねまちのつき）」の称もある。

下の十日（しものとをか）　月の下旬。

有明月（ありあけづき）　二十日以降の月。前述のように、十五夜以降、しだいに月の出が遅くなってゆく。ということは、また、月の入る時刻も遅くなるということである。二十日過ぎになると、夜が明けてもなお、月は山の端に姿を隠すことなく空にかかっている。そうして、日の光のために、輝きを失ってしらじらと空にかかる月、それが「有明月」である。

下つ闇（しもつやみ）　月の末も近付いたころの、月が欠けて、ほとんど明るさのない夜を表す語。「下闇（くだりやみ）」の称もある。

晦日（つごもり）

月末の数日間。のちに、月の最終日を指すようになる。ついに月が完全にその姿を見せなくなる状態を指す、「月籠り（つきごもり）」の約であって、「晦日」の表記は、「晦」字が「暗やみ」の意であり、この時分の暗夜の印象を反映しての表記である。なお、この「晦日」が、一方において「みそか」の訓を持ちうるというのは、「晦日」が月の最終日を指すようになったとき、それが、「三十日（みそか）」に当たるからである。（→P243）

宮廷・院・官職

天皇

うち　「内裏（うち＝皇居の意）」を指す語であったものが、その「内裏」のあるじである「天皇」の尊称に転じたもの。

上（うへ）　天皇の尊称。「上」は、本来、「天皇のご座所」を表す語であったものが、転じて、「天皇」を指すに至ったもの。

公（おほやけ）　本来は、「大宅（おほやけ＝わが国最大の家。皇居の意）」であったものが、その「大宅」のあるじである「天皇」の意に転じたものである。（↓Ｐ115）

主上（しゆじやう・しゆしやう）　「天皇」の尊称。多く軍記物語などを中心とする、漢文系統の文に用いられる。

帝（みかど）　「天皇」の尊称。本来は、「御門（みかど＝わが国で最も壮大なご門。そのご門をめ

ぐらした皇居の意)」であったものが、その「御門」のあるじである、「天皇」の意に転じたものである。(→P336)

奏す(さうす) 天皇に申し上げること。

行幸(ぎやうかう) 天皇のお出かけ。

后妃

皇后(くわうごう) 天皇の正后。ただし、常時設けられていた位ではなく、通常は、次の「中宮」が、「きさき」の最高位であった。「后(きさい)の宮」とも。

中宮(ちうぐう) 「皇后の御所」転じて、「皇后」の別称でもあったものが、やがて、「皇后」という、天皇の正后の地位が確定するに及び、それに次ぐ、とはいえ、ほとんど「皇后」と差別の無い「きさき」の位を指す語となった。

女御(にやうご) 「中宮」に次ぐ位であり、天皇のご寝所に奉仕する高位の女官。主として、摂政・関白の息女がついた。平安時代中期以降は、「女御」から「皇后」を立てるのが例となった。

更衣（かうい） 平安時代、後宮の女官の一。「女御」の次に位し、天皇のみ装束のお召しかえのことを管理し、あわせて、天皇のご寝所にも奉仕した。

宮（みや） 「皇后」「中宮」の尊称。本来は、「神の御殿」たる「御屋＝宮（神社）」の意であったものが、意義拡大して、「皇居」の意を経て、「皇后・中宮の御所」の意を生じたところから、その「宮」の主人である「皇后」や「中宮」の尊称となったものである。

御息所（みやすんどころ・みやすどころ） 天皇や東宮に奉仕する高位の女宮「みやすんどころ」の称は、「みやすみどころ」の転。天皇のご寝所である「み息（やす）み所」に奉仕する女官の意である。当初は、「女御」などをも指したが、のち、「更衣」を限定的に指すようになる。

敬す（けいす） 「院（上皇）」「三后（さんごう＝太皇太后・皇太后及び皇后）」「東宮（皇太子）」に申し上げること。

行啓（ぎやうけい） 「三后」「東宮」及び「東宮妃」のお出かけ。

皇太子

東宮・春宮（とうぐう） 皇太子の尊称。本来は、「皇太子の御所」が東に位置していたところから

「東宮」と呼ばれていたのだが、転じて、その「御所」のあるじを指すことになったもの。さて、中国では、方位の「東」が季節の「春」に相当するところから、わが国でも、「春宮」の字を当てて「とうぐう」と読ませることになるが、一方、その訓読としての「はるのみや」の称も存するのである。

坊（ばう） 皇太子の称。本来は、東宮付きの官司である「東宮坊（とうぐうばう）」の約であった「坊」が、「官司」の意から転じ、その「官仕」の奉仕する「東宮」その人を指すに至ったものである。

儲君（まうけのきみ） 皇太子の称。「前もって準備されている天皇」の意である。「まうけ（設・儲）」の項参照（↓P318）。

院

下り居の帝（おりゐのみかど） 「譲位した天皇」の意で、上皇の称。

上皇（じやうくわう・しやうくわう） 「太上天皇（だじやうてんわう）」の約転。天皇の位を退いた方。

法皇（ほふわう） 上皇で出家した方の称。「仏法上の天皇」の意である。「法（のり）の御門（みかど）」とも。

院（ゐん）　「上皇」「法皇」「女院（にやうゐん＝天皇の生母、内親王、先帝の後宮の人たちで、特に院号を授けられた人）」の尊称。本来は、それらの方々の居住する「御所」を指す称であった。

御幸（ごかう）　「院」のお出かけ。

官職

公家（くげ）　朝廷。また、天皇を指す。

殿上人（てんじやうびと）　宮中清涼殿の「殿上の間（てんじやうのま）」に入ることを許されている者。通常、四位・五位の者の一部及び、六位の「蔵人（くらうど）」がそれに相当する。「雲の上人（くものうへびと）」「堂上（とうしやう）」の異称もある。

公卿（くぎやう）　「公（太政大臣及び左・右大臣）」と「卿（大・中納言、参議及び三位以上の人々）」の総称。「月客（げつかく）」「月卿（げつけい）」とも。

上達部（かんだちめ）　前項「公卿」に同じ。「かんだちめ」とは、本来、神を祀（まつ）る館「神館（かんだち）」たる宮中に奉仕する人々の意で、「神館部」の用字が相当するものである。

摂政（せつしやう）　天皇が幼少である場合などに、天皇に代わり政治をとり行う人で、ほとんどの場合、天皇の外祖父がこれに任ぜられる。「関白」ともども、「一の人」（人臣として第一の人の意）の称もある。

関白（くわんぱく） 成人した天皇を輔佐（ほさ）して政治をとり行う最高位の官。「関白」とは、「奏上に関（あずか）り、上奏文を内見して、天皇に白（もう）し上げる人」の意である。「太政大臣」の上に位する。

太政官（だいじやうくわん） 令制における行政の最高機関。八省以下を統括して国政をつかさどる役所。「太政大臣（だいじやうだいじん）」「左大臣」「右大臣」「内大臣」「大納言」「中納言」「参議」の官があり、その下に、「左弁官」「右弁官」「少納言」の三局がある。「左弁官」「右弁官」の下に八省がある。

左大臣 「太政大臣」が常に置かれる官ではないので、通常、「太政官」を統括する実質的最高位の官と言ってよい。現代の総理大臣に相当する官と考えれば誤りない。なお、わが国は、本来的には、「左上位文化」であったので、「左大臣」は「右大臣」よりも上位に位するのである。「左大臣」には、「右大臣」ともども「一の上（いちのかみ）」の異称がある。

近衛府（このゑふ） 六衛府（りくゑふ）の一宮中において、また、行幸時にあって、天皇の警護に当たる官。左右に分かれ、「大将（だいしやう）」「中将」「少将」などの官がある。

蔵人所（くらうどどころ）
「令外の官（りやうげのくわん＝令制の規定外の官）」の一で、朝廷の公文書の管理に当たる役所。「頭（とう）」が長官である。

頭の中将（とうのちうじやう）
「蔵人の頭」で同時に「近衛中将」を兼ねている人物。多くは、摂関家の嫡子（ちやくし＝あと継ぎ）がこの任についている。

慣用句

飽かなくに　まだ十分満足していないのに。

吾が仏（あがほとけ）　自分にとってたいせつな人を呼ぶ称。

足を空に　落ち着かぬさまを言う語。

あなかま　「あな嚻（かまびす）し」の約で、「しっ、静かに」の意。平安時代の女房たちの言葉である。

あふさきるさ　（逢うとき、離れるとき、の意）①一方が良ければ他方がうまく行かぬ。②あれやこれやと。

あらぬ　①別の。②意外な。③ふつごうな。

ありありて　①長い年月を重ねた末に。あげくの果てに。

ありつる　先ほどの。

吾かの気色（あれかのけしき）　「吾（あれ＝自分）か人かの気色（＝様子）」の約で、ぼうっとして夢ごこちである。ぼう然自失の状態である。

在りと在る　あるかぎりの。すべての。

いかがはせむ　①どうしよう。②どうしようも無い。③つまらない。

いざ給へ　さあ、どうぞいらっしゃい。

何時しか（いつしか）　①いつの間にか。②早く（……してほしい）。

言ふ甲斐無し（いふかひなし）　①どうしようも無い。②身分が低い。

言ふも更なり　あらためて言うまでもない。

寝も寝ず（いもねず）　「寝（い）」は「寝ること」の意の名詞。古代にあっては、「寝（ぬ）」（寝る）という意を表すときに、「寝（い＝寝ること）を寝（ぬ＝寝る）」という、きわめて複雑な言い方をしているのである。よって、この「寝も寝ず」は、「寝もしない」といったくらいの意が妥当となる。

色濃し　①紫または紅の色が濃い。②しつこい。

えならず　①ありえないほどだ。ひととおりでない。②何とも言えないほどすばらしい。

数を尽くして　あらんかぎり。残らず。

来し方行く末（きしかたゆくすゑ）　過去と将来と。

興に入る（きようにいる）　熱中する。

けしからず　（ふつうでないどころではない、の意で）①異様だ。②とんでもない。③ひととおりでない。

気色ばかり（けしきばかり）　少しばかり。

心として　自分の心から。

心に鬼を作る　妄想して恐れる。

来し方（こしかた）　①今までたどってきた方向。②過去。

これやこの　これがあの（有名な）。

さなきだに　そうでなくてさえ。

避らぬ別れ（さらぬわかれ）　死別。（↓P195）

子細に及ばず（しさいにおよばず）　あれこれ議論する必要もない。きまりきったことだ。

竹の園生（たけのそのふ）　（梁の孝王が庭園に多くの竹を植え、それを「竹園」と称した故事から）皇族の異称。

なでふ　「何（なに）と言（い）ふ」の約。①どのような。②どうして。

名に負ふ　①そういう名を持っている。②……で名高い。

……ならでは　……以外は。

音を泣く（ねをなく） 泣く。一般的には、「音（ね）」を、「声」の意にとり、「声をたてて泣く」とするのであるが、すでに引いた、「寝（い）を寝（ぬ）」の例、「死にを死ぬ」（「蜻蛉日記・中」）の例などがあり、しかも、この「死にを死ぬ」の言い方が、やや下れば「死にをす」（「増鏡・新島守」）のごとき言い方へ転じて行き、やがて、「死ぬ」の言い方に定着するという状況に照らしても、本源的には、古代における特殊な語法としての、「哭（ね＝泣くこと）を泣く」の意であったものと、推断されるのである。それが、のちになると、「音」の用字に引かれて、「声をたてて泣く」の意の用法に、しだいに移っていくのである。

計らざるに（はからざるに） 思いがけず。

人遣りならず（ひとやりならず） 自分で。自分の心から。

程につけつつ 身分相応に。

またの日 翌日。

身の後（みののち） 死後。

見えぬ者 見かけぬ者。見慣れぬ者。

無期の後（むごののち） ひどく時間が経過してから。

胸開く（むねあく） 気が晴れ晴れする。

胸潰る（むねつぶる） 心配や悲しみで、胸がどきどきする。

胸に当たる 思い当たる。

胸に据う 怒りを表面に表さない。

目くはす 目くばせをする。

……もこそ（……もぞ） ……するといけない。

安からず 「心安からず」の意で、心中穏やかでない。

遣らむ方無し（やらむかたなし） 気の晴らしようが無い。

善うせずは ①悪くすると。ひょっとすると。

世と共に 常に。しじゅう。

世に知らず またと無い。

世に似ず 格別である。

世の覚え（よのおぼえ） 世間の評判。

世の中騒がし 疫病が大流行して。

世を尽くす 一生を終える。死ぬ。

労を施す（らうをほどこす） 苦労をかける。

例ならず　いつもとは違って。

我か人か　自分か他人か区別がつかぬ。

笑壺に入る（ゑつぼにいる）　笑いが止まらぬ。

著者略歴

緒方　惟章（おがた　これあき）
昭和16年1月　千葉市に生まれる。
昭和38年3月　國學院大學文学部文学科卒業。
昭和43年3月　國學院大學大学院博士課程日本文学専攻修了。

和洋女子大学人文学部日本文学科教授
和洋女子大学大学院人文科学研究科長
和洋女子大学文化資料館館長

所属学会　上代文学会（理事）・古事記学会・古代文学会・和歌文学会

主要著書「萬葉集作歌とその場　正篇―人麻呂攷序説」（桜楓社、昭和51年）、「萬葉集作歌とその湯　続篇―人麻呂攷序説」（桜楓社、平成5年）、「古代のコスモロジー――日本文学の枠組み」（共著、おうふう、

平成12年度)、「現代語で読む　歴史文学　古事記」(勉誠出版、平成16年)

古文重要語の総まとめ

2023年3月31日発行

著　者　緒方惟章
発行者　向田翔一

発行所　株式会社22世紀アート
〒103-0007
東京都中央区日本橋浜町3-23-1-5F
電話　03-5941-9774
Email: info@22art.net　ホームページ：www.22art.net

発売元　株式会社日興企画
〒104-0032
東京都中央区八丁堀4-11-10 第2SSビル 6F
電話　03-6262-8127
Email: support@nikko-kikaku.com
ホームページ：https://nikko-kikaku.com/

印刷
製本　株式会社PUBFUN

ISBN：978-4-88877-185-6